技能型人才培训用书

# 物流师（高级）

主　编　杨希锐　周　润　宋传平
副主编　曾　波　赵　霞　陈玉香
参　编　薛志祥　柴三头　孔鹏程
　　　　宋书岚　黄旺胜　高书林
主　审　程汉华

机械工业出版社

本书参照《国家职业标准 物流师》《物流管理职业技能等级标准》，以问答的形式详细介绍了每个鉴定点的理论知识和操作技能，涵盖了物流合同编制与审批、项目分析、客户赔偿处理、仓储运营管理、物流中心设计与规划、库存成本分析、运输方案设计与规划、运输调度、运输运营管理、物流运作成本管理、运营绩效考核、供应链管理认知、供应链物流网络管理、物流外包管理、大数据与人工智能应用等相关内容。本书对物流师（高级）要求的知识点进行了全方位解读，并在鉴定点之后给出了典型例题和详尽的解题过程。

本书是物流师（高级）职业技能培训、1+X 证书取证的必备用书，也可供物流专业相关人员参考使用。

**图书在版编目（CIP）数据**

物流师：高级 / 杨希锐，周润，宋传平主编. —北京：机械工业出版社，2021.3
（技能型人才培训用书）
ISBN 978-7-111-67836-6

Ⅰ. ①物… Ⅱ. ①杨… ②周… ③宋… Ⅲ. ①物流—物资管理—职业技能—鉴定—指南 Ⅳ. ①F252-62

中国版本图书馆 CIP 数据核字（2021）第 052412 号

机械工业出版社（北京市百万庄大街22号 邮政编码100037）
策划编辑：陈玉芝　　责任编辑：陈玉芝　关晓飞
责任校对：张　力　　封面设计：马精明
责任印制：郜　敏
北京中兴印刷有限公司印刷
2021年6月第1版第1次印刷
169mm×239mm · 15 印张 · 290 千字
0001—1900 册
标准书号：ISBN 978-7-111-67836-6
定价：49.80元

电话服务　　　　　　　网络服务
客服电话：010-88361066　机　工　官　网：www.cmpbook.com
　　　　　010-88379833　机　工　官　博：weibo.com/cmp1952
　　　　　010-68326294　金　书　网：www.golden-book.com
**封底无防伪标均为盗版**　机工教育服务网：www.cmpedu.com

# 前言

"十年树木，百年树人。"培养出一个人才，不是一朝一夕的事，而是要提前打算，从长计议。

目前，我国缺乏拥有国家权威认证机构颁发的物流专业国家职业资格证书的高级职业经理人，特别是既懂物流理论，又有实践经验，既能进行物流管理，又具有一定物流技术专长，既具备现代经济头脑，又善于开拓进取的复合型物流人才难以寻觅。物流综合管理、物流规划设计、物流系统操作人才，城市物流解决方案、第三方物流流程再造、供应链物流结构分析人才，以及能把储存、运输、装卸搬运、包装、货代、通关、金融、保险、电子商务等各项工作融合到现代物流中去的人才更是少之又少。高级物流人才的紧缺现象，不仅反映出我国物流业蓬勃发展的态势，也明显地提示我们培养高级物流人才教育工作的紧迫性。本书就是依据《国家职业标准 物流师》《物流管理职业技能等级标准》的知识要求和技能要求，按照岗位培训需要的原则编写的。本书内容分为应知单元（理论知识）和应会单元（技能知识）两大部分。为了方便读者学习，书中以问答的形式详细介绍了各个鉴定点的理论知识和操作技能，内容重点突出、深入浅出、通俗易懂，并注重理论联系实际，力求满足物流师（高级）取证人员的需求。

在本书编写过程中，我们参考了许多专家、教授的著作、论文和资料，在此，向这些专家、教授表示衷心的感谢。

由于编者水平有限，书中错误在所难免，诚请广大读者朋友批评指正。

编 者

# 目录

**前言**

## 应 知 单 元

**鉴定范围1　物流市场开发与客服管理** ·················· 2
　鉴定点1　物流合同编制与审批 ·················· 2
　　鉴定要求1　物流合同的知识和编写规范 ·················· 2
　　鉴定要求2　物流合同管理流程 ·················· 4
　　鉴定要求3　商务谈判的知识和技巧 ·················· 5
　鉴定点2　项目分析 ·················· 9
　　鉴定要求1　项目分析的知识和方法 ·················· 9
　　鉴定要求2　项目分析会议的流程和内容 ·················· 11
　　鉴定要求3　项目分析报告的编写规范 ·················· 13
　鉴定点3　客户赔偿处理 ·················· 15
　　鉴定要求1　货损处理的知识和流程 ·················· 15
　　鉴定要求2　保险理赔的知识和流程 ·················· 16
　　鉴定要求3　法律诉讼的知识和流程 ·················· 20

**鉴定范围2　仓储与库存管理** ·················· 22
　鉴定点1　仓储运营管理 ·················· 22
　　鉴定要求1　人员管理的知识和方法 ·················· 22
　　鉴定要求2　仓储合同的知识和管理流程 ·················· 24
　　鉴定要求3　仓储质量管理的知识和指标体系 ·················· 28
　　鉴定要求4　仓储绩效评估的知识 ·················· 31
　鉴定点2　物流中心设计与规划 ·················· 33
　　鉴定要求1　物流中心规划与布局设计的知识 ·················· 33
　　鉴定要求2　EIQ分析方法 ·················· 39
　鉴定点3　库存成本分析 ·················· 45
　　鉴定要求1　库存成本的知识 ·················· 45
　　鉴定要求2　库存成本控制的方法和工具 ·················· 46

**鉴定范围3　运输管理** ·················· 51
　鉴定点1　运输方案设计与规划 ·················· 51

鉴定要求 1　运输的合理化管理及决策的知识 ····················· 51
鉴定要求 2　运输优化方法 ·································· 52
鉴定点 2　运输调度 ········································· 53
鉴定要求 1　运输计划知识 ·································· 53
鉴定要求 2　运输合理化知识 ································ 57
鉴定要求 3　运输调度知识 ·································· 59
鉴定点 3　运输运营管理 ····································· 67
鉴定要求 1　运输市场开发方法 ······························ 67
鉴定要求 2　运输合同及管理的知识 ·························· 69

## 鉴定范围 4　成本与绩效管理 ······································ 71

鉴定点 1　物流运作成本管理 ································· 71
鉴定要求 1　物流运作成本的知识 ···························· 71
鉴定要求 2　物流中心成本 KPI 设计、实施与优化的
　　　　　　方法和工具 ····································· 73
鉴定点 2　运营绩效考核 ····································· 75
鉴定要求 1　绩效考核的知识和制度编制方法 ················· 75
鉴定要求 2　绩效考核流程和管理办法 ······················· 76

## 鉴定范围 5　供应链管理 ·········································· 78

鉴定点 1　供应链管理认知 ··································· 78
鉴定要求 1　企业战略的知识 ································ 78
鉴定要求 2　供应链战略的知识 ······························ 80
鉴定要求 3　供应链网络规划的知识和方法 ··················· 84
鉴定点 2　供应链物流网络管理 ······························· 86
鉴定要求　物流网络节点规划和成本分析的知识 ··············· 86
鉴定点 3　物流外包管理 ····································· 88
鉴定要求 1　物流外包的知识 ································ 88
鉴定要求 2　物流服务商和服务产品选择方法与工具 ··········· 92
鉴定要求 3　物流外包投入产出分析的方法与工具 ············· 95

## 鉴定范围 6　数字化与智能化 ······································ 97

鉴定点　大数据与人工智能应用 ······························· 97
鉴定要求 1　数字经济的知识 ································ 97
鉴定要求 2　大数据、人工智能的知识 ······················· 98
鉴定要求 3　行业发展模式与技术最新发展知识 ··············· 103

## 应 会 单 元

**鉴定范围 1　物流市场开发与客服管理** ………………………………106

　鉴定点 1　物流合同编制与审批 ……………………………………106
　　鉴定要求 1　能描述合同的主要内容和谈判技巧 ………………106
　　鉴定要求 2　能编写业务合同并解释主要的条款内容 …………111
　　鉴定要求 3　能按照流程进行合同的申报、审批、建档和查询 …113
　鉴定点 2　项目分析 …………………………………………………115
　　鉴定要求 1　能描述项目分析的主要内容、关键点和基本方法 …115
　　鉴定要求 2　能召集项目分析会，并对项目运行存在的问题和
　　　　　　　　风险提出应对策略 ……………………………………116
　　鉴定要求 3　能编写项目分析报告 ………………………………118
　鉴定点 3　客户赔偿处理 ……………………………………………119
　　鉴定要求 1　能描述货损处理、保险理赔和法律诉讼的流程和
　　　　　　　　所需提供的主要材料 …………………………………119
　　鉴定要求 2　能编写保险事故报告、收集整理法律诉讼的证据
　　　　　　　　材料并对相关档案进行归档管理 ……………………122

**鉴定范围 2　仓储与库存管理** ………………………………………125

　鉴定点 1　仓储运营管理 ……………………………………………125
　　鉴定要求 1　能描述仓储人员管理的主要内容 …………………125
　　鉴定要求 2　能制定并管理仓储服务合同 ………………………126
　　鉴定要求 3　能制定仓储质量管理的制度和管理指标 …………129
　鉴定点 2　物流中心设计与规划 ……………………………………132
　　鉴定要求 1　能对物流中心的货物流动进行规划与分析，
　　　　　　　　提出区域布局、设施设备、信息处理和人员
　　　　　　　　组织的规划需求 ………………………………………132
　　鉴定要求 2　能设计物流中心作业流程和管理制度 ……………141
　　鉴定要求 3　能对物流中心设计和规划进行投资与回收分析 …142
　鉴定点 3　库存成本分析 ……………………………………………144
　　鉴定要求 1　能对库存成本结构进行分析 ………………………144
　　鉴定要求 2　能对库存成本提出控制和优化方案 ………………146

**鉴定范围 3　运输管理** ………………………………………………147

　鉴定点 1　运输方案设计与规划 ……………………………………147
　　鉴定要求 1　能依据企业（或客户企业）生产，制定运输规划 ……147

鉴定要求2　能设计和组织联合运输……………………………………149
　　　鉴定要求3　能制订运输优化方案…………………………………152
　鉴定点2　运输调度………………………………………………………153
　　　鉴定要求1　能进行运输工具配载…………………………………153
　　　鉴定要求2　能优化运输路线………………………………………157
　　　鉴定要求3　能选择合理的运输方式………………………………161
　鉴定点3　运输运营管理…………………………………………………162
　　　鉴定要求1　能进行运输市场开发…………………………………162
　　　鉴定要求2　能进行运输项目开发与合同谈判……………………166

鉴定范围4　成本与绩效管理……………………………………………………172
　鉴定点1　物流运作成本管理……………………………………………172
　　　鉴定要求1　能核算设备设施、人力资源、业务管理等物流
　　　　　　　　运作成本………………………………………………172
　　　鉴定要求2　能设计并实施物流中心成本KPI体系………………183
　鉴定点2　运营绩效考核…………………………………………………186
　　　鉴定要求1　能描述绩效考核的目的和主要内容…………………186
　　　鉴定要求2　能制定物流绩效考核指标体系和考核制度…………186
　　　鉴定要求3　能组织实施绩效考核…………………………………188

鉴定范围5　供应链管理…………………………………………………………193
　鉴定点1　供应链管理认知………………………………………………193
　　　鉴定要求1　能描述供应链的构成和模式、供应链管理的特点
　　　　　　　　和主要活动……………………………………………193
　　　鉴定要求2　能描述所在组织的战略与供应链思想的关系，
　　　　　　　　能描述所在组织供应链战略目标和模式……………198
　　　鉴定要求3　能对所在组织供应链管理提出改进建议……………200
　鉴定点2　供应链物流网络管理…………………………………………201
　　　鉴定要求1　能分析所在组织的物流网络节点并提出
　　　　　　　　优化方案………………………………………………201
　　　鉴定要求2　能进行物流网络的效率和成本分析…………………203
　鉴定点3　物流外包管理…………………………………………………203
　　　鉴定要求1　能对物流外包进行分析并提出需求方案……………203
　　　鉴定要求2　能对物流服务商和服务产品进行选择………………204
　　　鉴定要求3　能对物流外包进行投入产出分析……………………206

鉴定范围6　数字化与智能化 …………………………………………… 207
　　鉴定点　大数据与人工智能应用 ………………………………… 207
　　　　鉴定要求1　能描述数字经济对行业发展的影响 ……………… 207
　　　　鉴定要求2　能举例说明当前大数据、智能化对商业模式、业务
　　　　　　　　　　流程和人才需求的影响 ………………………… 208

## 附　　录

附录A　考核重点 ………………………………………………………… 213
附录B　物流师（高级）职业技能鉴定国家题库模拟试卷 ……………… 215
参考文献 …………………………………………………………………… 229

# 应知单元

## 鉴定范围 1

# 物流市场开发与客服管理

## 鉴定点 1　物流合同编制与审批

### 鉴定要求 1　物流合同的知识和编写规范

问：什么是物流合同？

答：物流合同是指物流服务需求方与物流经营人订立的，约定由物流经营人为物流服务需求方完成一定的物流行为，物流服务需求方支付相应报酬的合同。物流合同包括物流采购合同、仓储合同、配送服务合同、运输合同、保险合同等，而且不同合同具有不同的内容。

问：物流合同签订时有哪些注意事项？

答：为了保证物流合同的履行和双方合同目的的实现，并在发生争议以及解决争议时有所依据，当事人设计合同条款时应当具体、完备和全面。同时，为了追求效率，迅速地确立合同关系，当事人订立合同时不一定要使合同条款一应俱全。

（1）所签合同要合理　合同中要考虑双方的利益，达到双赢的目标，这点很重要。目前，在我国物流市场环境尚不完善、不成熟的条件下，这点实践起来很难，会遇到许多问题，但要力争做到，如一时做不到，也要逐步做到。如果只考虑一方获利，而使另一方无利可图，这样的合同是很难签下来的；即使签下来，履约中也会出现收不到运费或其他费用的情况。物流经营人若采取扣货行为企图保护自己，又可能会导致未按时交货、未严格履约问题；客户因提不到货而采取不付或者延迟支付运费及物流经营人代垫的其他费用。实践证明，如双方的理念一致，所签合同的目标相同，履约中一般就不会产生什么问题，即使有问题也较容易解决。

（2）所签合同要完善　物流经营人与客户签订合同是一种非常复杂的过程，任何一方如在签约前考虑不周或者准备不足，都有可能在未来执行合同的过程中出现问题。此外，合同的执行标准及衡量标准，是客户与物流经营人在签约时首先应协商解决的问题，但在实践中，大量的合同根本未对此作出约定。正是由于没有这方面的约定，导致双方在执行合同时在所提供的服务方面产生争议。

（3）服务范围要明确　许多物流经营人往往忽视了服务范围的重要性。物流经营人与客户在第一次合作签订合同时，一定要对"服务范围"给予一个明确的界定，包括如何为客户提供长期的物流服务，服务的具体内容，服务到何种程度及服务的期限。总之，要对服务好到何种程度有一些具体的约定，否则，物流经营人对要干什么都不清楚，而客户也不清楚支付的是什么服务费用。"服务范围"应详细描述有关货物的物理特征，所有装卸、搬运和运输的需要，运输方式，信息流和物流过程中的每一个细节。所以，由物流经营人、客户和双方功能领域的代表共同研究并在合同中详细列明"服务范围"是十分重要的，切勿简单草率。

（4）不误导客户　物流经营人不要为了争取客户而使其产生误解——将物流服务视为"灵丹妙药"，认为物流经营人可将客户所有的"毛病"都连根治愈。应让客户认识到，没有一个物流方案能十全十美地解决企业的全部问题；即使是解决某一方面的问题，也需要详尽的策划方案、充足的时间，以及付诸实施的过程，最终才能见效。

（5）避免操之过急　许多企业在尚未做好任何准备的情况下，就去寻求物流经营人的帮助，并对物流经营人寄予过高的期望而匆匆签约。或许这些企业有太多的、迫在眉睫需要解决的问题，但这样做的结果往往带来忙中出错的后果。

（6）合同具有可行性　专业性较强的企业签约前应向有关专家咨询，甚至请他们参与谈判，分析企业生产、管理中的特殊性、特殊要求及特别需要注意的问题，避免留下难以弥补的后患。物流经营人对于经过努力仍无法做到的方面，千万不要轻易承诺。一般来说，物流经营人对基本的服务作出承诺时，往往趋向于过分乐观。但倘若没有能力始终如一地满足不现实的、过高的基本服务目标，就会导致更多的运作问题。同时，对不现实的全方位服务轻易作出承诺，还会削弱满足高潜力客户的特殊需求的能力。

（7）服务具有经济性　物流经营人接受和签订的协议影响最终能产生效益的项目，而适当水平的物流成本开支必然与所期望的服务表现有关。例如，物流经营人承诺一家企业100%通宵服务的要求，结果会因试图提供客户或许并不需要的服务而白白浪费利润。因此，要取得物流经营人的领导地位，关键是要掌握使自己的能力与关键客户的期望和需求相匹配的艺术。对客户的承诺是形成物流战略的核心。一个完善战略的形成，需要具有对实现所选方案的服务水平所需成本的估算能力。

（8）条款具有可塑性　物流经营人在签订协议时，要掌握好一种尺度，即达到何种水平。比较好的尺度是，将合同定为中间性的、可改进的方案，而非定在最终方案的程度上，以便为以后留出调整、改进的余地。合同条款要订好，要有保护措施，轻易不要订立那种没有除外责任、没有责任限额的条款，否则将收取很少的费用而承担无限的责任，赔偿整个货价；轻易不要承担严格责任制条款，而要争取过失责任制条款。

问：物流合同有哪些基本要求？

答：1）物流合同的订立、生效、履行、变更和转让、权利义务终止和违约责任等，应严格遵守《中华人民共和国民法典》（以下简称《民法典》）的规定，并应遵守合同内容所涉及的我国其他有关法律、法规、规章等规范性法律文件。

2）物流合同的订立和履行应遵循平等、自愿、公平、诚实信用、协商一致的原则，尊重社会公德，维护经济秩序，保护社会公共利益。

3）物流合同应优先采用书面形式，以合同书、信件和数据电文[包括电报、电传、传真、电子数据交换（EDI）和电子邮件]等可以有形地并可被证明地表现所载内容的形式订立，有法律特殊规定的从其规定。

4）物流合同各签订方应树立依法委托、守法经营、风险控制等法律意识，宜建立合同风险评估、合同谈判、合同和单证保管、合同履行过程监控等合同管理制度。

> 试题选解：物流合同包括（   ）。
> A. 物流采购合同　B. 仓储合同　C. 配送服务合同　D. 保险合同
> 解：物流合同包括物流采购合同、仓储合同、配送服务合同、运输合同、保险合同等。因此，正确答案是ABCD。

### 鉴定要求2　物流合同管理流程

问：物流合同管理有哪些流程？

答：一般来说，物流合同管理流程由业务经办人发起，由其负责提出或起草合同草案，同时对该合同行为的相关情况进行说明；然后交由公司业务主管经理、公司法律顾问或法务主管分别对合同文本进行审核并出具意见；公司法定代表人或经其授权的其他负责人综合上述意见，确认合同的最终文本。经负责人确认的合同文本，根据具体情况，由业务经办人提交给合同对方，或由公司领导签署；合同文本提交对方后，对方若有修改，一般应视为新的合同，需按上述流程重新审核。最终未签署的合同文本由公司领导决定留用或返归业务经办人。已签署的合同，应由公司合同管理人员统一负责存档管理；业务经办部门和经办人依照已生效的合同，严格执行，完成公司业务。因此，物流合同管理的流程可分为四个阶段：①合同的申报；②合同的审核；③合同的签署；④合同的执行与存档管理。

**试题选解：** 简述物流合同管理的流程。

解：物流合同管理的流程为：①合同的申报；②合同的审核；③合同的签署；④合同的执行与存档管理。

### 鉴定要求 3　商务谈判的知识和技巧

问：什么是商务谈判？

答：商务是指一切有形和无形资产的交换或买卖事宜，如商品买卖、劳务贸易、技术贸易、投资、经济合作等。商务谈判是指在经济领域中，两个或两个以上从事商务活动的组织或个人，为了满足各自的经济利益，进行意见交换和磋商，谋求取得一致和达成协议的行为和过程。商务谈判是在商品经济条件下产生和发展起来的，它已经成为现代社会经济生活必不可少的组成部分。

问：商务谈判有哪些特征？

答：商务谈判是谈判的一种，所以也具备谈判的共性特征，如行为的目的性、对象的相互性、手段的协商性等。但是，商务谈判作为谈判的一种特定形式，又必然具有自己的个性特征，具体表现在：

（1）普遍性　商务谈判中谈判当事各方通常是各种类型的企业，但是绝不仅仅限于企业等经济组织，政府机关、军队部门、科研院所、医疗机构、文化团体、各类学校等，为采购所需的（或者销售所生产的）各种物资、设备、器具、用品等，同样会成为谈判的当事方。此外，国际经济贸易合作项目的官方谈判也比比皆是。可见，作为商务谈判主体的当事各方，涉及经济、政治、文化等各类社会组织，这就是商务谈判主体构成的普遍性特征。这一特征是商务谈判成为各种谈判活动中人们参与最为普遍、与人们息息相关的谈判活动的原因。

（2）交易性　各类社会组织之所以进行或参与商务谈判，其根本原因是因各自需要所产生的交易愿望及交易目标。所谓交易，即买卖商品。在市场经济的条件下，货物、技术、劳务、资金、资源、信息等，都具有使用价值和价值，都是有形商品或无形商品的不同形式，因而都可以成为交易内容（即谈判标的）。所以，在实现交易目标的商务谈判中，其实最重要的不在于谁来谈判，而在于谈什么。凡是当事各方为实现交易目标而就交易条件进行的协商，即为商务谈判。因此，商务谈判就是针对商品交易的谈判，这就是商务谈判内容的交易性特征。这一特征是商务谈判的基本属性，它也表明，拥有对路的交易标的物是能够与他方进行商务谈判并取得成功的条件。

（3）利益性　商务谈判内容的交易性，决定了商务谈判以追求和实现交易的经济利益为目的。在商务谈判中，谈判当事人的谈判计划和策略，都是以追求和实现交易的经济利益为出发点和归宿的，离开了这种经济利益，商务谈判就失去了存在的意义和可能。因此，商务谈判就是以经济利益为目的的谈判，这就是商务谈判目的追求的利益性特征。当然，任何谈判都有利益追求，但商务谈判的利益性特征特指直接的经济利益,这是与其他谈判不同的。需要指出,商务谈判中的经济利益是谈判各方的共同追求,所以这种利益性应当是"合作的利己主义",即应当在相互合作中实现自身利益的最大化。

(4) 价格性 以商品交易为内容和以经济利益为目的的商务谈判,其谈判议题必然以价格为核心。价格是商品价值的货币表现。一方面,价格的高低直接表明谈判各方通过交易可以实际获得的经济利益的大小;另一方面,虽然商务谈判的议题还会涉及价格以外的其他因素,但这些因素都与价格存在密切的关系,并往往可以折算为一定的价格。因此,在商务谈判中,无论谈判议题如何,其实质不是直接围绕着价格,就是间接体现着价格,价格总是商务谈判议题的核心。这就是商务谈判议题核心的价格性特征。这一特征要求商务谈判的当事人必须坚持以价格为核心实现自己的利益,同时,又要善于拓宽思路,从其他因素同价格的联系上争取更多的利益。例如,某谈判至关重要,但经讨价还价后对方在价格上不肯再做让步,双方形成僵局,那么己方就可以转而要求对方在其他方面提供若干优惠条件,并使对方易于接受。这样做,实际上己方正是灵活运用了谈判议题核心的价格性特征,赢得了谈判的成功。

问:商务谈判的程序有哪些?

答:商务谈判的程序如下:

(1) 准备阶段 商务谈判直接影响组织交易活动目标的实现,并关系到组织的经济利益和生存与发展。而谈判前准备阶段的工作做得如何,对谈判能否顺利进行和取得成功至关重要。商务谈判前的准备阶段,应当包括以下各项工作:

1) 选择对象。选择对象即选择谈判的对手。当己方决定争取实现某项交易目标而须进行商务谈判时,首先要做的准备工作就是选择谈判对象。选择谈判对象应根据交易目标之必要和相互间商务依赖关系之可能,通过直接的或间接的先期探询(即相互寻找、了解交易对象的活动),在若干候选对象中进行分析、比较和谈判的可行性研究,找到己方目标与对象条件的最佳结合点,以实现优化选择。

2) 背景调查。在确定谈判对象的基础上,应以"知己知彼"为原则,对谈判背景进行认真的调查研究。背景调查不仅包括对己方的背景调查,更要做好对谈判对象的背景调查。调查的内容应包括环境背景、组织背景和人员背景等方面。背景调查实际上是谈判准备阶段的信息准备,要注重从多种渠道获取信息,建立谈判对象档案,并以动态的观点分析问题。

3) 组建班子。商务谈判是一项有目标、有计划、有组织的活动,必须依靠具体的谈判人员去实现。所以,组建好谈判班子,是谈判前最重要的准备工作。在很多情况下,某些组织在即将进行的谈判中其实具有明显的优势,但由于缺乏优秀的谈判人员和协调有序的谈判班子,反而导致了谈判的失败。因此,组建好谈判班子,是谈判取得成功的组织保证。一般来说,要抓好三个环节:一是人员个体素质优化,即按照一定的职业道德、知识能力等识、学、才要求,做好对谈判人员的遴选工作。二是班子规模结构适当,即一方面应根据谈判的客观需要和组织的资源条件,使谈判班子规模适当;另一方面,应从组织、业务、性格、年龄等构成方面,使谈判班子结构合理、珠联璧合。三是实现队伍有效管理,即通过谈判班子负责人的挑选和分配,通过确定谈判方针和高层领导适当干预,实现对谈判队伍间接或直接的有效管理。

4)制订计划。谈判计划是谈判前预先对谈判目标、谈判方略和相关事项所做的设想及书面安排。它既是对谈判前各项主要准备的提纲挈领,又是正式谈判阶段的行动指南。谈判计划是谈判的重要文件,应注意它的保密性,最好限于主管领导和谈判班子成员参阅。谈判计划的制订原则是合理、实用、灵活。制订程序应在明确谈判目标以及所要采取的谈判策略的基础上,经谈判班子成员集思广益,报主管领导审批确定。其主要内容一般包括谈判各层次目标的确定、谈判各种策略的部署、谈判议程模式的安排、谈判所在地点的选择以及必要的说明和附件等。

5)模拟谈判。模拟谈判是正式谈判前的"彩排"。它是将谈判班子的全体成员分为两部分,一部分人员扮演对方角色,模拟对方的立场、观点和风格,与另一部分己方人员对阵,预演谈判过程。模拟谈判可以帮助己方谈判人员从中发现问题,对既定的谈判计划进行修改和完善,使谈判计划更为实用和有效;同时,又能使谈判人员获得谈判经验,锻炼谈判能力,从而提高谈判的成功率。模拟谈判的原则是:一要善于假设,提出各种可能出现的问题;二要尽量提高仿真程度,"假戏真做";三要把促使对方作出己方希望的决定作为模拟谈判目标;四要认真总结经验,进行必要的反思。模拟谈判的形式,除现场彩排演练以外,还可根据谈判的实际需要,采用列表回答、提问论辩等形式。

(2)谈判阶段 谈判前准备阶段的各项工作完成后,便可以按照谈判计划的时间和地点开始正式的谈判阶段。这个阶段就是谈判当事人为实现预定的交易目标,就交易条件与对方协商的阶段。它是全部谈判程序的中心和关键。谈判阶段依照活动过程可以分为若干相互联结的环节或步骤。为了简明,这里划分为以下三个环节:

1)开局。开局是指谈判当事人各方从见面开始,到进入交易条件的正式磋商之前的这段过程。开局的主要工作有三项:

① 营造气氛。营造气氛即通过相互致意、寒暄、交谈等,营造一种和谐、融洽、合作的谈判气氛,使谈判有一个良好的开端。

② 协商通则。协商通则即根据谈判议题先对谈判目的、计划、进度等非实质性的安排进行协商,并相互介绍谈判人员。在英文中,目的(Purpose)、计划(Plan)、进度(Pace)、成员(Personalities)的第一个字母均为P,故简称"4P"。

③ 开场陈述。开场陈述即分别简介各自对谈判议题的原则性态度、看法和各方的共同利益。各方陈述后，有时需要作出一种能把各方引向寻求共同利益的进一步陈述，这就是倡议。同时，通过对对方陈述的分析，也可大体了解对方对谈判的需要、诚意和意向，这就是探测。开场陈述之后，谈判即导入实质性的磋商。

2）磋商。磋商即按照已达成一致的谈判通则，开始就实现交易目标的各项交易条件进行具体协商、讨价还价。它是谈判阶段的核心和最具有实质意义的步骤。磋商过程又包括：

① 明示和报价。明示即谈判各方通过各种信息传递方式，明确地表示各自的立场和意见，暴露出分歧点，以便展开讨论。报价不仅指在价格方面的要价，而且泛指谈判一方向对方提出的所有要求。

② 交锋。交锋即谈判各方在已掌握的各种谈判信息的基础上，为了实现各自的谈判目标和利益，针锋相对、据理力争、反驳论辩、说服对方这样一个沟通交流的过程。交锋常常是一个充满着挑战性的艰辛过程。交锋中，作为谈判人员，一方面要坚定信念、勇往直前；另一方面又要以科学的态度、客观的事实、严密的逻辑，倾听、分析对方的意见并回答对方的质询。

③ 妥协。妥协就是经过激烈的交锋，为了突破谈判僵局、防止谈判破裂和实现谈判目标所作出的让步。实际上，商务谈判不能"一口价"，磋商中的交锋也不可能各方一直无休止地争论和坚持己见。为了寻求都可以接受的条件和共同利益，适时、适当的妥协是完全必要的。妥协的原则应是有所施、有所受，或者说，有所失、有所得。在商务谈判中，成功的谈判应当使各方都是赢家。而这种"双赢"的结果，必须从各方共同利益的大局着眼，求同存异、互谅互让。从这个意义上可以说，善于作出妥协让步，恰恰是谈判人员成熟的表现。

3）协议。协议即协商议订，就是谈判各方经过磋商，特别是经过交锋和妥协，达到了共同利益和预期目标，从而拟订协议书并签字生效。协议标志谈判的结束，之前谈判席上唇枪舌剑的对手，顿时亲密无间、互致祝贺。

(3) **履约阶段** 经过谈判阶段，除中途破裂、分道扬镳者外，多数会达成协议。而谈判破裂者，有一部分还会重开谈判，最终重归于好。达成协议是谈判各方反复磋商取得的共识。而且，谈判达成一致的条件均具有不可更改性，即只要谈判各方达成协议、签字生效就不能再随意更改，这叫作谈判结束的"不二性"。所以，达成协议应当说是谈判阶段宣告基本完成，但是达成协议又只是交易合作的开始，许多合同内容，如交货、支付等都只能是后续工作，因此，从实现交易目标的角度来说，达成协议绝不是大功告成。完整的商务谈判程序必须包括履约阶段。

履约阶段的主要工作是检查协议的履行情况，作好沟通并认真总结。其中，如对方违约，应按照协议索赔；如出现争议，需按照协议仲裁。只有在整个合同期协议的全部条款得到了落实，谈判各方的交易目标及交易合作才真正实现，谈判才画上了圆满的句号。

> **试题选解：** 下列属于商务谈判个性特征的有（　　）。
> A. 普遍性　　B. 交易性　　C. 利益性　　D. 价格性
> 解：商务谈判是谈判的一种，所以也具备谈判的共性特征，如行为的目的性、对象的相互性、手段的协商性等。但是，商务谈判作为谈判的一种特定形式，又具有普遍性、交易性、利益性、价格性等个性特征。因此，正确答案是 ABCD。

## 鉴定点 2　项目分析

### 鉴定要求 1　项目分析的知识和方法

问：什么是项目？

答：项目是一个组织为了实现自己既定的目标，在时间、人员和资源约束的条件下，所开展的具有一定独特性的一次性工作。项目的含义可从如下三个层面来理解：

1）项目是一项有待完成的任务或目标，在特定的环境下，要遵守相关的要求。

2）在一定的组织机构内，利用有限的资源（人力、物力、财力等），在规定的时间内完成任务。

3）任务或目标要满足一定性能、质量、数量、技术指标等的要求。

问：什么是项目分析？

答：项目分析是对项目可行性研究的审查和进一步研究，是分析人员从长远和客观的角度，判明可行性研究的准确性，对项目究竟是否可行提出分析报告，从而为项目决策提供依据。

问：项目分析的作用有哪些？

答：一方面，项目分析是对项目可行性研究的自然延伸；另一方面，它又是项目决策的一项基础性工作。具体来讲，项目分析有以下基本作用：

1）项目分析是参与项目决策、避免投资失误的重要环节。任何项目决策，如果没有周密的调查研究，就不可能作出正确的判断和选择。项目分析是在掌握大量可靠数据和资料的基础上，通过严谨的科学分析，从而弄清项目建设的必要性、技术的可行性和经济的合理性。只有通过项目分析，才能做到心中有数，避免或减少投资决策的失误。

2）通过项目分析，可以对项目决策的备选方案进行协调，并分析比较、补充完善。项目决策的备选方案往往各有优缺点，通过项目分析，可以对不同的备选方案取长补短、补充完善。

3）通过项目分析，可以保证宏观经济效益与微观经济效益的统一。在投资项目中，投资的宏观经济效益与微观经济效益出现矛盾的现象时有发生，在项目分析中既要评价宏观经济效益，也要评价微观经济效益，使二者有效地统一起来。

问：项目分析有哪些要求？

答：项目分析要对项目提出结论性的意见，所以必须公正、科学和客观，对其有以下具体要求：

1）项目分析人员必须从全局出发，综合考虑国家、地方和企业的利益。可行性研究常常是由建设单位或是由建设单位委托设计单位做的，侧重考虑建设项目本身对企业生产经营的影响。而项目分析则多由决策咨询机构或银行承担，侧重考虑建设项目的外部条件及其对整个国民经济的影响。因此，项目分析人员要站在全局的立场上，以保证宏观效益和微观效益、局部效益和整体效益的统一。

2）贯彻"全面、比较、反复"的原则，坚持实事求是的科学态度。所谓全面，就是不仅要看到正面，还要看到反面；所谓比较，就是在研究问题、制订政策时，要把各种方案拿来比较；所谓反复，就是指作比较以后，不要马上下结论，还要进行反复的考虑。坚持实事求是的科学态度，要求有科学的项目决策体制作为保证。从决策的程序看，必须坚持先可行性研究后项目分析再项目决策的先后顺序。从分析的过程看，必须集中各方面的专家参加，允许持不同意见者充分发表自己的观点。

3）根据项目的性质，把影响其成败的主要因素作为项目分析的目标。不同性质的项目具有不同的目标，影响其项目成败的因素也不尽相同。例如，新建项目的主要目标在于扩大生产能力，必须将新增利税作为主要的分析标准；而技术改造项目的主要目标在于推动技术进步、提高劳动生产率，就应把增强市场竞争力作为主要的分析标准。

4）按照项目决策的需要提供充足的依据。项目分析的目的不仅在于作出项目可行与否的结论，还要发现项目建设过程及建成投产后可能遇到的问题。特别要注意三个方面的问题：一是可能引起经济效益发生变化的不确定因素；二是决策前必须解决的问题；三是在项目实施中应注意的问题。

**试题选解**：项目分析有哪些要求？

解：1）项目分析人员必须从全局出发，综合考虑国家、地方和企业的利益。

2）贯彻"全面、比较、反复"的原则，坚持实事求是的科学态度。
3）根据项目的性质，把影响其成败的主要因素作为项目分析的目标。
4）按照项目决策的需要提供充足的依据。

## 鉴定要求2　项目分析会议的流程和内容

问：进行项目分析会议管理有哪些原则？

答：1）制定会议管理的政策，每次会议都应有充分的准备。

2）会议都应有明确的目的，会议应该为解决一定的实际问题而召开。

3）明确参加会议的人员，与会议议题无关的人员无须参加会议。

4）明确会议议程。

5）准备好会议所需的材料。

6）严格遵守会议开始时间。

7）按议程进行，提高会议效率。

8）鼓励参会者积极参与发言，集思广益。

9）会议主持人应抓住议题，掌握和控制会议，避免跑题太远。

10）会议不要超时，应避免冗长的会议，在必须延长会议时间时，应征得大家的同意。

11）指定专人作好会议记录，在会议结束时进行总结，编写会议记录（或会议纪要）。

12）及时分发会议记录与会议成果。

13）会议决议要责成有关人员认真贯彻执行。

问：项目分析会议有哪些类型？

答：项目沟通中常用的项目分析会议有项目启动会议、项目情况评审会议、项目技术评审会议、项目问题解决会议等。

（1）项目启动会议　项目启动会议是项目成立后第一次召开的全体会议，它是项目实施前的内部会议，由项目经理负责筹备和主持，要求所有的项目利益者都应参加会议（如果没有必要，客户以及主管部门的管理人员可以不参加）。

项目启动会议的目的是：为以后的项目会议树立榜样；为项目成员之间的相互了解和熟悉提供机会，为以后的合作打下基础；使项目成员全面深入地理解项目的目标、意义；明确项目经理的权力职责范围；明确项目成员的工作任务、工作岗位和职责范围；统一项目团队及利益相关者对项目的组织结构、工作方式、管理方式等的认识；讨论项目工作的实施规则和项目实施中的管理控制方法；处理团队成员对现阶段工作的意见，并尽可能将其解决。

项目启动会议的内容涉及项目的基本情况（如目标、意义、规模、完成时间等）、主要成果、管理制度、主要任务及进度安排、项目所需资源的要求以及项目可能会遇到的困难及变化等。

(2) 项目情况评审会议　项目情况评审会议是项目管理者获得信息、解决问题以及了解项目进展情况的一种方式。召开项目情况评审会议的基本目的是通报项目进展情况、找出问题和明确下一步的行动计划。

项目情况评审会议的内容包括：自上次会议后所取得的成绩，即已实现的项目目标和已完成的项目工作，以及以前会议决定要开展的活动的落实情况；以已完成的任务、已实现的实际质量和实际成本等方面的最新信息为基础，与计划指标进行比较，分析各种计划的完成情况；明确项目实际工作中项目成本、质量以及进度方面与计划要求之间的差异，这种差异可能是正的，也可能是负的，找出存在差异的原因；明确项目工作的发展变化趋势，无论这种趋势是好是坏，都必须明确，并在会议上进行讨论，以便项目可以按规定日期完成；根据项目的进展情况和发展趋势，分析预测项目完工日期和完成成本的情况，并结合项目目标和计划进行比较分析，预测各种需要采取的措施；最后，要确定出下一步具体的行动计划安排，注明每一项行动的负责人及预计的开始和完成日期。

项目情况评审会议应定期召开，以便及早发现项目进展中存在的问题，防止危及项目目标实现的情况发生。会议周期根据会议的中心议题确定，可以是一周\一个月\一季度\一年。这种会议通常由项目经理主持召开，会议成员一般包括项目团队的全部或部分成员、项目业主或客户、项目的上级管理人员等。

(3) 项目技术评审会议　不管何种项目都要召开项目技术评审会议，以确保项目业主/客户同意项目提出的技术方案。不同专业领域的项目召开的技术评审会议会有所不同，但大多数项目都会召开项目技术初步评审会议和项目技术终审会议两种技术评审会议。项目技术初步评审会议是为了在项目开始之前或项目初期获得项目业主/客户对设计方案符合技术要求的批准，在项目初期或开始之前，项目承担者完成最初的概念说明、图形或流程图设计后，由项目业主/客户对项目的技术初步方案进行审批而召开的会议。

项目技术终审会议是为了在项目承担者开始建设、装配和生产项目交付物之前获得项目业主/客户对技术方案的批准，在项目初期或开始之前，项目承担者已经完成详细设计和说明、各种图形和报告格式准备妥当之后，由项目业主/客户对最终技术设计方案进行审批而召开的会议。

(4) 项目问题解决会议　项目问题解决会议是当项目团队成员发现项目进展中存在问题时召开的会议。在项目开始时，对于该种会议的主持者、参加者及召开时间等都应当设立相应的规章和准则。

项目问题解决会议通常涉及以下内容：描述和说明项目存在的问题；找出项目问题的原因和影响因素；找出解决项目问题的各种可行方案，并对这些方案进行评价，从中选出最有可能或满意的方案，作为解决项目问题的实施方案；最后，如果所选定的项目问题解决方案涉及计划变更问题，则会议还需要对项目计划进行修订，反之则结束会议。以上各项内容都需要与会者共同讨论、共同分析。

## 鉴定要求3　项目分析报告的编写规范

问：项目分析报告有哪些编写规范？

答：不同的项目分析报告，内容不同，其格式也存在较大的区别，但一般编写规范如下：

（1）封面和目录　封面应当包括项目名称、主分析人姓名、项目分析小组成员、项目分析的日期。目录是整个分析报告的框架，确定各部分内容的层次和关系。

（2）总论　总论主要包括三部分内容：项目及主体单位、项目背景、项目概况。

1）项目及主体单位。项目及主体单位部分主要对项目的名称、项目拟建的地点和地区以及项目范围进行界定。主体单位的内容应主要集中在对项目主体单位情况的介绍，尤其是对主体单位优势的简单分析。在这一部分，也可以阐述项目主体单位的战略，进而将主体单位的战略和该项目结合起来。

2）项目背景。项目背景部分应主要包括项目建设的必要性，项目建设的目标，国家或地区、行业的发展规划等；同时，也可以从宏观经济形势的角度对整个项目的前景进行预测。

3）项目概况。项目概况部分要从总体角度简单介绍项目的投资方，要准确说明投资的资金数额和投入的其他非货币性资产，还应说明投入的非货币性资产的折价数额。

（3）市场分析　市场分析包括三部分内容：市场调查、市场预测、建设规模和生产能力。

1）市场调查。对于大部分中小型项目，市场调查包括两个层次：国内市场调查和地区市场调查。当然，大多数情况下，地区市场调查所占的比重较大。地区市场调查的内容又可以分为消费者需求调查、行业调查、竞争者调查和替代品调查。

2）市场预测。项目分析人员需根据整个市场调查的结果和历史数据对市场的发展趋势进行预测。预测形成的结果可以是定性的，也可以是定量的。市场预测中，还可以提及拟采取的产品方案以及产品的可能市场占有率。

3）建设规模和生产能力。市场预测的结果并不能直接转化为建设规模和生产能力规划指标，它需要经过市场份额、投资资金的调整。在项目分析报告中，需要对建设规模和生产能力的确定过程和依据进行说明。

（4）项目条件　项目条件是对保证项目的正常运作所需要的资源的预计，

包括资源和原材料的供应、交通运输条件及厂址选择等。

1) 资源和原材料的供应。资源和原材料的供应部分要详细说明对于水、电等基础资源获取的途径，以及为保证生产的进行原材料的供应是否能得到保证。项目分析报告中要准确说明资源和原材料获取的成本。必要时，这部分内容中应说明相关单位保证解决供应问题的合同。

2) 交通运输条件。可以从将采用的主要运输方式入手分析交通运输条件，项目分析人员最好要提供运输能力和运输成本的估计数据。

3) 厂址选择。选择厂址需要考虑的因素较多，如地形、土地费用、拆迁情况等。项目分析人员可以列出多个备选方案，通过对各个方案进行成本、收益分析确定出最佳厂址。

(5) 工程技术方案　工程技术方案是对技术的可行性、技术建设的可行性和辅助技术的可获得性的评估分析。

1) 生产技术方案。对现在市场上的技术水平和支持的技术水平进行描述，说明项目将生产的产品所采用的工艺技术、生产方法和生产设备。

2) 工程建设方案。主要是说明生产设施建设的内容以及整个工程建设进度。工程建设进度必须严格说明每个工程项目拟完成的确切时间。

3) 辅助设施建设方案。辅助设施建设包括公共设施、生活设施、供排水设施建设。

(6) 财务评价

1) 财务总体评价。财务总体评价根据投入资本总额、销售收入总额估算投资利润率、项目内部报酬率及静态投资回收期、动态投资回收期，对整个项目的可行性进行评估。在这一部分，如果存在多个方案，可以只列出可行的方案。

2) 项目不确定性评价。项目不确定性评价需要估计盈亏平衡点的销售收入以及此时的产品产量。在此处应当结合项目建设规模和生产能力大小进行盈亏分析，形成项目可能性分析结果。此外，不确定性评价还可以形成销售收入、经营成本、建设投资和税收对全部投资内部报酬率的敏感性分析表，确定企业经营过程中需要重点控制的内容。

3) 税收优惠政策评价。如果投资的项目含有税法规定的可以减免税收的内容，在对财务进行评价的时候可以列举相关的税法条款。

(7) 项目投资及资金来源

1) 项目投资金额分析。项目投资金额分析必须详细列出每一笔投资资金的数额和投资时间。一般来说，这部分应当与资金筹措计划部分结合，分析每笔资金支出的同时要指出资金的来源和出资协议。

2) 资金筹措计划。资金筹措计划根据资金的来源通常分为三个部分说明：投入资本金、银行贷款、经营产生的收入。投入资本金要详细说明出方、到账时间和出资协议;银行贷款要说明贷款的用途、贷款额、贷款年限、本息还款方式和贷款抵押物;经营产生的收入必须有明确的计算数据以及所依据的假设条件。

(8)项目风险及对策 项目风险及对策是项目分析报告最重要的部分,在这部分内容中,项目分析者必须全面列出项目可能面对的各类风险,并针对各种风险提出可行的风险控制方案。

1)项目风险。项目风险分析可以从经营风险和行业风险两大方面展开,具体的经营风险和行业风险又包括许多风险因素。例如,经营风险包括价格风险、运输风险、成本风险、财务风险和汇率风险;行业风险包括市场风险、政策风险及对其他行业的依赖。

2)项目风险对策。项目风险对策必须针对每种风险提出,而且这些对策被经验或模拟试验证明是正确的。

(9)综合评价结果 根据对上述各部分的分析,对项目评估下一个综合性的结论。对于大部分项目评估报告,综合评价结果应该是肯定的。需要注意的一点是,项目分析报告确定的可行的项目,经过其他人员的评估可能是不可行的,因此,这一结论仅是整个报告分析得出的结果,能否最终投入运作仍需其他方面的支持。

(10)项目分析报告附件 项目分析报告附件是对项目分析结果起支持作用的资料。将项目分析报告附件附于报告后,便于对项目分析报告的审查和再评估,也便于相关资料的查阅。附件主要包括以下内容:项目建议书、初步项目研究报告、各类批文及协议、调查报告及资料汇编、厂址选择报告书、贷款意向书、投资协议书、技术项目的考察报告等。

> **试题选解:** 项目分析报告由哪些部分组成?
> **解:** 项目分析报告主要由以下几部分组成:①封面和目录;②总论;③市场分析;④项目条件;⑤工程技术方案;⑥财务评价;⑦项目投资及资金来源;⑧项目风险及对策;⑨综合评价结果;⑩项目分析报告附件。

# 鉴定点3 客户赔偿处理

## 鉴定要求1 货损处理的知识和流程

问:什么是货损?

答:货损是货物在运输、装卸、保管过程中发生的数量上的损失和质量上的损坏。数量损失包括被盗、丢失、火灾、爆炸、海难或其他意外事故所造成的货物灭失,以及由于挥发、撒失、流失等原因所造成的超过自然减量的货物损耗。质量损坏包括湿损、破损、变质、污染、变形、感染等。

问：货损处理的流程有哪些？

答：货损处理的流程如下：

（1）货物损失调查

1）根据货运记录对现场核实调查。

2）调查处理：包括调查记录、责任记录、有争议的调查记录的处理。

3）分析货物损失原因、责任：包括火灾、被盗、丢失、损坏、污染、变质以及其他原因和责任。

（2）货物损失的理赔

1）审核相关资料：包括赔偿要求人的权利、赔偿有效期、"赔偿要求书"的内容、货运记录、有关证明文件等。

2）赔偿款额的计算：包括未按保价办理的货物、保价运输货物、保险运输货物赔偿价格的计算，"货物损失赔（补）偿通知书"的填写等。

> **试题选解：** 货损调查的内容包括（　　）。
> A. 现场核实　　　　　　B. 调查处理
> C. 货物损失原因分析　　D. 货物损失责任分析
> 
> 解：货物损失调查的内容有：根据货运记录对现场核实调查；调查处理（包括调查记录、责任记录、有争议的调查记录的处理）；分析货物损失原因、责任（包括火灾、被盗、丢失、损坏、污染、变质以及其他原因和责任）。因此，正确答案是 ABCD。

### 鉴定要求2　保险理赔的知识和流程

问：保险理赔的流程有哪些？

答：保险理赔的一般流程如图 1-1-1 所示。

（1）报案受理　报案受理是指对被保险人申报的出险案情进行记录、了解和核实，以待理赔处理的过程。这一环节包括以下步骤：

1）客户报案。保险事故发生后，投保人、被保险人或者受益人应将出险情况及时通知保险人。及时通知可以使保险公司尽快开展损失调查，避免因延误造成理赔困难。故意或者因重大过失未及时通知，致使保险事故的性质、原因、损失程度等难以确定的，保险人对无法确定的部分不承担赔偿或者给付责任。

2）记录案情。保险人接到报案后，应当认真、准确地记录出险的详细信息，重点询问并掌握被保险人名称、投保险别、出险标的、保单号码、出险时间、出险地点和出险原因等信息，不得随意作出承诺、解释。

鉴定范围 1　物流市场开发与客服管理

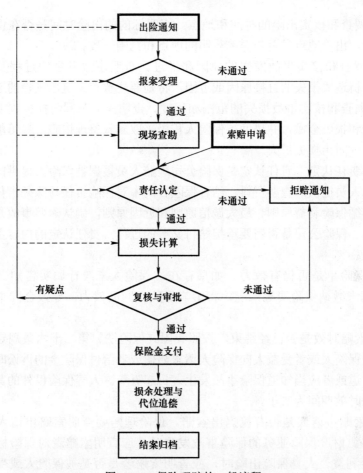

图 1-1-1　保险理赔的一般流程

3）抄单核对。在公司业务信息系统中查抄该出险保单，核对报案信息与保险单抄件是否一致，初步核定客户的出险情况是否属于保险责任，确认后将报案信息输入理赔系统并登记，打印出险通知书交被保险人或受益人签章，供其索赔时使用。同时，主动向客户提供简便、明确的理赔指引。

（2）现场查勘　由于可能存在出险通知的错报、误报或谎报，为进一步确认报案是否属实，保险人会安排现场查勘等事项。现场查勘在核赔处理中占有重要的位置，对核赔处理结果有决定性的影响。

现场查勘即案情调查，是指为了掌握事故损失的真实情况，明确保险责任，为后续理赔工作提供依据，查勘人员亲临现场组织施救、现场拍照、绘制图片、调查出险情况、估算实际损失、处理损余等一系列核实和查证活动。

现场查勘须广泛收集各种与赔案有关的证明材料和单证，将现场情况详细记录于查勘报告。当事人对事故经过的描述也须记录在查勘报告上，记录结果由当事人签字盖章确认。现场查勘的主要任务包括以下内容：

1）调查和核实出险的时间和地点。查明标的的出险时间是否在保险有效期限之内，出险地点是否与保单载明的地点和范围一致。

2）调查和核实事故发生的原因和经过。查明事故发生的过程及施救情况，并分析造成损失的直接原因或近因。特别要注意有无道德风险的迹象。

3）调查和核实事故损失的范围和程度。查明受灾范围与损失程度，记录损失数量和损失金额，并协助被保险人积极采取施救整理措施，尽可能地减轻灾害损失、防止损失扩大。

（3）责任认定　责任认定是保险公司理赔人员根据被保险人提供的索赔材料和查勘人员提供的查勘资料，结合保险合同中对保险责任与除外责任的条款约定，遵循保险利益原则、最大诚信原则和近因原则，确认索赔事故是否属于保险责任、保险公司是否需要承担赔付义务的过程。责任认定的内容主要包括以下事项：

1）保险单是否仍有效力。如果存在被保险人未履行如实告知义务、投保人逾期未缴纳保险费等情况，将影响保险合同的效力，导致合同中止或被解除。

2）索赔时效是否已经结束。按照我国《保险法》第二十六条规定，人寿保险的被保险人或者受益人向保险人请求赔偿或者给付保险金的诉讼时效期间为自其知道或者应当知道保险事故发生之日起五年。人寿保险以外的其他保险合同诉讼时效期间为二年。

3）索赔申请人是否有权提出索赔。保险理赔要查明索赔申请人有无索赔的资格。财产保险业务的保险事故发生时，应查明索赔者对保险标的是否具有保险利益。人身保险出险时，应查明索赔者是否是被保险人或受益人或继承人。

4）索赔申请人所提供的索赔单证是否完整、真实、有效。对于证明材料不完整或效力不足的索赔申请，保险人应向申请人发送"理赔补充资料通知书"，要求及时补齐。

5）索赔是否有欺诈。保险人在责任认定时应注意识别保险欺诈，如果发现存在保险欺诈，保险人有权解除合同，不承担赔偿或者给付保险金的责任。

6）损失是否由所承保的风险引起。确定造成保险标的损失的真正近因是判定索赔是否属于保险责任的前提条件。保险公司必须通过实地查勘，全面掌握出险情况，实事求是地分析近因并判断保险标的损失是否属于保险责任。

另外，还要审核认定损失的标的是否为保险标的、损失是否发生在保单所载明的地点、损失是否发生在保单的有效期内等事项。

对认定不属于保险责任的案件，应及时向被保险人或受益人发出保险拒赔通知书，给予被保险人或受益人有理有据的解释，并登记拒赔或注销案件登记簿。

(4) 损失计算  对认定属于保险责任的案件，结合索赔材料和勘查定损资料，保险公司应进一步核定实际损失，并按合同规定，遵循赔偿原则，准确计算赔偿或给付金额。

1) 核定损失。在现场查勘的基础上，根据被保险人提供的损失清单和施救费用清单，对照有关的账册、报表、单据等，逐项核实受损保险标的的品种、数量、价值、损失程度和损失金额等，还要查清修理费用和施救费用等是否合理，为计算赔款提供真实依据。

2) 计算赔偿金额。计算赔偿金额是保险理赔的重要步骤。保险赔款的计算，依据不同险种、不同保险合同而有所不同。保险公司应严格按照保险合同规定，根据保险金额、实际损失、损失程度、保险利益等因素确定赔偿金额。

(5) 复核与审批  复核是核赔业务处理中的一个关键环节。通过复核能够发现业务处理过程中的疏忽和错误并及时予以纠正，同时，复核对理赔人员也具有监督和约束的作用，防止理赔人员个人因素对核赔结果的影响，保证核赔处理的客观性和公正性，这是理赔部门内部风险防范的一个重要环节。复核的主要内容包括出险人的确认、保险期间的确认、出险事故原因及性质的确认、保险责任的确认、证明材料完整性与有效性的确认、理赔计算准确性与完整性的确认等。

理赔审批是根据案件的性质、赔付金额、核赔权限以及审批制度对已复核的案件逐级呈报，由有相应审批权限的主管进行审批的环节。一般对于一些重大、特殊、疑难案件，还需要成立赔案审查委员会集体对案件进行审理。根据审批的结果，进行相应的处理：批复须重新理赔计算的案件，应退回由理赔计算人员重新计算；批复须进一步调查的案件，应通知调查人员继续调查；批复须补充证明材料的案件，应通知索赔申请人提供新的证明材料；批复同意的案件，则移入下一个环节。

(6) 保险金支付  当保险人就赔付金额与被保险人或受益人达成协议后，应及时支付赔款或给付保险金。若被保险人对赔款金额有异议，应协商处理，不能达成一致意见的，可以通过仲裁机构或法院进行仲裁或诉讼解决。

保险金一般都是一次性支付的，但也有多次支付的可能：一种情况是保险人在未最终计算出赔付金额之前先予赔付；另一种情况是被保险人在保险期间内的保险事故处于持续状态（如患病），保险人分期给付保险金。

《保险法》第二十五条规定，保险人自收到赔偿或者给付保险金的请求和有关证明、资料之日起六十日内，对其赔偿或者给付保险金的数额不能确定的，应当根据已有证明和资料可以确定的数额先予支付；保险人最终确定赔偿或者给付保险金的数额后，应当支付相应的差额。

(7) 损余处理与代位追偿  损余处理是指在财产保险中保险人处理残余保险标的的行为。对保险标的进行损余处理的目的是为避免被保险人获得额外的经济利益。

在财产保险中,受损的财产一般都有一定的残值。如果保险人按照全部损失赔偿,其残值应归保险人所有,或从保险金额中扣除残值部分;如果按部分损失赔偿,保险人可将损余财产折价给被保险人冲抵赔偿金额。

如果保险事故是由第三者的过失或非法行为引起的,第三者对被保险人的损失须负赔偿责任。保险人可按保险合同的约定或法律的规定先行赔付被保险人,被保险人应将其向第三者的追偿权转让给保险人,并协助保险人向第三者责任方追偿。如果被保险人已从第三者获得赔偿,保险人可赔偿其不足部分。

(8) 结案归档　结案人员根据保险合同效力是否终止,修改保险合同的状态,并做结案标识。然后,结案人员将已结案的理赔案件的所有材料按规定的顺序存放,并按业务档案管理的要求进行归档管理,以便将来查阅和使用。

> **试题选解**:简述货运保险理赔的程序。
> 解:①报案受理;②现场查勘;③责任认定;④损失计算;⑤复核与审批;⑥保险金支付;⑦损余处理与代位追偿;⑧结案归档。

### 鉴定要求3　法律诉讼的知识和流程

问:什么是物流法规?

答:物流法规是指调整在物流活动中产生的以及与物流活动相关的社会关系的法律规范的总称,与其他法律规范相比较,具有广泛性、技术性、多样性、综合性等特征。物流法的渊源包括宪法、法律、行政法规、部门规章、地方法规和政府规章、技术标准等国内法渊源,也包括国际条约、国际惯例等国际法渊源。物流法律关系构成要素包括物流法律关系的主体(自然人、法人和其他组织)、物流法律关系的客体和物流法律关系的内容。物流企业在物流活动中极有可能承担民事法律责任和行政法律责任,也有可能承担刑事法律责任。物流企业在承担民事法律责任时的归责原则有过错责任原则、过错推定责任原则、严格责任原则、无过错责任原则、不完全过错责任原则等。

问:解决物流争议有哪些基本途径?

答:物流争议解决的基本途径概括起来大致有申请调解、提起诉讼、申请仲裁等。调解是指双方当事人以外的第三者,以国家法律法规和政策以及社会公德为依据,对纠纷双方进行劝导、劝说,促使他们相互谅解,进行协商,自愿达成协议,解决纠纷的活动。诉讼就是国家专门机关在诉讼参与人的参加下,依据法定的权限和程序,解决具体案件的活动。我国制定了具体的诉讼法,为当事人维护自己的合法权益提供了程序上的保障。仲裁是指双方当事人对某一事件或问题发生争议时,提请第三者对争议的事实从中调停,并由第三者作出对双方当事人都具有约束力的裁决。公民、法人和其他组织之间因经济合同发生纠纷或其他财产权益发生纠纷，可向仲裁委员会申请裁决。

问：简述我国法律诉讼程序。

答：我国法律诉讼实行两审终审制，即我国地方各级人民法院审理各类案件，经过两级人民法院的两次审理即告终结的制度。我国人民法院分四级，即最高人民法院、高级人民法院、中级人民法院、基层人民法院。根据我国人民法院的设置情况，除了最高人民法院第一审判决或裁定就是终审判决和裁定外，其他的一般案件，可经过两级法院审理，二审人民法院审理后作出的判决或裁定，就是终审的判决或者裁定。比如，县级人民法院审判的第一审案件，如果当事人不服，或者同级人民检察院认为第一审的判决或裁定确有错误，就可以向中级人民法院上诉或抗诉。中级人民法院对该案进行第二次审理，作出的判决或裁定，就是终审的判决或裁定。对终审的判决和裁定，不准上诉或者按二审程序提出抗诉。

**试题选解**：我国法律诉讼实行（  ）。

A. 一审终审制　　B. 两审终审制　　C. 三审终审制　　D. 四审终审制

解：我国法律诉讼实行两审终审制，即我国地方各级人民法院审理各类案件，经过两级人民法院的两次审理即告终结的制度。因此，正确答案是B。

# 鉴定范围 2

# 仓储与库存管理

## 鉴定点 1　仓储运营管理

### 鉴定要求 1　人员管理的知识和方法

问：仓储人员绩效评价有哪些特点？

答：（1）绩效的多因性　绩效的多因性是指绩效的优劣不是取决于单一的因素，而是受到主、客观多种因素的影响，主要包括员工的激励、技能、环境与机会，其中前两者是员工自身主观的影响因素，后两者则是客观的影响因素。其中，主观因素占据主导地位，客观因素在一定程度上是不可控的，因此具有一定的偶然性。

（2）绩效的多维性　绩效是员工工作成果的总称，它涉及工作前、中、后等多个方面，因此需要从多个维度对员工绩效进行分析与考核。

（3）绩效的动态性　绩效的动态性是指员工的绩效水平会随着时间的推移而发生变化。因此在进行绩效评价时，管理者切不可从印象出发，以静止的观点来考察员工，要看到员工绩效的变化。

问：制定仓储人员绩效评价标准的方法有哪些？

答：制定仓储人员绩效评价标准的方法主要有：

（1）关键事件法　关键事件法也称为重要事件法，是指管理人员通过把员工在工作中表现出来的特别有效的行为和特别无效的行为记录到书面报告上，然后对员工在工作中的优缺点进行评价并提出改进意见的一种绩效评价方法。

关键事件法对事不对人，它以事实为依据，使研究的焦点集中在职务行为上，因为行为是可观察、可测量的。同时，通过这种职务行为分析可以确定行为任何可能的利益和作用。但是关键事件法操作起来比较费时，需要花大量时间去搜集那些关键事件，并加以概括和分类。此外，关键事件的定义是对工作绩效显著有效或无效的事件，这样一来就有可能遗漏了平均绩效水平，故只能作定性分析，并且难以在员工之间作出比较。

（2）行为锚定业绩评定表法　行为锚定业绩评定表法实质上是把评分量表与关键事件法结合起来，关注员工行为的考核，同时兼顾员工行为对工作成果的影响。

行为锚定业绩评定表法的实施步骤是：首先，利用关键事件法对工作进行记录和分析以确定工作中的关键行为，然后将这些行为划分为几个大的业绩维度，每个维度作为评价员工的一个标准。之后，由另外一组人员将关键行为或事件重新归入到已确定的不同业绩维度当中去。如果同一关键事件这两组人员基本都划入一类，则其位置就大致确定了。同时还需要做的工作是对关键事件进行评定，依据其对标准的贡献程度赋予一定的分值。最后，建立完整的考评体系，形成7~10个关键事件构成的"行为锚"。

行为锚定业绩评定表法的优点主要有：将对工作中关键事件的确定作为基础制定行为标准，对绩效的计量更精确，考评的标准也就更明确；在给被考评人提供明确的考评行为标准的同时，可以得到被考评人良好的反馈；考评工作的独立性较强。行为锚定业绩评定表法的缺点在于被考评人的实际工作行为有可能同时具有不同分值所反映的工作行为，导致无法确定结论。

此外，还有图表法、目标管理法等多种考评标准的设计方法，企业可以根据自身条件和具体情况选择合适的方法制定仓储绩效评价的标准来进行绩效评价。

问：仓储人员绩效评价系统有哪些要求？

答：仓储人员绩效评价系统有以下几项要求：

（1）全面性与完整性　考评系统虽不能包罗万象，但是必须要包括影响工作业绩的各个方面，才能避免片面性。

（2）相关性与有效性　考核的内容一定是与工作相关联的，个人生活习惯、癖好等不适合包含在考核内容中，以确保考核的必要效度。

（3）明确性与具体性　这是就考核标准而言的，考核标准应可直接操作，即具有可测量性，如果含糊不清、抽象深奥，则很难投入使用。

（4）公正性与客观性　考核标准的制定和执行一定要科学、合理、客观、公正。而考评的民主性与制度的透明性往往是实现客观公正的有效手段。在绩效考评时，首先要明确四个基本问题：绩效考评的参与者是哪些人；采用什么样的方法进行考评；如何衡量和评价绩效；怎样组织实施考评。仓储绩效评价的参与者主要包括仓储管理人员（主管）、人力资源部（人事部）专职人员、被考评者的同级同事、被考评者本人以及与仓储部门相联系的外部人员。在绩效评价的过程中，根据不同的考评目的，有时需要几方面的人员共同对被考评者进行评价，有时只是部分人员对其进行评价，在日常生活中常见的是前三者的评价。

## 鉴定要求2　仓储合同的知识和管理流程

**问：什么是仓储合同？**

答：《民法典》第九百零四条指出，仓储合同是保管人储存存货人交付的仓储物，存货人支付仓储费的合同。提供储存保管服务的一方称为保管人，接受储存保管服务并支付报酬的一方称为存货人。交付保管的货物为仓储物。从《民法典》的界定可以看出，仓储合同是由仓储保管人提供场所，存放存货人的货物、物品，仓储人员只收取仓储费和劳务费的合同。其中，存货人交付储存物并支付合同规定的储存费是仓储合同成立的必要条件。

**问：仓储合同有哪些类型？**

答：仓储合同的种类按物流工作的不同分为以下几种：

（1）商品储存合同　商品储存合同是保管方根据存货方的要求为其储存保管商品，存货方向保管方支付商品储存的有关费用而订立的一种合同。商品保管合同是最基本的一种储存合同。除此之外，仓储企业还可以根据存货方的要求和本身的条件接受其他劳务性质的业务，收取一定的劳务费用，双方订立相应的合同。这些劳务合同，可以在商品储存合同以外单独订立，也可以在双方协商一致的基础上单列条款，与商品储存合同合并订立。

（2）商品检验合同　仓库在接收商品入库时，对商品的验收一般只是清点数量，检查外观，从商品包装外观查对品名、规格、产地等项目，查看有无雨淋、水湿、残损等异常情况。如果存货单位要求仓库检验商品的内在质量，应当另行签订商品检验合同。

（3）商品包装合同　当存货方要求保管方进行商品包装或进行商品重新组配时，双方应当订立商品包装合同。

（4）商品养护合同　为保证商品储存过程中的质量，在储存过程中需要采用翻倒、晾晒、防霉、杀虫等养护措施时，双方应当订立商品养护合同。商品养护合同一般在储存保管合同中单列条款，与储存合同合并订立。

（5）代办运输合同　当存货方要求储运企业代办提取、运送、装卸、拴标签等工作时，应当签订运输合同。

（6）代办保险合同　受存货方委托，仓储企业代向保险部门办理保险手续时，双方应签订代办保险合同。

**问：仓储合同的特征有哪些？**

答：（1）仓储合同是以仓储保管行为为标的的合同　仓储合同是一种提供劳务的合同，其标的属于劳务。这种劳务的内容即双方约定的货物保管。保管是对物品进行保存和对物品的数量、质量进行管理控制的活动。因此，保管既是静态意义上的货物存储，更重要的是对货物进行动态的质量管理，避免货物的毁损。

（2）仓储合同中的保管人是从事仓储保管业务的人　从事仓储保管业务的经营者应该具备相应的资格，具备一定的仓储设备和管理能力。一般来说，仓储经营者从事仓储经营活动应具备以下条件：仓库的位置和设施，装卸、搬运、计算等机具应符合行业技术规定；仓库安全设施须符合公安、消防、环保等部门的批准许可；有完整的货物进库、出库、存放等管理制度；有专职保管员。但是，对于提供不同仓储业务的经营者，所要求的仓储设备和能力是不同的，如对自动化立体仓库的要求比站场、中转站要高得多。

（3）仓储物为动产　仓储保管人以自己的仓库为存货人的货物提供保管服务，因此，仓储物只能是动产，不动产不能成为仓储物。

（4）仓储合同是双务、有偿、诺成性、不要式合同　在仓储合同成立后，当事人均应履行一定的义务，保管人提供仓储服务，存货人支付仓储费，双方的权利和义务是相对应的，因此，仓储合同是双务合同、有偿合同。仓储合同自双方达成意思表示一致即成立，无须存货人提供仓储物合同才成立，因此，仓储合同属于诺成性合同。尽管根据《民法典》规定，保管人收到仓储物后要签发仓单，但是，仓单是仓储合同的证明，不是合同本身，因此，仓储合同是不要式合同。

问：仓储合同的主要条款有哪些？

答：1）货物的品名和种类。

2）货物的数量、质量及包装。

3）货物验收的内容、标准、方法和时间。

4）货物保管条件和保管要求。

5）货物进出的库存手续、时间、地点、运输方式。

6）货物损耗标准和损耗处理。

7）计费项目、标准和结算方式、银行、账号、时间。

8）责任的划分和违约处理。

9）合同的有效期限。

10）变更和解除合同的期限。

11）争议的解决方式。

问：仓储合同中，保管人有哪些权利和义务？

答：（1）保管人的权利

1）有权要求客户按照合同约定支付货物。

2）有权要求客户就所交付的危险货物或易变质货物的性质进行说明并提供相关材料。

3）对入库货物进行验收时，有权要求客户配合提供验收资料。

4）发现货物有变质或其他损坏时，有权催告客户作出必要的处置。

5）有权在情况紧急时，对变质或者有其他损坏的货物进行处置。
6）有权要求客户按时提取货物。
7）客户逾期提取货物的，有权加收仓储费。
8）有权提存客户逾期未提取的货物。
9）有权要求客户按约定支付仓储费用和其他相关费用。

（2）保管人的义务
1）签发、给付仓单的义务。
2）及时验收货物并接收入库的义务。
3）同意客户或者仓单持有人及时检查货物或者提取样品的义务。
4）危险通知义务。
5）紧急处置义务。
6）催告义务。
7）妥善储存、保管货物的义务。
8）按期如数出库的义务。

问：仓储合同中，存货人有哪些权利和义务？

答：（1）存货人的权利
1）有权要求保管人给付仓单。
2）有权要求保管人对货物进行验收并就不符情况予以通知，保管人未及时通知的，有权认为入库货物符合约定。
3）有权对入库货物进行检查并提取样品。
4）保管人没有或者怠于将货物的变质或者其他损坏情形向存货人催告的，存货人有权对因此遭受的损失向保管人请求赔偿。
5）对保管人未尽妥善储存、保管货物的义务造成的损失，有权要求保管人赔偿。
6）储存期满有权凭仓单提取货物。
7）未约定储存期间的，也有权随时提取货物，但应该给予保管人必要的准备时间。
8）储存期间未满，也有权提取货物，但应当加交仓储费。

（2）存货人的义务
1）按照合同约定交付货物的义务。
2）说明危险物品或易变质物品的性质并提供相关资料的义务。
3）配合保管人对货物进行验收并提供验收资料的义务。
4）对变质或者有其他损坏的货物进行处置的义务。
5）容忍保管人对变质或者有其他损坏的货物采取紧急处置措施的义务。
6）按时提取货物的义务。

7）支付仓储费和其他费用的义务。

问：分析仓储合同与保管合同的联系与区别。

答：（1）仓储合同与保管合同的联系

1）当事人在合同权利义务上具有相似性。仓储合同与保管合同都是对他人的货物提供一定的保管服务，在保管期限届满时返还该物的合同。因此，不管是仓储还是保管合同，当事人在合同权利义务上具有相似性。

2）仓储合同是一种特殊的保管合同。虽然《民法典》对保管合同和仓储合同各自设有专门的分则，但保管与仓储这两种活动具有许多相似性。《民法典》第九百一十八条明确规定，凡仓储合同这一章未作规定的，适用保管合同的有关规定。

（2）仓储合同与保管合同的区别

1）仓储合同是有偿合同。仓储合同的有偿性主要体现在存货人应当支付仓储费。保管合同既可以是有偿合同也可以是无偿合同。保管合同主要是有偿的，如车站提供的行李保管服务。在公民之间订立的保管合同，大部分是无偿合同。如果当事人没有约定保管费，事后又没有达成关于保管费的补充协议，《民法典》规定应推定为是无偿的。

2）仓储合同是诺成性合同。保管合同通常是实践性合同。《民法典》规定，保管合同自保管物交付时成立，但当事人另有约定的除外。因此，如果当事人有约定，保管合同可以自意思表示一致时成立；反之，则以交付保管物为合同成立的条件。

3）根据仓储合同可签发仓单，而保管合同中不存在仓单，保管人可出具收货凭证（或保管凭证）。仓储合同有效成立后，在存货人交付仓储物时，保管人应当给付仓单，并在仓单上签名或盖章。仓单与通常的保管凭证的区别在于，仓单具有物权凭证的性质，仓单可以抵押、转让等，而保管凭证不具有这些功能。

4）现有法律对仓储经营人要求特殊的经营资格条件，而对保管人未做限制。从事仓储经营须具备一定的条件并进行工商登记取得营业执照。因此，仓储经营人具有特殊性，而非商业性的保管人可以是任何人。

5）仓储合同根据无过错责任原则确定责任，而保管合同根据过错责任原则确定责任。《民法典》规定，保管期内，因保管人保管不善造成保管物毁损、灭失的，保管人应当承担赔偿责任；但是，无偿保管人证明自己没有故意或重大过失的，不承担赔偿责任。

6）仓储合同的仓储物应该是动产，而对保管合同的保管物法律上不限于理论上的动产，不动产也可成立保管合同。保管合同中的寄存人可以寄存货币、有价证券或者其他贵重物品；仓储合同一般是针对商业性货物提供的保管服务。

> **试题选解**：仓储合同的主要条款包括（　　　）。
> A. 货物的品名和种类　　　　　B. 货物损耗标准和损耗处理
> C. 货物保管条件和保管要求　　D. 争议的解决方式
>
> 解：仓储合同的主要条款有：货物的品名和种类；货物的数量、质量及包装；货物验收的内容、标准、方法和时间；货物保管条件和保管要求；货物进出的库存手续、时间、地点、运输方式；货物损耗标准和损耗处理；计费项目、标准和结算方式、银行、账号、时间；责任的划分和违约处理；合同的有效期限；变更和解除合同的期限；争议的解决方式。因此，正确答案是 ABCD。

## 鉴定要求3　仓储质量管理的知识和指标体系

问：仓储质量有哪些特征？

答：仓储质量是仓储经营、作业、保管和服务的一系列活动良好状态的反映，具体来说其质量特征表现如下：

（1）储存多　储存多是指充分利用仓库、货场，增加仓库的有效利用面积，提高仓库场地的利用率，尽可能利用立体空间，合理安排减少场地空置，使仓库能容纳最多的货物。

（2）进出快　进出快有两方面的意思：一方面要求货物进出库迅速，作业效率高、时间短，减少运输工具停库时间，货物出入仓库顺畅无阻；另一方面要求货物周转快，缩短货物滞库时间，提高物资流通速度。

（3）保管好　保管好是指仓库具有适合货物保管的条件，具有科学合理的保管方案和管理制度，有针对性的保管措施，员工认真进行保管作业，货物在仓库内堆垛稳固、摆放整齐、查询方便，账、卡、证、物一致，货物随时能以良好的状态出库。

（4）耗损少　耗损少是指没有发生货物残损和变质等各类保管、作业事故，仓库货物的自然耗损控制在最低的程度，意外事故和不可抗力所造成的损失最小，整体货损货差率达到最低；同时也包括散落货物能及时良好回收，受损货物能及时得到维护。

（5）费用省　费用省是指通过节省开支、消除无效作业、充分利用生产要素、开展规模化经营，使仓储成本降低，客户所要支付的费用减少；避免不合理的、损害社会效益的费用发生。

（6）风险低　仓储风险包含两个方面：一是仓储保管人承担的风险，如仓储物损害的赔偿；另一个是存货委托人承担的风险，如不可抗力造成的仓储物损害。仓储风险质量目标就是实现彻底消灭仓储保管操作风险，尽力减少委托人承担风险所造成的仓储物损失。

（7）服务优　服务质量是仓储的生命力，是客户接受仓储服务的前提条件，也是其他质量特征在客户面前的综合体现。服务水平是一项软指标，不同的服务消费者都有不同的服务要求，因此服务具有相对性。要保证仓储的服务水平，必须建立服务标准：对内标准化，以便所有员工有章可守，保证服务水平；对外需采取协议化手段明确服务水平。对外服务协议化是为了使客户明确所能享受到的服务水平，让客户知道物有所值，更重要的是针对消费者对服务的无止境需求，通过协议进行明确的限定，防止发生服务纠纷。

问：建立仓储质量管理指标体系的意义有哪些？

答：（1）有利于仓储企业发现自己的核心竞争力　仓储企业所提供的仓储服务大多相近，也就是说实际上都是在"同质化"竞争。企业的竞争力主要表现在规模和品牌方面。但是企业规模越大、品牌越响，往往更会利用自己的市场占有率来强迫客户接受同质化商品，这样才能够更好地从规模中获得更多的收益。但是随着客户在经营中地位的提升，如何为客户提供个性化特质的服务产品才是仓储企业的发展之道。"以客户为中心"不应该只是一句口号，而应该表现在实际行动上。仓储企业的竞争应该转移到提供特色商品，而不是简单将同质化商品的规模做大。仓储企业通过建立详尽的质量指标体系，发现客户对质量的真正要求，发现自己为客户所选择的原因，才能发现自己的核心竞争力，才能获得长久的发展。

（2）有利于产品质量的持续改进和创新　客户的需求和期望不是一成不变的，客户满意是动态的、相对的，而且只是一个综合的结果。若想发现客户满意的真正原因，必须要对自己的作业作详细的分析，发现自己的得分点和失分点。通过建立质量指标体系来梳理和重建企业的作业流程，使企业可以及时把握客户满意或不满意的原因，分析预测客户隐含的、潜在的需求，从而有力地推动企业对产品质量的持续改进和创新。

（3）有利于提高员工的积极性　由于对客户而言，整个仓储系统是一个整体，他们不会去区分到底是谁的工作不让人满意，而只是简单地对整体表示不满；对企业的管理者来说，从客户的投诉也无法发现真正的罪魁祸首；对企业的员工来说，他们都努力工作却得不到客户的认可。这些都会使企业的员工逐渐丧失工作的积极性，进而影响到仓储系统的效率。通过建立质量指标体系，可以使所有的人明白到底是哪部分的质量没有达到客户的要求，这部分的质量到底与客户的期望之间的差距有多大，质量问题归根结底是由谁造成的，系统、工作流程还是员工。这样就可以对症下药地解决问题，赢得客户的满意，提高企业员工的积极性，提高系统的效率。

问：仓储企业质量指标体系的内容有哪些？

答：仓储企业提供的是服务产品，按照服务的相关理念，服务产品的质量主要表现在服务理念、服务过程和服务系统上面。因此，仓储企业建立质量指标体系的内容就必然围绕着这几个方面展开，如图1-2-1所示。

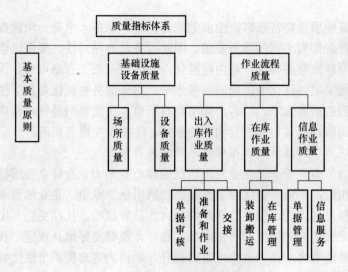

图 1-2-1　仓储企业质量指标体系结构图

（1）**基本质量原则**　对于仓储企业这种服务性企业而言最重要的是服务理念，落实在质量管理上就是企业的基本质量原则。仓储系统的一切活动都是围绕着"以客户为中心"这个基本服务理念开展的，这是仓储企业一切质量活动的出发点。仓储企业要通过建立健全的质量管理系统和持续改进系统来真正实现以客户为中心，为客户提供长期稳定、持续提高的仓储服务产品，满足客户不断变化的需求。

（2）**基础设施设备质量**　仓储设施设备是开展仓储活动、提供仓储服务产品的物质基础，也是仓储这个服务系统的硬件基础。为了能够提供客户所需要的服务，仓储系统必然要求硬件达到一定的质量水平。

1）仓储设施设备健全。对于仓储系统而言，提供的服务产品基本相同，这就要求有一些基本的设备设施，如仓库、库房、库区线路、月台、装卸搬运设备、包装设备、分拣设备、货架、托盘、计量工具、环境调节设备和消防安全设备等。这些设备设施应该配备齐全，能够正常使用，并达到国家相关标准。

2）设施设备有完善的管理制度。设施设备的状态会随着时间和使用次数的增多而不断变化，必须要建立完善的设备设施管理制度来保证设备设施的性能。设备设施必须有详尽的管理计划，从购置、安装调试、使用、维护保养直到报废/更新，整个过程的每个环节都要有具体的计划方案、管理文件及必要的管理和使用台账。还要加强职工的教育，提高质量和安全意识，严格按照规章制度来进行设备设施的使用和维护保养，杜绝人为因素导致的设备作业质量和安全问题。

（3）**作业流程质量**　这部分是整个仓储质量指标体系的重要内容，它涵盖了出入库、在库和相关信息等主要的作业流程。作为一种无形的服务产品，仓储服务的质量实际是一种形成性质量,也就是在仓储系统设计的作业流程运行所产生的结果。加强对各个环节的管理可以有效地提高仓储服务的质量。

仓储服务质量的具体作业指标如下:

1)出库差错率。出库差错率是指考核期内发货累积差错件数占发货总件数的比率。出库差错率应≤0.1%。

2)责任货损率。责任货损率是指考核期内,由于作业不善造成的物品霉变、残损、丢失、短少等损失的件数占库存总件数的比率。责任货损率应≤0.05%。

3)账货相符率。账货相符率是指经盘点库存物品账货相符的笔数与储存物品总笔数的比率。账货相符率应≥99.5%。

4)订单按时完成率。订单按时完成率是指在考核期内按时完成客户订单数占订单总数的比率。订单按时完成率应≥95%。

5)单据与信息传递准确率。单据与信息传递准确率是指考核期间向客户传递的单据、信息的准确次数占单据、数据总次数的比率。单据与信息传递准确率应≥99.5%。

6)数据与信息传输准时率。数据与信息传输准时率是指考核期间按时向客户传输数据、信息的次数占传输总次数的比率。数据与信息传输准时率应≥99%。

7)有效投诉率。有效投诉率是指考核期间客户有效投诉涉及订单数占订单总数的比率。有效投诉率应≤0.8%。

> **试题选解:**(  )是指考核期内发货累积差错件数占发货总件数的比率。
> A. 出库差错率　　B. 责任货损率　　C. 账货相符率　　D. 有效投诉率
> 解:出库差错率是指考核期内发货累积差错件数占发货总件数的比率。因此,正确答案是 A。

### 鉴定要求 4　仓储绩效评估的知识

问:什么是仓储绩效评估?它有哪些意义?

答:仓储绩效评估是指在一定的经营期间内,仓储企业利用指标对经营效益和经营业绩以及服务水平进行考核,以加强仓储管理工作,提高管理的业务和技术水平。仓储管理绩效评估的意义表现在以下几个方面:

(1)有利于提高仓储的经济效益　经济效益是衡量仓储工作的重要标志。通过对各项指标的考核,可以对仓库的各项活动进行全面的测定、比较、分析,选择合理的储备定额、恰当的仓储设备、最优的劳动组合、科学的作业定额,提高储存能力、作业速度和收发保养工作质量,降低费用开支,加速资金周转,以尽可能少的劳动消耗获取尽可能大的经济效益。

（2）有利于推动仓库设施装备的现代化改造　仓储活动必须依靠技术设备才能正常进行。在仓库里，如果设施装备落后、利用率低，则可通过对相关指标的考核，找出仓储作业的薄弱环节，对消耗高、效率低、质量差的设备进行挖潜、革新、改造，并有计划、有步骤地采用先进技术，提高仓储机械化水平。

（3）有利于仓储现代化管理水平的提高　仓储的每一个指标都反映某部分工作或全部工作的一个侧面，通过对指标的对比和分析，能发现工作中存在的问题。特别是对多个指标的综合分析，能发现彼此间的联系，找出问题的关键所在。通过对比分析，能激励仓储管理人员自觉地钻研业务，提高业务能力以及管理工作的水平。

（4）有利于落实仓储管理的经济责任制　仓储的各项指标是实行经济核算的根据，也是衡量仓储工作好坏的尺度。推行仓储管理的经济责任制，实行按劳取酬，以及各种奖励的评定，都离不开指标的考核。

（5）有利于进行市场开发和客户关系维护　在我国目前的物流市场中，供需双方的合作通常以一年为限，以供应链合作伙伴关系确定下来的供需关系并不多。当合同到期时，客户会对供应商进行评价，以决定今后是否继续合作。如果作为服务提供商的仓储企业服务水平良好，将有利于双方继续加强合作，扩大市场占有率。

问：制定仓储管理绩效评价指标应遵循哪些原则？

答：仓储是物流的重要组成部分，而物流活动的整体性使得仓储绩效指标的建立必须从系统的角度出发，避免单一性。为了保证仓储管理考核工作的顺利进行，使指标能起到应有的作用，在制定考核指标时，必须遵循以下原则：

（1）客观性原则　客观性原则要求设计的指标体系应该建立在客观实际的基础上，避免主观臆断，利用科学的方法评估优劣得失，如实地反映仓储管理的实际水平。

（2）可行性原则　可行性原则要求指标简单易行，数据容易得到，便于统计计算，便于分析比较，现有人员能很快掌握和灵活运用。

（3）协调性原则　协调性原则要求各项指标之间相互联系、互相制约，应使之相互协调、互为补充，指标间不能相互矛盾或彼此重复。

（4）稳定性原则　指标体系一旦确定，应在一定时间内保持相对稳定，不宜经常变动、频繁修改。在执行一段时间之后，通过总结，可以进行改进和完善。

（5）可比性原则　在对指标的分析过程中，很重要的一项活动是对指标进行比较，如反映仓储的运行和经济状况等的指标，须同过去的记录、预算目标、同行业水平、国际水平等数据进行比较，才能鉴别优劣，更好地掌握仓库的经营情况并不断改进，这样绩效评估才有意义。

问：仓储绩效评价标准有哪些？

答：仓储绩效评价标准是对评价对象进行分析评价的标尺，是评价工作的准绳和前提。根据不同的用途，评价标准分为以下四类：

（1）计划（预算）标准　计划（预算）标准是仓储绩效评价的基本标准，是指以事先制定的计划、预算和预期目标为评价标准，将仓储绩效实际达到的水平与其进行对比。该标准反映了仓储绩效计划的完成情况，并在一定程度上代表了现代企业的经营管理水平。但该标准人为因素较强，主观性较大，要科学合理制定才能起得较好的激励效果。

（2）历史标准　历史标准是以历史同期水平或历史最高水平为衡量标准，将仓储绩效实际达到的水平与其自身历史水平进行纵向比较。这种比较能够反映仓储绩效指标的发展动态和方向，为进一步提升仓储绩效提供决策依据。但其结果缺乏横向可比性，且具有排他性。

（3）客观标准　客观标准是以国际或国内同行业绩效状况作为评价本企业仓储绩效的标准。采用这一评价标准，评价结果较为真实且具有横向可比性，便于了解企业本身在行业中所处的位置，有助于企业制定仓储发展战略。

（4）客户标准　客户标准是以客户来衡量企业的仓储绩效，将客户的满意程度作为评价仓储企业运作服务水平的关键因素，是企业改进和提高仓储水平的重要依据。

> **试题选解：** 制定仓储管理绩效评价指标应遵循哪些原则？
> 解：在制定考核指标时，必须遵循以下原则：①客观性原则；②可行性原则；③协调性原则；④稳定性原则；⑤可比性原则。

## 鉴定点2　物流中心设计与规划

### 鉴定要求1　物流中心规划与布局设计的知识

问：简述物流中心规划的主体。

答：物流中心是物流网络中的节点，在形成以中心城市为核心的经济圈或区域经济圈的体系中，物流中心有着举足轻重的地位和作用；在物流中心的规划、筹建、运营方面直接影响到的不仅是道路运输基础设施的运用效率，很多情况下，还与城市规划、经济圈的经济运行有极密切的关系。因此，中国大范围的物流设施规划是由政府主管部门指导、组织制定的。

问：物流中心规划设计的原则有哪些？

答：物流中心的建设是一项规模大、投资额高、涉及面广的系统工程，而且一旦建成就很难再改变，所以在规划设计时，必须遵循以下一些原则：

（1）**系统性原则**　物流中心的层次、数量、布局是与生产力布局、消费布局等密切相关的，互相交织且互相促进。设定一个非常合理的物流中心布局，必须统筹兼顾、全面安排，既要作微观的考虑，又要作宏观的考虑。

（2）**效益原则**　在激烈的市场竞争中，物流服务的准点及时和缺货率低等方面的要求越来越高，在满足服务高质量的同时，又必须考虑物流成本。特别是建造物流中心耗资巨大，必须对建设项目进行可行性研究，并作多个方案的技术、经济比较，以求最大的企业效益和社会效益。

（3）**竞争性原则**　物流活动是服务性、竞争性非常强的活动，如果不考虑市场机制，而单纯从路线最短、成本最低、速度最快等角度考虑问题，一旦布局完成，便会导致垄断的形成和服务质量的下降，甚至由于服务性不够而在竞争中失败。因此，物流中心的布局应体现多家竞争的特性。

（4）**合理化原则**　考虑运费和运距、运量的关系，合理选择新建物流中心的地理位置，使运输配送费用最低。提供一个最佳的物流运输路线和平面布置，可缩短搬运距离，避免不合理搬运。

（5）**柔性原则**　物流中心的规划，应在详细分析现状及对未来变化作出预期的基础上进行，而且要有相当的柔性，要留有余地，以充分考虑扩建的需要。此外，无论是建筑物、信息系统的设计，还是机械设备的选择，都要考虑到较强的应变能力，以适应物理量扩大、经营范围的拓展。

（6）**标准化原则**　在物流中心内，应尽量使搬运方法、搬运设备、搬运器具和容器标准化。

（7）**单元化原则**　应根据商品尺寸和负荷形式决定搬运、存储单元，运用单元负载容器作为基本搬运单位，以提高商品的搬运活性指数。

（8）**机械化原则**　尽量实现搬运装卸机械化，以节省人力、提高效率；在保证作业人员安全和商品不受损的情况下，尽量利用重力机械设备搬运商品以节省劳力和动力。

（9）**信息化原则**　对物流中心商品的存储、搬运、配送等环节采取信息管理，实现对物流中心运作全程的信息控制。

问：物流中心规划的内容有哪些？

答：物流中心规划的内容有：

（1）**物流中心的类型**　物流中心是社会物流网络中处于主要位置的节点，但不是所有物流节点都能称为物流中心，它必须具有较大规模的物资集散或转运地点。物流中心的种类甚多：有物资集散类型的，如大型物资仓库，它主要在物流系统中起调节和缓冲作用，解决供需节奏或批量不平衡的矛盾；有商业连锁系统的配送中心，其作用是降低物流系统的成本、提高服务水平、提高物资输送末端系统效率等；有转运类型的，如港口码头、空港等，其作用是实现运输方式的转换（海—陆、空—陆）；有铁路货车编组站和汽车货运终端站，其作用是将货物重新组合，进入下一阶段的输送；也有大规模的仓库群，以形成以存储功能为主的物流中心。因此，在物流中心规划时，必须首先考虑物流中心的类型问题。

（2）物流中心的选址问题　这是首先应该考虑的问题。任何一个生产系统或服务系统都存在于一定的环境之中，外界环境对系统输入原材料、资金、人力、能源和其他社会化因素等，系统又向外输出其产品、劳务、服务和废弃物等。因此，生产或服务系统必然不断地受到外界环境的影响而调整自身的活动，同时系统的输出结果也不断改变其周围环境。这就说明，生产或服务系统所在的地区条件对系统的运营与发展是非常重要的。特别是物流中心这样的服务性系统，它的存在几乎完全决定于外界环境。

（3）物流中心的功能设定　物流中心应该具备的功能要和建设物流中心的决策思想相符合，是由市场来决定的，也可以说取决于外围环境的条件。以深圳平湖地区为例，可以有以下几方面的考虑：

1）建设物流中心的城市及周边地区的制造业的需求。它们的原材料供应物流和产品销售物流的合理组织，形成了生产资料的供应和配送基地。

2）建设物流中心的城市及周边地区的商业系统的需求。它们的供应物流的合理组织，形成了商业系统共同的货品储存基地和综合配送中心。

3）加强国际物流的需要。了解地区物流的流量及发展潜力，对于设计物流中心的功能设定是非常重要的。尤其是港口城市、商业发达城市，提高国际物流的流量是提高城市经济水平的主要措施之一，且对国际物流的需求很大。

4）物资转运的需要。物资转运是物流中心的一个主要职能，确定某一地区的物资转运方式对物流中心的构建非常重要。

5）由于是综合性、地区性物流中心，为了增强服务性，是否需要增强流通加工能力，如包装器材的生产、重新包装、钢板剪切等功能。

6）为了增强商业对物流的导引功能，物流中心可以而且应该具有一定的商业活动，但是这些活动要服从于物流中心的总体规划，根据物流中心外部环境的具体条件来设定。

（4）物流中心的规模设计　对上述功能进行分析，并根据市场总容量、发展趋势以及该领域竞争对手的状况，确定目标份额，进而决定该部分的局部规模。规模设计中应该注意两方面的问题：第一是要充分了解社会经济发展的大趋势，地区、全国乃至世界经济发展的预测，国际贸易特别是和深圳地区有关的国际贸易发展状况。因为我们所讨论的项目不是短期行为，预测范围必须包含中、长期内容。第二是要充分了解竞争对手的状况，例如它们目前的生产能力、占有的市场份额、经营特点、发展规划等。因为市场总容量是相对固定的，不能正确地分析竞争形势就不能正确地估计出自身能占有的市场份额。

（5）物流中心设施的规划　在预定的区域内合理地布置好各功能块的相对位置是非常重要的。合理布置的目的是：有效地利用空间、设备、人员和能源；最大限度地减少物料搬运；简化作业流程；缩短生产周期；力求投资最低；为职工提供方便、舒适、安全和卫生的工作环境。据资料介绍，在制造企业的总成本中用于物料搬运的占20%～50%，如果合理地进行设施规划可以降低10%～30%。物流中心是大批物资集散的场所，物料搬运是物流中心的作业活动，如合理规划设施，经济效果将更为显著。物流中心进行设施规划，必须遵循以下原则：

1）根据系统的概念，运用系统分析的方法实现整体优化，同时也要把定性分析、定量分析和个人经验结合起来。

2）以流动的观点作为设施规划的出发点，并贯串设施规划的始终，因为企业的有效运行依赖于人流、物流、信息流的合理化。

3）从宏观（总体方案）到微观（每个部门、库房、车间），又从微观到宏观的过程。例如布置设计，要先进行总体布置，再进行详细布置，而详细布置方案又要反馈到总体布置方案中去评价，再加以修正甚至从头做起。

4）减少或消除不必要的作业流程，这是提高企业生产率和减少消耗最有效的方法之一。只有在时间上缩短作业周期，空间上少占有面积，物料上减少停留、搬运和库存，才能保证投入的资金最少、生产成本最低。

5）重视人的因素。作业地点的设计，实际是人、机、环境的综合设计，要考虑创造一个良好、舒适的工作环境。

此外，物流中心的主要活动是物资的集散和进出，在进行设施规划设计时，环境条件非常重要。相邻的道路交通、站点设置、港口和机场的位置等因素，如何与中心内的道路、物流路线相衔接，形成内外一体、圆滑通畅的物流通道，至关重要。

（6）软硬件设备系统的规划与设计　这是一个专业性很强、涉及面很广的问题，难以具体论述。一般来说，软硬件设备系统的水平常常被看成是物流中心先进性的标志，因而为了追求先进性就要配备高度机械化、自动化的设备，势必在投资方面带来很大的负担。但是，以欧洲物流界为代表，对先进性定义的理解有不同的侧重。他们认为，合理配备，能以较简单的设备、较少的投资实现预定的功能就是先进，也就是强调先进的思想、先进的方法。从功能方面来看，设备的机械化、自动化程度并不是衡量先进性的最主要因素。

根据我国的实际状况，对于物流中心的建设，比较一致的共识是贯彻软件先行、硬件适度的原则。也就是说，计算机管理信息系统、管理与控制软件的开发，要瞄准国际先进水平；而机械设备等硬件设施则要根据我国资金不足、人工费用便宜、空间利用要求不严格等特点，在满足作业要求的前提下，更多选用一般机械化、半机械化的装备。例如仓库机械化，可以使用叉车或者与货架相配合的高位叉车；在作业面积受到限制、一般仓库不能满足使用要求的情况下，也可以考虑建设高架自动仓库。

（7）组织管理体制　由于物流中心规划着眼未来市场需求，因此，在组织管理体制的规划方面必须考虑到信息时代的特点。当前关于"流程重组"（企业重组）的研究在我国已经进入探讨阶段，充分利用信息技术，把企业组织从传统的金字塔结构改变为扁平结构，从而提高企业的整体效率，适应未来市场多变的要求。

（8）人才培训　现代物流中心的正常运营，需要有一批训练有素的专业人员，在我国物流行业中，这种专业人员应该说是非常缺乏的。所以，必须下大力气引进人才，组织人才培训，以保证物流中心能正常运转。

问：物流中心的规划程序有哪些？

答：物流中心的规划程序分为五个主要的阶段，包括筹建准备阶段、系统规划设计阶段、方案评估阶段、详细设计阶段、系统实施阶段。

（1）筹建准备阶段　在物流中心的筹建准备阶段，首先应该明确建设物流中心的任务、目标以及有关的背景条件。一个物流中心的成立可能有多个目标，但须分清主次以便设计时更好地体现既定方针。在对物流中心建设的必要性和可行性有了初步结论后，可建立筹建小组（或委员会）进行具体规划。为了避免片面性，筹建小组应该吸收多方面成员参加，包括本公司、物流设备制造厂、土建部门的人员及一些经验丰富的物流专家或顾问。筹建小组应根据企业经营决策的基本方针，进一步确认物流中心建设的具体规划，例如，物流中心的设置地点，在物流网络中是采取集中型物流中心还是分散型物流中心，和生产工厂及仓库的关系，物流中心的规模及物流中心的服务水平基本标准（如接受客户订货后供货时间的最低期限，能满足多少客户需要，存储商品量有多少等）。

在本阶段，应确认物流中心规划的背景条件，包括主要服务对象的地点和数量、物流中心的位置和规模、配送商品的类型、库存标准、物流中心的作业内容等；还应进行实际调研或具体构思，把握物流系统的状况及商品的特性，如商品的规格、品种、形态、重量，各种商品进出库数量，每天进货、发货总数量，以及供货时间要求，订货次数，订货费用和服务水平等。在背景条件中还要考虑将来的发展，两年、五年甚至十年以后可能发生的变化，对与物流中心所处的环境及法规方面的限制也应有所考虑。概念设计阶段也是项目的详细论证阶段，将为以后的设计打下一个可靠的基础。这一阶段所进行的工作如果证明原先的决策有误，可能导致项目终止，或有方向性的变更。本阶段要进行大量的调研，同时也要对资料数据进行科学分析，因此，必须给予足够的重视，投入必要的人力和费用。

（2）系统规划设计阶段　本阶段要对物流中心的基本流程、设施配备、运营体制、项目进度计划及预算等进行全面的规划与设计。

1）基本流程设计。将物流中心的作业流程，如进货、保管、流通加工、拣取、分货、配货等作业按顺序做成流程图，初步设定各作业环节的相关作业方法。如进货环节，是用铁路专用线，还是货车进货；卸货环节，是用人力，还是用机械；机械卸货，又要考虑用传送带还是用叉车；根据卸货点到仓库的距离，确定搬运作业方法；在库内，采用和保管设施相适应的作业方法等。又如保管环节，是用巷道堆垛机或自动高架仓库还是用普通货架以人力搬运、人工存取，或是采用高架叉车作业配合中高货架存放等。

2）物流中心的要素和能力设计。根据物流中心各作业环节的功能要求，选定各作业环节的设备类型，并根据设定条件，初步确定各设备应具备的能力。如选定叉车为系统要素之一，应进一步确定叉车类型，并初步根据其应具备的能力决定叉车的规格型号。

3）运营系统设计。运营系统设计包括作业程度与标准，管理方法和各项规章制度，对各种票据处理及各种作业指示图，设备的维修制度与系统异常事故的对策设计及其他有关物流中心的业务规划与设计等。

4）平面布置。可采用系统布置设计（SLP）方法进行平面布置。首要工作就是对物流中心各作业单位之间的关系（包括物流和非物流的相互关系）作出分析，经过综合得到作业单位相互关系表（相关图），然后根据相关图中作业单位之间相互关系的密切程度，决定各作业单位之间距离的远近，安排各作业单位的位置，再确定各业务要素所需要的占地面积，考虑物流量、搬运方法、搬运设备、货物状态等因素，做成位置相关图。在平面设计中还要考虑到将来可能发生的变化，应留有余地。

5）建筑规划。在位置相关图的基础上进行建筑规划，既要确定建筑物的类型（如采用平面或是多层建筑），又要对车辆的行驶路线、停车场地等因素进行规划，最后结合有关法规限制与周围环境，决定建筑物的最终形态与配置。

6）制订进度计划。对项目的基本设计、详细设计，土建，机器的订货与安装，系统试运转，人员培训等都要制订初步的进度计划。

7）建设成本的概算。以基本设计为基础，对于设计研制费、建设费、试运转费、正式运转后所需作业人员的劳务费等作出费用概算。

（3）方案评估阶段　在基本设计阶段往往产生几个可行的系统方案，应该根据各方案的特点，采用各种系统评价方法或计算机仿真的方法，对各方案进行比较和评估，从中选择一个最优的方案进行详细设计。

（4）详细设计阶段　对所使用的设备类型、能力等作出规定，决定作业场所详细配置，确定办公及信息系统的设施规格与数量，制订设计施工计划等。设备制造厂的选定一般通过投标竞争的方式进行。选定制造厂后，应和制造厂一起对基本设计的指导思想进行认定，取得共识，并考虑和采纳厂方的新方案和意见，制订下一步的计划。在详细设计阶段要编制具体的实施条目和有关设备形式的详细计划，主要有以下各点：①装卸、搬运、保管所用的机械和辅助机械的型号规格；②运输车辆的类型、规格；③装卸搬运用的容器形状和尺寸；④物流中心内部详细的平面布置与机械设备的配置方案；⑤办公与信息系统的有关设施规格、数量等。

（5）系统实施阶段　为了保证系统的统一性和系统目标与功能的完整性，应对参与设计施工各方所涉及的内容从性能、操作、安全性、可靠性、可维护性等方面进行评价和审查。在确定承包工厂前应深入现场，对该厂的生产环境、质量管理体制及外协件管理体制进行考察，如发现问题应提出改善要求。在设备制造期间也需进行现场了解，对质量和交货日期等进行检查。

> **试题选解**：简述物流中心的规划程序。
> 　解：物流中心的规划程序分为五个主要的阶段，包括筹建准备阶段、系统规划设计阶段、方案评估阶段、详细设计阶段、系统实施阶段。

### 鉴定要求 2　EIQ 分析方法

问：什么是 EIQ 分析法？

答：EIQ 分析是利用"E"（订单）、"I"（品项）、"Q"（数量）这三个物流关键因素来研究物流系统的特征，从而可以进行基本的配送中心规划的方法。EIQ 分析起着历史订单资料与具体分析之间的衔接作用。规划前期通过 EIQ 分析，可以避免规划人员迷失在庞大的资料数据中。通过 EIQ 分析还可从订单的详细内容中了解客户、品项及数量等关键规划要素之间的关系，这对配送中心的系统规划和改善具有重要意义。

问：EIQ 分析的作用有哪些？

答：EIQ 分析对配送中心规划的作用可以概括为：

（1）了解物流特性　利用 EIQ 加以分析之后，可归纳出订单内容、订货特性、接单特性、配送中心特性、EIQ 特性等特征。

（2）得出配合物流系统特性的物流系统模块　尽管配送中心的形态有许多变化，但它由许多子系统和模块组成，并按照一定规则运行。从 EIQ 分析资料中可以得到选择子系统、模块、要素的条件，再依据这些条件，即可选出候选的各个子系统、模块、要素，这样可以节省许多设计时间。

（3）选择物流设备　事先建立物流设备选择所需的条件时，只要 EIQ 分析结果符合这些条件要求，即可得出所需的物流设备。

（4）仿真分析　EIQ 分析的内容为日常物流作业的内容，这些资料可用于仿真分析系统得出所需作业人员数、作业时间。

(5) 进行物流系统的基础规划　在规划物流系统时必须先确定的问题有：物流配送中心规模应为多大，有多少出货量，有多少人货量。由 EIQ 分析可得出过去（历史）的需求状况等，这些数据可以当作假定的需求，将这些数据与阶层式的系统设备条件加以对应，即可得到大概的系统轮廓。得到的方案可能有好几个可供选择，若将入库条件、库存条件、预算金额、建筑法规等约束条件列入考虑因素，就可进一步将系统的轮廓细致化，最后确定的物流系统的设备规格也可依据实际的情况加以展开。

问：EIQ 分析的基本内容有哪些？

答：(1) 当前作业内容

1) 基本营运内容。基本营运内容包括业务形态、营业范围、营业额、人员数、车辆数等。

2) 商品要素。商品要素包括商品形态、分类、品项数、供应来源、保管形态（自有/他人）等。

3) 订单内容。订单内容包括订购商品的种类、数量、单位、订货日期、交货日期、订货厂商等资料，最好能包含一个完整年度的订单资料，以及以月别或年别分类的历年订单的统计资料。

4) 物品特性要求。物品特性要求包括物态、气味、温度或湿度需求、腐蚀变质特性、装填性质等包装特性要求，物品重量、体积、尺寸等包装规格要求，商品储存特性、有效期限等要求。包装规格部分另需区分单品、内包装、外包装单位等可能的包装规格。

5) 销售数据整理。可依地区类别、商品类别、渠道通路类别、客户类别及时间类别分别统计销售额，并可依相关产品单位换算为同一计算单位的销货量（体积、重量等）。

6) 物流作业流程。物流作业流程包括一般物流作业（进货、储存、拣货、补货、流通加工、出货、运输、配送等）、退货作业、盘点作业、仓储配合作业（移仓调拨、容器回收流通、废弃物回收处理）等作业流程现场情况。

7) 业务流程与使用单据。业务流程与使用单据包括接单、订单处理、采购、拣货、出货、配派车等作业及相关单据流程，以及其他进销存的库存管理、应收与应付账款管理等作业。

8) 厂房设施情况。厂房设施情况包括厂房仓库使用来源，厂房大小与布置形式，地理环境与交通状况，使用设备的主要规格、产能与数量等。

9) 人力与作业工时要求。人力与作业工时要求包括人力组织架构、各作业区使用人数、工作时数、作业时间与时间顺序分布。

10) 物料搬运情况。物料搬运情况包括进货、出货及在库的搬运单位，车辆进货、出货频率与数量，进货、出货车辆类型与时段等。

11）供货厂商要素。供货厂商要素包括供货厂商类型、供货厂商规模及特性、供货厂商数量及分布送货时段、接货地需求等。

12）配送据点与分布。配送据点与分布包括配送通路类型，配送据点的规模、特性及分布，卸货地状况，交通状况，收货时段，特殊配送需求等。

（2）未来规划内容

1）企业战略与中长期发展规划。此项内容需要考虑所服务企业的历史背景、文化、未来发展战略与中长期发展规划以及外部环境变化及政府政策调整变化等因素的影响。

2）商品未来需求预测。按照目前所服务企业的商品市场成长率及所服务企业的未来商品发展战略，预测未来物流配送市场的发展趋势。

3）品项数量的变动趋势。分析所服务企业在商品种类方面可能发生的变化及未来的变化趋势。

4）可使用的场址与面积。分析是否可利用现有场地或考虑有无发展的空间。

5）业务范围的发展。分析物流配送中心的服务范围，是否需要包含服务企业的经营项目范围，有无新的经营项目或新的企业单位的加入。

6）物流作业功能的发展。分析物流配送中心是否需要考虑未来物流功能的增加，如流通加工、包装、储位出租等，以及是否需要配合商流与物流通路拓展等目标。

7）预算的可行性与物流模式的变化。预先估计可行的资金预算额度范围及可能的资金来源，必要时必须考虑独资、合资、部分出租或与其他经营者合作的可能性，此外也可以考虑建立物流联盟或开展共同配送等物流营运模式。

8）时程限制。预计物流配送中心营运年度，并考虑以分年、分阶段的方式落实计划的可行性。

9）估计未来的工作时数与人力需求。估计未来的工作时数、作业班次及人力组成，包括正式、临时及外包等不同性质的人力编制。

10）未来扩充的需求。

问：EIQ 分析方法有哪些？

答：EIQ 分析以量化分析为主，常用的分析方法包括平均值、最大最小值、总数、柏拉图分析、次数分布、ABC 分析及交叉分析等。

（1）柏拉图分析　在一般物流配送中心的作业中，如将订单或单品品项出货量经排序后绘图［EQ（订单量）、IQ（品项数量）分布图］，并将其累计量以曲线表示出来，即为柏拉图。此为数量分析时最基本的绘图分析工具，如图 1-2-2 所示。其他只要可表示成项与量关系的资料，均可以用柏拉图方式描述。

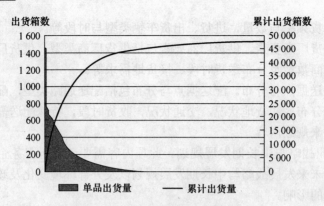

图 1-2-2　产品别出货量的 EQ（IQ）分布

（2）次数分布　绘出 EQ、IQ 等柏拉图分布图，若想进一步了解产品出货量的分布情形，可将出货量范围作适当的分组，并计算各产品出货量出现于各分组范围内的次数，如图 1-2-3 所示。

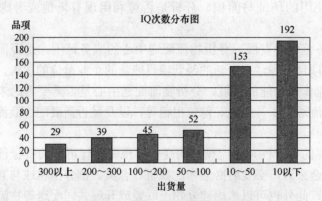

图 1-2-3　出货量的品项次数分布

由图 1-2-3 可知，次数分布图的分布趋势与资料分组的范围有密切关系，在适当的分组之下，将得到进一步有用的信息，并可找出数量分布的趋势及主要分布范围。但是在资料分组的过程中，仍要依靠规划分析者的专业素养与对资料认知的敏感性，才能快速找出分组的范围。

（3）ABC 分析　在制作 EQ、IQ、EN（订货品项数）、IK（品项受订次数）等统计分布图时，除可由次数分布图找出分布趋势，进一步还可用 ABC 分析法将一特定百分比内的主要订单或产品找出，然后作进一步的分析及重点管理。通常先按照出货量排序，通过前 20%及前 50%的订单件数（或品项数），计算出所占出货量的百分比，并作为重点分类的依据。如果出货量集中在少数订单（或产品），则可针对这一产品组（品项数较少但占有重要出货比例）作进一步的分析及规划，以达到事半功倍的效果。相对于出货量很少而产品种类很多的产品组群，在规划过程中可先不考虑或按照分类分区规划方式处理，从而简化系统的复杂度,并提高规划设备的可行性及利用率,如图 1-2-4 所示。

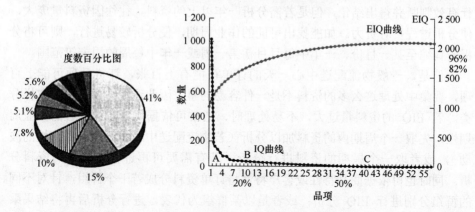

图 1-2-4　品项(I)数量(Q)度数分析与 ABC 分析

(4)交叉分析　在进行 EQ、IQ、EN、IK 等 ABC 分析后,除可对个别订单资料分析外,也可以对其 ABC 的分类进行组合式的交叉分析。例如,以单日别及年别的资料进行组合分析,或者其他如 EQ 与 EN、IQ 与 IK 等项目,均可分别进行交叉汇编分析,从而找出有利的分析信息,如图 1-2-5 所示。其分析过程为:先将两组分析资料经 ABC 分类后分为三个等级,进行交叉汇编后产生 9(3×3)组资料分类,再逐一对各资料分类进行分析探讨,找出分组资料中的意义及其代表的产品组。在后续的规划中就可产生有用的分析数据,如结合订单出货与物性资料,可产生有用的交叉分析数据。

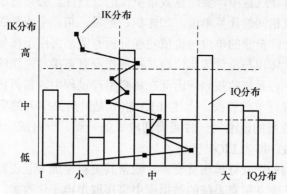

图 1-2-5　IQ 及 IK 交叉分析图

问:EIQ 分析的步骤有哪些?

答:EIQ 分析的步骤是从资料的收集、取样、分解、整理到统计分析及图表制作,整个 EIQ 分析的过程如下:

(1)资料的收集、取样　进行分析之前需要先取得 EIQ(订单"E"、品项"I"、数量"Q")资料,以一天、一个月或一年的 EIQ 资料进行分析。

要了解物流配送中心实际运作的物流特性,单从一天的资料分析将无法进行有效判断并得出结论,但是若需分析一年以上的资料,往往因资料量庞大,使分析过程费时费力。如能找出可能的作业周期,使分析较易进行,则可将分析资料缩至某一月份、一年中每月月初第一周或一年中每周的周末等范围。

但是,一般物流配送中心一天的订单可能有上百张,订货品项可能上百项,要集中处理这么多的资料不是一件容易的事,因此这就需要资料的取样分类。若 EIQ 的资料量过大,不易处理时,通常可依据物流配送中心的作业周期性,先取一个周期内的资料加以分析(若物流配送中心作业量有周期性的波动),或者取一个星期的资料进行分析。若有需要可再进行更详细的资料分析。同时也可依据商品特性或客户特性将订单资料分成若干个群组,针对不同的群组分别进行 EIQ 分析;或者是以某群组为代表,进行分析后再将结果乘上倍数,以求得全体资料;或者是采取取样方式,分析后再将结果乘上倍数,以求得全体资料。不管采用何种分类和取样方式进行资料取样,都必须注意所取样的资料是否能反映、代表全体的状态。

(2)资料的分解、整理  EIQ 分析就是利用订单"E"、品项"I"、数量"Q"这三个物流关键要素,来研究物流配送中心的需求特性,为物流配送中心提供规划依据。因此,物流配送中心规划者从原始资料中获取 EIQ 资料以后,应对 EIQ 资料作进一步的分解、整理,以作为规划设计之参考依据。同时还应注意考虑 EIQ 资料时间的范围与单位。

订单出货资料的分解目的是由此可以展开 EQ、EN、IQ、IK 四个类别的分析。在资料整理过程中,要注意数量单位的一致性,必须将所有订单品项的出货数量转换成相同的计算单位,如体积、重量、箱、个或金额等单位,否则分析将失去意义。金额的单位与价值功能分析有关,常用于按货物价值进行分区管理的场合。体积与重量等单位则与物流作业有直接和密切的关联,影响到整个物流配送中心系统的规划,因此在资料整理过程中,需再将物品特性资料加入,才可以进行单位转换。上述 EIQ 格式是针对某一天的出货资料进行分析,若所分析资料的范围为一时间周期内(如一周、一月或一年等),则另需加入时间的参数,即为 EIQT 分析。

一般收集到的企业订单出货资料,通常其资料量庞大且资料格式不易直接应用,最好能从企业信息系统的数据库中直接取得电子化数据,便于数据格式转换,并便于借助计算机运算功能处理大量的分析资料。

(3)进行统计分析并制作分析图表  将取样得到的 EIQ 资料经分类统计整理后,则可利用统计方法进行 EQ/EN/IQ/IK 等分析。通过 EIQ 分析,可以得到许多有用的信息,对物流配送中心的规划和改善具有重要意义。

**试题选解:** EIQ 分析的步骤有哪些?

解：①资料的收集、取样；②资料的分解、整理；③进行统计分析并制作分析图表。

# 鉴定点3 库存成本分析

## 鉴定要求1 库存成本的知识

问：产生库存成本的因素有哪些？

答：（1）不确定性与安全存货　不确定性主要考虑：制造商、批发商、零售商、消费者需求量和购买时间的不确定性；制造商完成订单所需时间和运输交付的可靠性。处理不确定性的常用做法是进行需求预测，但准确预测出需求大小很难，因此必须备有安全存货来缓冲，以防备不确定性。

（2）在途和在制品存货　处于移动状态的产品和原材料也会产生与时间周期相联系的存货成本，时间越长成本越高。如空运在途时间最短，节约了相关的存货成本，但运费高；水运在途时间长，存货成本相对高，可能导致相关的客户服务成本也高。

（3）季节性存货　季节性存货可能涉及公司物流系统的进货方或出货方，或者双方。通常面临季节性供给或需求的公司都需要仔细分析自己的存货量。

（4）经济订货量（EOQ）与周转存货　经济订货量与购买、生产、运输都有联系：购买批量大可以获得较多的价格折扣，同样的，大量运输也可获得较多的运输折扣，但都可能带来存货持有成本；生产同一产品的批量越大时，其单位生产成本就越低，但是也会带来存货的持有成本和产品陈旧过时问题。因此，在购买、运输和生产三个方面要权衡分析，确定合适的周转存货。

不适量、不适时的供应都会对企业造成损害。供应的数量不足和供应时间延迟会导致缺货，影响企业的正常运转，甚至造成停产停业；订购数量过多或补货时间提前，都会导致库存增加，产生库存成本。由于企业采购进货都是分批次采购和进货，这种按批次的进货与企业持续变动的需求二者之间存在时间、空间、品种和数量等矛盾，因此，周转库存特别要加强库存管理。

问：库存成本管理的思路有哪些？

答：（1）建立物流管理的会计制度　现实中库存成本的管理，首先就是建立物流管理的会计制度，进行物流成本核算，将库存所发生的相关费用分别进行定义、记录和核算。这是一项很重要的基础工作，只有有记录、有数据，才能进行核算，有了核算的结果，才能更好地对物流管理工作进行优化，才能更好地搞好库存管理工作。

（2）建立物流总成本最低的库存成本管理的指导思想　库存管理包括订货、进货、储存和销售出库四个环节，在每个环节都会产生相关的费用，而这些费用还涉及企业的各个不同的部门。因此，库存成本管理是一个系统工程，要进行很好的协调，使库存的总成本最低。例如，大量购买可以减少订货次数，从而降低订货成本，但会增加储存成本；为了减少储存成本，就需要增加订货次数，从而增加了订货成本。只有采取科学的方法确定一个适当的比例，才能使得订货成本与储存成本以及库存总成本最低。

（3）建立库存成本的定期统计分析制度　在建立起物流管理会计制度的基础之上，定期地对库存成本进行统计分析，即成本的时间比较分析和成本的空间比较分析。通过比较分析，找出经验教训，为做好下一周期的库存管理工作提供依据。

（4）建立零库存指导思想　零库存，就是在企业的生产经营活动中不存在库存，那么也就不存在与库存相关的费用，从而大大降低企业的成本，增强企业的竞争力。实现零库存的根本途径就是实施准时化作业。准时化的思想就是只在需要的时候，把所需要的品种、数量送到需要的地点。这样可以最大限度地消灭浪费，大大降低企业生产过程中的库存和资金的积压，同时提高企业的管理效率。

> **试题选解：** 产生库存成本的因素有（　　）。
> A. 不确定性与安全存货　　　B. 在途和在制品存货
> C. 季节性存货　　　　　　　D. 经济订货量与周转存货
> 解：产生库存成本的因素有不确定性与安全存货、在途和在制品存货、季节性存货、经济订货量与周转存货等。因此，正确答案为 ABCD。

## 鉴定要求2　库存成本控制的方法和工具

问：库存成本控制的方法有哪些？

答：（1）定量订货法　定量订货库存控制也称为订货点控制，是预先确定一个订货点和订货批量，随时监控货物库存，当库存下降到订货点时，就发出订货单订货的一种监控方法。定量订货法如图1-2-6所示。

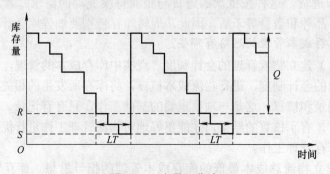

图1-2-6　定量订货法

当库存量下降到订货点 $R$ 时,即按预先确定的订货批量 $Q$ 发出订货单,经过订货交纳周期(订货至到货间隔时间)$LT$,库存量继续下降,到达安全库存量 $S$ 时,收到订货批量 $Q$,库存量增加。该方法主要靠控制订货点 $R$ 和订货批量 $Q$ 两个参数来控制订货,达到既最好地满足库存需求,又能使总费用最低的目的。

基本经济订货量是简单、理想状态的一种。通常订货点的确定主要取决于需求量和订货交纳周期这两个因素。在需求固定、平稳和订货交纳周期不变的情况下,不需要设安全库存,这时订货点 $R$ 由下式确定:

$$R=LT\times D/365 \qquad (1\text{-}1)$$

式中,$LT$ 为订货交纳周期,即从发出订单至该批货物入库所间隔的时间;$D$ 为商品的年需求量。

但在实际工作中,常常会遇到各种波动的情况,如需求量发生变化,订货交纳周期因某种原因而延长等,这时必须设置安全库存量 $S$,订货点 $R$ 则由下式确定:

$$R=LT\times D/365 +S \qquad (1\text{-}2)$$

订货批量 $Q$ 依据经济订货量 $EOQ$ 来确定,即总库存成本最小时的每次订货数量。通常,年总库存成本的计算公式为

年总库存成本=年购置成本+年订货成本+年保管成本+缺货成本 (1-3)

假设在不允许缺货的条件下,年总库存成本=年购置成本+年订货成本+年保管成本,即

$$TC= DP + DC/Q + QH/2 \qquad (1\text{-}4)$$

式中,$TC$ 为年总库存成本;$P$ 为单位商品的购置成本;$C$ 为每次订货成本,单位为元/次;$H$ 为单位商品年保管成本($H=PF$,$F$ 为年仓储保管费用率),单位为元/年。

经济订货量就是使库存总成本达到最低的订货数量,它是通过平衡订货成本和保管成本两方面得到的。其计算公式为

$$EOQ=\sqrt{2CD/H}=\sqrt{2CD/PF} \qquad (1\text{-}5)$$

此时的最低年总库存成本$=DP+H\times EOQ$,年订货次数 $N=D/EOQ=\sqrt{DH/(2C)}$,平均订货间隔周期 $T=365/N$。

(2)定期订货法 定期订货法是按预先确定的订货时间间隔按期订货,以补充库存的一种库存控制方法。其决策思路是:每隔一个固定的时间周期检查库存项目的储备量,根据盘点结果与预定的目标库存水平的差额确定每次的订购批量。定期订货法如图 1-2-7 所示。

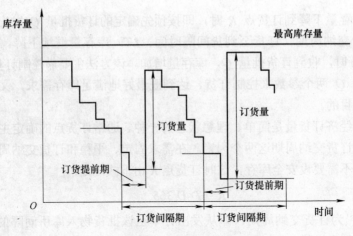

图 1-2-7　定期订货法

1）订货周期的确定。订货周期一般根据经验确定,主要考虑制订生产计划的周期时间,常取月或季度作为库存检查周期,但也可以借用经济订货量的计算公式确定使库存成本最有利的订货周期,即

$$\text{订货周期}=1/\text{订货次数}=Q/D \tag{1-6}$$

2）最高库存量的确定。定期订货法的最高库存量是用以满足（$T+T_k$）期间的库存需求的,所以我们可以（$T+T_k$）期间的库存需求量为基础。考虑到随机发生的不确定库存需求,应再设置一定的安全库存。其计算公式为

$$Q_{\max}=R（T+T_k）+Q^* \tag{1-7}$$

式中,$Q_{\max}$ 为最高库存量;$R$ 为（$T+T_k$）期间的库存需求量平均值;$T$ 为订货周期;$T_k$ 为平均订货提前期;$Q^*$ 为安全库存量。

3）订货批量的确定。定期订货法每次的订货数量是不固定的,订货批量是由当时的实际库存量决定的,考虑到订货点时的在途到货量和已发出出库指令尚未出库的待出库货物数量,则每次订货量的计算公式为

$$Q_i=Q_{\max}-QN_i-QK_i+QM_i \tag{1-8}$$

式中,$Q_i$ 为第 $i$ 次订货的订货量;$Q_{\max}$ 为最高库存量;$QN_i$ 为第 $i$ 次订货点的在途到货量;$QK_i$ 为第 $i$ 次订货点的实际库存量;$QM_i$ 为第 $i$ 次订货点的待出库货物数量。

（3）ABC 分类法

1）ABC 分类法的概念和原理。所谓 ABC 分类法,就是以某类库存货物品种数占货物品种总数的百分比和该类货物金额占库存货物总金额的百分比为标准,将库存货物分为 A、B、C 三类,进行分级管理。这种方法是根据库存货物在一定时期内的价值、重要性及保管的特殊性,通过对所有库存货物进行统计、综合、排列（按大小顺序）、分类,找出主要矛盾,然后抓住重点进行管理的一种科学有效的库存控制方法。ABC 分类法把品种少、占用资金多、

采购较难的重要货物归为 A 类，把品种较多、占用资金一般的货物归为 B 类，把品种多、占用资金少、采购较容易的次要货物归为 C 类。ABC 分类法简单易行、效果显著，在现代库存管理中已被广泛运用。

2）ABC 分类法的划分依据。ABC 分类法将分析对象划分成三类，其依据是某货物数量占总量的比例和该货物的金额占总库存资金的比例，见表 1-2-1。

表 1-2-1　ABC 分类法的划分依据

| 库　存 | 占总量比例（%） | 占总库存资金比例（%） |
| --- | --- | --- |
| A 类 | 5～15 | 60～80 |
| B 类 | 15～25 | 15～25 |
| C 类 | 60～80 | 5～15 |

3）ABC 分类法的步骤。

① 收集数据。按分析对象和分析内容，收集有关数据。例如，如果打算分析货物成本，则应收集货物成本因素、货物成本构成等方面的数据；如果打算针对某一系统搞价值工程，则应收集系统中各局部功能、各局部成本等数据。

② 处理数据。即对收集的数据进行加工，并按要求进行计算，包括计算特征数值、特征数值占总特征数值的百分比、累计百分比，以及因素数目及其占总因素数目的百分比、累计百分比。

③ 制作 ABC 分析表。ABC 分析表栏目构成如下：第一栏为货物名称或货物序号；第二栏为货物数量；第三栏为货物单价；第四栏为货物总价；第五栏为货物资金占总资金百分比；第六栏为货物资金累计百分比；第七栏为货物数量占总数量累计百分比；第八栏为分类结果。

4）ABC 分类管理的措施。对仓储管理来说，要在保证安全库存的前提下，小批量、多批次地按需储存，尽可能地降低库存总量，减少仓储管理成本，减少资金占用成本，提高资金周转率。

① A 类货物。按照需求，小批量、多批次地采购入库，最好能做到准时制管理，这样能够提高资金周转率，使库存保持最优的有效期，降低仓储管理费用，及时获得降价的收益。当然，季节储备和涨价前的储备也是必不可少的。

② B 类货物。采用定量订货方法，前置期时间较长；每周都要进行盘点和检查；适量采购。

③ C 类货物。大量采购，获得价格上的优惠。由于所消耗金额非常小，因此即使多储备，也不会增加太多金额。简化库存管理，如果还像 A 类货物那样管理，成本效益将十分不合算，还会影响 A 类货物的管理。可以多储备一些关键货物，避免发生缺货现象。每月循环盘点一遍。对于积压货物和不能发挥作用的货物，应该每周向公司决策层通报，及时清理出仓库。

（4）关键因素分析法　由于 ABC 分类法有不足之处，通常表现为 C 类货物得不到应有的重视,且 C 类货物往往会导致整个装配线停工。例如,经销鞋的企业会把鞋带列入 C 类货物,但是如果鞋带短缺将会严重影响鞋的销售;一家汽车制造厂商会把螺钉列入 C 类货物,但缺少一个螺钉往往会导致整个生产链停工。因此,有些企业在库存管理中引入了关键因素分析法。关键因素分析法的基本思想是把存货按照关键性分成四类,即:

1) 最高优先级。这是经营管理中的关键性货物,不允许缺货。
2) 较高优先级。这是经营活动中的基础性货物,允许偶尔缺货。
3) 中等优先级。这多属于比较重要的货物,允许在合理范围内缺货。
4) 较低优先级。经营活动中需要这些货物,但可替代性高,允许缺货。

问:简述定量订货法与定期订货法的区别。

答:(1)提出订购请求的时点标准不同 定量订货法提出订购请求的时点标准是,当库存量下降到预定的订货点时,即提出订购请求;而定期订货法提出订购请求的时点标准是,按预先规定的订货间隔周期,到了该订货的时点即提出订购请求。

(2)请求订购的货物批量不同 定量订货法每次请求订购的商品的批量相同,都是事先确定的经济订货量;而定期订货法每到规定的请求订购期,订购的货物批量都不相同,可根据库存的实际情况计算后确定。

(3)库存货物管理控制的程度不同 定量订货法要求仓库作业人员对库存货物进行严格的控制、精心的管理,并且经常检查、详细记录、认真盘点;而用定期订货法时,对库存货物只要进行一般的管理即可,简单地进行记录,不需要经常检查和盘点。

(4)适用的货物范围不同 定量订货法适用于品种数量少、平均占用资金多的需重点管理的 A 类货物;而定期订货法适用于品种数量多、平均占用资金少的只需一般管理的 B 类、C 类货物。

**试题选解**:甲仓库 A 商品年需求量为 30 000 个,单位商品的购买价格为 20 元,每次订货成本为 240 元,单位商品的年保管费为 10 元,求该商品的经济订货量、最低年总库存成本、年订货次数及平均订货间隔周期。

解:经济订货量=$\sqrt{2 \times 240 \times 30\ 000/10}$ 个=1 200 个

年总库存成本=30 000×20 元+10×1 200 元=612 000 元

年订货次数=30 000/1 200 次=25 次

平均订货间隔周期=365/25 天=14.6 天

# 鉴定范围 3

# 运输管理

## 鉴定点 1　运输方案设计与规划

### 鉴定要求 1　运输的合理化管理及决策的知识

问：运输合理化的标志有哪些？

答：从物流系统的观点来看，有三个因素对运输合理化来讲是十分重要的，即运输成本、运输速度和运输的一致性。它们被看作分析运输合理化的重要标志。

（1）运输成本　运输成本是指为两个地理位置间的运输所支付的款项以及与行政管理和维持运输中的存货有关的费用。

（2）运输速度　运输速度是指完成特定的运输所需的时间。

（3）运输的一致性　运输的一致性是指在若干次装运中履行某一特定的运次所需的时间与原定时间或与前几次运输所需时间的一致性。它是运输可靠性的反映。

在物流系统的设计中，必须精确地维持运输成本和服务质量之间的平衡。在某些情况下，低成本和慢运输将是令人满意的，而在另外一些情况下，快速服务也许是实现作业目标的关键所在。发掘并管理所期望的低成本、高质量的运输，是物流的一项最基本的任务。

问：影响运输合理化的要素有哪些？

答：由于运输是物流中最重要的功能要素之一，物流合理化在很大程度上依赖于运输合理化。运输合理化的影响因素很多，起决定性作用的有五个方面的因素，称作合理运输的"五要素"。

（1）运输距离　在运输时，运输时间、运输货损、运费、车辆或船舶周转等运输的若干技术经济指标，都与运距有一定比例关系，运距长短是运输是否合理的一个最基本因素。缩短运输距离，从宏观、微观上都会带来好处。

（2）运输环节　每增加一次运输，不但会增加起运的运费和总运费，而且必须要增加运输的附属活动，如装卸、包装等，各项技术经济指标也会因此下降。所以，减少运输环节，尤其是同类运输工具的环节，对合理运输有促进作用。

（3）运输工具　各种运输工具都有其使用的优势领域，对运输工具进行优化选择，按运输工具特点进行装卸运输作业，最大限度地发挥所用运输工具的作用，是运输合理化的重要一环。

（4）运输时间　运输是物流过程中需要花费较多时间的环节，尤其是远程运输，在全部物流时间中，运输时间占绝大部分。所以，运输时间的缩短对整个流通时间的缩短有决定性作用。

（5）运输费用　运费在全部物流费中占很大比例，运费高低在很大程度上决定着整个物流系统的竞争能力。

> **试题选解**：影响运输合理化的要素有（　　）。
> A. 运输距离　　　B. 运输工具　　　C. 运输费用　　　D. 运输时间
> 解：运输合理化的影响因素很多，起决定性作用的有五个方面的因素：运输距离；运输环节；运输工具；运输时间；运输费用。所以，正确答案应是 ABCD。

## 鉴定要求 2　运输优化方法

问：运输优化的方法有哪些？

答：运输优化的方法主要有：

（1）图表分析法　图表分析法简单易行，不必计算运输里程，适用于产销区域较小、产销点少、产销关系比较简单的情况。图表分析法的步骤一般为：

1）编制产销平衡表。

2）绘制交通示意图。

3）制定商品运输方案。

4）填入平衡表。

（2）图上作业法　图上作业法是利用商品产地和销售地的地理分布和交通路线示意图，采用科学的规划方法，制定商品的合理运输方案，以求得商品运输最小吨公里的方法。图上作业法适用于交通线路为线状、圈状，而且对产销地点的数量没有严格限制的情况。图上作业法的原则可以归纳为：

1）流向画右方，对流不应当。

2）里圈、外圈分别算，要求不过半圈长。

3）如若超过半圈长，应甩运量最小段。

4）反复求算最优方案。

（3）表上作业法　表上作业法一般是利用线性代数及矩阵方法来寻求运输网络系统的优化方案。它有两种方法：最小费用法和左上角法。

1）最小费用法。最小费用法就是直接以商品运输费用最小作为目标函数来求得最优运输方案。一般是利用单位运价表和产销平衡表等表格，运用霍撒克法则进行表上作业，通过编制初始运输方案及其制定、调整，求出运费最省的优化方案。

2) 左上角法。除了最小费用法外,左上角法也是求得运输初始方案的一种途径,并通过霍撒克法则最终得出最优运输方案。

问:运输优化的措施有哪些?

答:(1) 选择经济合理的运输方式 企业在进行物资运输时,应综合考虑各种影响因素,通过对比、分析、计算以选取最经济、最合理的运输方式。

(2) 提高实载率 实载率有两个含义:一是单车实际载重与运距乘积和标定载重与行驶里程乘积的比率,这在安排单车、单船运输时,是判断装载是否合理的重要指标;二是车船的统计指标,即一定时期内车船实际完成的货物周转量(以吨公里计)占车船载重吨位与行驶公里乘积的百分比。在计算车船行驶的公里数时,不但包括载货行驶,也包括空驶。提高车船实载率的方法有以下几种:

1) 实行轻重配装。
2) 实行商品解体装载。
3) 改进商品的堆码方法。

(3) 尽量使用公路运输 企业在经济里程范围内,应尽量使用公路运输。随着高速公路路网的形成,公路经济里程应在 1 000 千米内。

(4) 尽量使用直达运输 直达运输是追求运输合理化的重要形式,其合理化要点是通过减少中转、过载、换载,从而提高运输速度,降低装卸费用,减少中转货损。

(5) "四就"直拨运输 "四就"直拨是减少中转运输环节,力求以最少的中转次数完成运输任务的一种形式。一般批量到站或到港的货物,首先要进分配部门或批发部门的仓库,然后再按程序分拨或销售给用户。这样一来,就会出现不合理运输。实行"四就"直拨,首先由管理机构预先筹划,然后就厂或就站(码头)、就库、就车(船)将货物分送给用户,而无须再入库了。

> **试题选解**:运输优化的方法主要有(  )。
> A. 层次分析法  B. 表上作业法  C. 图表分析法  D. 图上作业法
> 解:运输优化的方法主要有图表分析法、图上作业法和表上作业法。因此,正确答案是 BCD。

## 鉴定点 2  运输调度

### 鉴定要求 1  运输计划知识

问:运输计划的作用有哪些?

答:运输计划是运输企业计划期内应完成运输工作量的工作计划,它在运

输经营管理工作中有着十分重要的作用,主要表现在以下几个方面:

(1) 满足市场对运输服务的需要 运输计划反映了运输企业在计划期内为社会提供运输服务的能力,而且是以具体的数值来表明适应的程度。当运量大于运力时,有利于企业挖掘内部潜力,提高运输效率、降低运输成本,适应运输市场的需要;当运量小于运力时,促进企业努力开辟新的货源,提高车辆利用率。

(2) 编制企业经营目标的依据 运输计划是决定运输企业经营目标的基本依据之一。编制运输计划才能确定运输收入计划和运输成本、费用计划,进而确定运输盈利,并设定运输企业的经营目标。

(3) 组织运输活动的依据 通过编制运输生产计划,可以使运输企业的业务人员明确运输任务,按任务要求协调自己的行动,提高工作效率。

问:编制运输计划有哪些原则?

答:(1) 关键性原则 在企业总体经营目标中,必须突出具有全面性的主要问题,否则会主次不分,造成资源的浪费。

(2) 强制性和弹性原则 一方面,所制订出的运输计划必须严格执行,不允许轻易废除,但因偏差影响执行效率时,就必须及时调整和修改;另一方面,由于企业经营的内外环境是经常变化的,这就要求运输计划要有适应市场因素、经营环境的灵活性。

(3) 完整性和系统性原则 在整体计划编制时,要考虑到依据的条件和影响因素的不同,引起的多种计划间的矛盾和不协调,要使各项计划之间相互协调、相互配合、相互促进,形成一个有机整体。

(4) 实现性和鼓励性原则 所编制出的运输计划必须能够保证按期完成,经过主观努力是可以达到的。另外,运输计划应是激发职工积极性的力量,也就是运输计划必须与职工的物质利益紧密结合。

(5) 连续性原则 企业的生产经营活动是连续不断地进行的,前期计划的执行情况及其分析是编制当前或后期计划的依据,近期计划的编制要考虑到为后期计划提供条件,短期计划的编制要成为实现长期计划目标的组成部分。

问:运输计划的任务有哪些?

答:运输计划是组织运输生产的直接依据,其基本任务有:

1) 摸清资源情况,掌握货流的规律,落实货源。
2) 科学、合理地将运输任务分解到各基层单位。
3) 与其他运输方式密切配合,合理分流,组织好多式联运。
4) 最大限度地组织合理运输和直达运输。
5) 组织均衡生产,充分合理利用现有的运输能力。

问：如何编制运输计划？

答：编制运输计划时，必须实现生产任务同设备能力、物资供应、劳动力之间的基本平衡，使需要与可能之间平衡；必须实现各项计划指标之间的平衡，以实现运输服务各项生产要素之间的相互协调、相互匹配。运输计划由运输量计划、车辆计划、车辆运用计划和车辆运行作业计划四部分构成。通常，先编制运输量计划，明确任务，然后编制车辆计划与车辆运用计划，以满足运输量计划的要求。

（1）运输量计划 运输量计划以货运量和货物周转量为基本内容，主要包括关于货运量与货物周转量的上年度实绩、本年度及各季度的计划值以及本年计划与上年实绩比较等内容。运输企业需要在详尽地进行市场调研、掌握货流详细情况的基础上，来制订运输量计划。编制运输量计划的主要依据有：

1）市场调查与预测资料。工业、农业、商业、采掘业以及人民生活需求结构的变化，对货物运输量的增减有直接影响。因此，编制运输量计划就必须应用科学的方法，调查了解、研究分析区域内的货源，掌握流量、流向、流时的变化规律，并进行科学的预测。

2）指令性计划任务。指令性计划任务是由政府主管部门下达的，具有突发性和即时性，如救灾物资的运输。编制该类运输计划时，应参照有关资料适当估算运输量。

3）运输合同。运输合同明确具体地规定了运输量、起运与运达地点、运输时间、费率与运费结算方式、违反合同的处罚原则与损失赔偿办法等，因此，运输合同是公路运输企业编制运输量计划最可靠的依据。

4）企业的生产能力。企业的现有生产能力对运输量计划起着制约作用。当运输企业现有生产能力小于计划运输量时，以车定产。当运力不能满足社会需要时，只能通过对运输市场的调查，如掌握公路货物运输的流量、流向、运距，确定实载率和车日行程后，可以采取以车定产的办法确定公路货物运输量的计划值。当运力大于社会需要时，以需定产。根据运输需求量，决定运输服务供给投入运力的多少。在保持合理车辆运用效率水平的基础上，预测投入的车辆数，并将剩余运力另作安排。

5）其他。运距的长短、里程利用率与吨位利用率的高低以及装卸停歇时间的长短等，都影响车日行程，并产生连锁反应，影响到周转量。因此，实载率和车日行程必须根据不同情况分别测算后综合确定。运输量的计划值，还必须通过与车辆运用计划平衡后确定。

（2）车辆计划 车辆计划即企业计划期内的运输能力计划，表明企业在计划期内营运车辆的类型及各类型车辆数量变化的情况及其平均运输能力。它是衡量企业运输能力的重要指标，提供了企业运输经营实力的依据。在编制运输量计划的同时，应编制车辆计划。

车辆计划的内容包括车辆类型、车辆数量（年初、年末及全年平均数）、各季节车辆增减数量、标记吨位等内容，它主要是反映运输企业在计划期内营运车辆数及其参数变化情况的指标。

车辆计划所确定的车辆数能否完全满足运输量计划的要求，与车辆运用效率有直接关系。同等数量、同样类型的车辆，运用情况不同，效率发挥有高低，完成的工作量不会相等。

（3）车辆运用计划　车辆运用计划是计划期内全部营运车辆生产能力利用程度的计划，它由车辆的各项运用效率指标组成，是平衡运力与运量计划的主要依据之一。

车辆运用计划编制中的关键问题是确定各项车辆运用效率指标的值。各指标的确定必须遵循科学、合理、可行、先进而有弹性的原则，使车辆在时间、速度、行程、载重量和动力等五个方面得到充分合理的利用，还应充分考虑市场供求关系、企业经营方针、经济效益和安全生产等因素。编制车辆运用计划有逆编法和顺编法两种方法。

1）逆编法。逆编法是以"需要"为出发点，确定各项车辆运用效率指标应该达到的水平，从而保证完成既定的运输工作量。必须经过反复测算，保证其有完成的可能；同时，也应避免受运输计划的过度约束，而抑制运输生产能力的合理发挥。

2）顺编法。顺编法是根据车辆生产率计算的顺序，从确定各项车辆运用效率的质量指标开始，逐项计算各项数量指标，如工作车日数、总行程、载运行程吨位千米、总行程吨位千米，最后计算得出运输工作量，也就是以"可能"为出发点来确定可能完成的运输工作量。

与运输量计划对照，如符合运输量计划的要求，即可确定各项数值，编制车辆运用计划；如果不符合运输量计划要求，尤其是低于运输量计划，则应调整各项车辆运用效率指标，直到两者基本相等，才能据以编制车辆运用计划。经过反复调整各项车辆运用效率指标，且各项运用效率指标的计划值已达到可能的最高程度，若计算的运输工作量还不能达到运输量计划要求，就应削减运输量计划或增加营运车辆。

（4）车辆运行作业计划　车辆运行作业计划是运输计划的具体执行计划。运输计划虽然按年、季、月安排了生产任务，但它只是粗略的、纲领性的生产目标，不可能对运输生产的细节作出细微的安排。所以，必须制订车辆运输作业计划，以便实现具体的运输生产过程。

1）车辆运行作业计划编制的依据有以下几个方面：

① 已经受理托运货物和运输合同确定的货物班次时刻表是编制车辆运行作业计划的首要依据。

② 运输市场、货物流量、流向、流时的调查预测资料和长期运输合同是

编制长期运行作业计划的依据。

③ 车辆技术状况及维修作业计划表示车辆的技术状况是否允许安排长期连续的运行任务或长途运行任务,也是编制车辆运行作业计划的依据之一。

④ 其他依据。编制车辆运行作业计划还需要考虑其他因素,比如:装卸货物站点的环境与能力;车辆运行作业计划的各项技术参数(站距、车辆平均行速、技术作业时间等)和车辆运用效率指标;天气、公路通阻等客观条件变化情况等。

2)车辆运行作业计划的编制程序。车辆运行作业计划的编制,在货车方面分为普通货运车、零担货运车、集装箱车及各种专用车和货运包车等的编制,其编制步骤类似:

① 根据有关资料,编制货源汇总和分期(日)载运计划。

② 核实全部运营车辆的出车能力、出车顺序和每车维护修理时间。

③ 每车编制运行作业计划,合理确定行驶路线,妥善安排运行周期,交付运行调度组织执行。然后,检查各车运行作业执行情况,及时发现计划执行出现的问题并予以解决,并为编制下期运行作业计划作好准备。

④ 编制下期运行作业计划。

编制车辆运行作业计划是一项复杂细致的工作。在货源比较充足时,要编好车辆运行作业计划,保持良好的运输生产秩序,不失时机地完成尽可能多的运输业务。当货源比较紧张时,也要通过编制车辆运行作业计划,尽可能提高车辆运用效率。

> **试题选解:** 编制运输计划的原则有(　　　)。
> A. 关键性原则　　　　　　　　B. 强制性和弹性原则
> C. 完整性和系统性原则　　　　D. 连续性原则
> 解:编制运输计划的原则有关键性原则、强制性和弹性原则、完整性和系统性原则、实现性和鼓励性原则、连续性原则。因此,正确答案是ABCD。

## 鉴定要求2　运输合理化知识

问:运输合理化的措施有哪些?

答:常见运输合理化的措施有:

1)提高运输工具实载率。提高实载率的意义在于充分利用运输工具的额定能力,减少车船空驶和不满载行驶的时间,减少浪费,从而实现运输的合理化。

2)增加运输能力。这种合理化措施的要点是少投入、多产出,走高效益之路。

3) 发展社会化的运输体系。运输社会化的含义是发展运输的大生产优势,打破一家一户自成运输体系的状况。实行运输社会化,可以统一安排运输工具,避免对流、倒流、空驶、运力不当等多种不合理形式。

4) 开展"以公代铁"的运输。这一措施的要点是在公路运输经济里程范围内,或者经过论证,超出通常平均经济里程范围的也尽量利用公路。

5) 尽量发展直达运输。直达运输是追求运输合理化的重要形式,其对合理化的追求要点是通过减少中转、过载、换载,从而提高运输速度,降低装卸费用,减少中转货损。直达的优势,尤其是在一次运输批量和用户一次需求量达到了一整车时表现最为突出。

6) 配载运输。这是充分利用运输工具载重量和容积,合理安排装载的货物及载运方法,以求得合理化的一种运输方式。

7) "四就"直拨运输。

8) 发展特殊运输技术和运输工具。依靠科技进步是运输合理化的重要途径。例如,专用散装及罐车解决了粉状、液状物运输损耗大、安全性差等问题,袋鼠式车皮、大型半挂车解决了大型设备整体运输问题,"滚装船"解决了车载货的运输问题,集装箱船比一般船能容纳更多的箱体,集装箱高速直达车船加快了运输速度等,都是通过采用先进的科学技术来实现运输合理化。

9) 通过流通加工使运输合理化。有不少产品,由于产品本身形态及特性问题,很难实现运输的合理化,如果进行适当加工,就能够有效解决合理运输问题。

问:常见不合理运输的表现形式有哪些?

答:不合理运输是指在现有条件下可以达到的运输水平而未达到,从而造成了运力浪费、运输时间增加、运费超支等问题的运输形式。目前,我国存在的主要不合理运输形式有:

(1) 返程或起程空驶　空车无货载行驶,可以说是不合理运输的最严重形式。在实际运输组织中,有时候必须调运空车,从管理上不能将其看成不合理运输。但是,因调运不当、货源计划不周、不采用运输社会化而形成的空驶,是不合理运输的表现。

(2) 对流运输　对流运输亦称为"向运输""交错运输",是指同一种货物,或彼此间可以互相代用而又不影响管理、技术及效益的货物,在同一线路上或平行线路上作相对方向的运送,而与对方运程的全部或一部分发生重叠交错的运输。

(3) 迂回运输　迂回运输是指舍近求远的一种运输,即可以选取短距离进行运输而不办,却选择路程较长路线进行运输的一种不合理形式。迂回运输有一定复杂性,不能简单处之,只有因计划不周、地理不熟、组织不当而发生的迂回,才属于不合理运输。

（4）重复运输　本来可以直接将货物运到目的地，但是在未达目的地之处，或目的地之外的其他场所将货卸下，再重复装运送达目的地，这是重复运输的一种形式。另一种形式是，同品种货物在同一地点运进，同时又向外运出。重复运输的最大弊端是增加了非必要的中间环节，这就延缓了流通速度，增加了费用，增大了货损。

（5）倒流运输　倒流运输是指货物从销地或中转地向产地或起运地回流的一种运输现象。其不合理程度要甚于对流运输，其原因在于，往返两程的运输都是不必要的，形成了双程的浪费。倒流运输也可以看成是隐蔽对流的一种特殊形式。

（6）过远运输　过远运输是指调运物资舍近求远，近处有资源不调而从远处调，这就造成可采取近程运输而未采取，以致拉长了货物运距的浪费现象。

**试题选解：**

1．"四就"直拨运输包括（　　）。

A．就厂直拨　　　　B．就车站直拨

C．就仓库直拨　　　D．就车船直拨

解："四就"直拨运输的主要形式有就厂直拨、就车站直拨、就仓库直拨、就车船直拨。所以，正确答案应是 ABCD。

2．下列属于不合理运输的是（　　）。

A．返程或起程空驶　　B．对流运输　　C．迂回运输　　D．倒流运输

解：常见不合理运输的表现形式有返程或起程空驶、对流运输、迂回运输、重复运输、倒流运输、过远运输。所以，正确答案应是 ABCD。

## 鉴定要求3　运输调度知识

问：什么是运输调度？

答：运输调度是指企业调度部门为保证运输作业计划实现而进行的一系列检查和督促、联系和协调、指挥和部署工作的总称。调度主要是根据运输生产计划，对运输生产经营活动进行连续的组织、指挥、衔接、协调和平衡，在安全优质的基础上保证运输作业计划的完成。

问：运输调度的任务有哪些？

答：运输调度的任务包括：

（1）组织和计划运输生产活动　运输调度的首要任务是科学组织运输生产活动，并通过一系列的作业计划来具体贯彻国家的运输政策，协调运输过程中各环节的工作，保证完成运输任务，不断提高运输效率和经济效益。

（2）监督在港作业和安全运行　调度部门的日常工作就是监督和领导载运机具的在港作业和安全运行。运输企业应在调度通信规程中规定载运机具

的通信报告制度，按时向调度部门报告载运机具运行或在港作业情况，调度部门再予以分析并采取措施帮助载运机具安全运行，加快装卸进度，提高客货运输质量。

（3）及时协调各环节作业　不断了解和分析计划执行过程中各生产因素的变动情况，及时协调各环节的工作，并提出作业调整措施。调度部门必须经常预测、研究、分析载运机具的技术、营运、经济条件的变化，及时作出调整，使载运机具能随时保证运输计划的完成和良好的经济效果。调度部门还必须与有关港站、货主及其他运输部门建立密切的联系，掌握或分析辖区内的客货源情况，研究其他运输工具的情况，掌握调度管理的主动性。

（4）统计分析业务活动　为了及时掌握生产进度，及时进行作业调整，提高载运机具的工作效率和营运效果，保证完成和超额完成运输计划，调度部门必须进行快速统计和业务分析工作。

无论是运输企业，还是港站企业，调度均由计划、监督（控制）与统计分析三大部分构成。计划机构根据输入指示信息，在考虑外界影响的前提下，制订出具体的近期作业计划输出给下级调度系统，并在内部流动到监督机构；监督机构根据计划，不断地概括收集状态变化及作业实绩信息，该信息或者直接地反馈到计划机构，或者经过统计、分析后反馈。

问：运输调度的基本制度有哪些？

答：为了保证调度及时、准确无误，各级调度机构都应建立、健全调度制度，其中包括调度值班制度、调度会议制度、调度日志、调度工作规程、调度统计与分析等。

（1）调度值班制度　运输调度需要严格执行24小时连续调度值班制度，以及时处理和解决运输生产中发生的问题。值班人员必须逐日掌握运输生产动态。

（2）调度会议制度　调度会议旨在总结和检查上昼夜计划与决议的执行情况，研究问题，提出办法，责成有关部门执行并指导下昼夜的工作。

在铁路调度中，为检查落实当日运输生产情况，布置、审批次日计划，各铁路局每日应召开全局运输生产电视电话会议，各站段分管生产的副站（段）长汇报全日运输安全及运输生产情况，铁路局向站段提出运输生产要求和布置工作重点。此外，为保持调度的连续性，各级调度还建立了交接班和班中会制度。

在港口调度中，调度会议与调度机构相应，一般大型港口多采用局生产调度会议和基层公司生产调度会议两级会议制度，中小型港口多采用基层公司一级生产调度会议制度。港口生产调度会议可分为生产总结会、计划布置和平衡会以及生产布置会。

(3) 调度日志　调度日志是指运输调度部门值班人员为反映载运机具在生产活动中的各种动态所做的工作记录，记载值班过程中上级指示及调度昼夜计划的执行情况，本班发生的主要问题及处理结果，拟交下一班办理的事项以及事故等，并附有气象、水位等记录。

(4) 调度工作规程　调度工作规程是有关调度系统工作范围和岗位责任的规定。其基本内容包括调度组织管理体制、各级调度机构设置、人员配备和职责范围、调度计划编制贯彻程序、调度工作制度、调度工作纪律等。

(5) 调度统计与分析　调度统计是根据调度报表进行的快速统计，主要内容有日报和旬报。调度分析通常有日常分析、定期分析和专题分析等。

问：如何制定运输调度方案？

答：运输调度方案的制定是从物流的总体目标出发，运用系统理论和系统工程的原理和方法，充分利用各种运输方式的优点，以运筹学等数学方法建立模型与图表，选择和规划合理的运输线路和运输工具，以最短的路径、最少的环节、最快的速度和最少的费用，组织好物资产品的运输活动，避免不合理运输和次优情况的出现。

问：如何计算网络最大流？

答：计算网络最大流常用标号法：从一个可行流出发（若网络中没有给定 $f$，则可以设 $f$ 是零流），经过标号过程与调整过程求得结果。

(1) 标号过程　在这个过程中，网络中的点或者是标号点（又分为已检查和未检查两种），或者是未标号点。每个标号点的标号包含两部分：第一个标号表明它的标号是从哪一点得到的，以便找出增广链；第二个标号是为确定增广链的调整量 $\theta$ 用的。

标号过程开始时，总先给 $v_s$ 标上 $(0, +\infty)$，这时 $v_s$ 是标号而未检查的点，其余都是未标号点。一般地，取一个标号而未检查的点 $v_i$，对于一切未标号点 $v_j$：

1) 若在弧 $(v_i, v_j)$ 上，$f_{ij}<c_{ij}$，则给 $v_j$ 标号 $[v_i, l(v_j)]$。这里 $l(v_j)= \min[l(v_i), c_{ij}-f_{ij}]$。这时 $v_j$ 成为标号而未检查的点。

2) 若在弧 $(v_j, v_i)$ 上，$f_{ji}>0$，则给 $v_j$ 标号 $[-v_i, l(v_j)]$。这里 $l(v_j)= \min[l(v_i), f_{ji}]$。这时点 $v_j$ 成为标号而未检查的点。

于是 $v_i$ 成为标号而已检查过的点。重复上述步骤，一旦 $v_t$ 被标上号，表明得到一条从 $v_s$ 到 $v_t$ 的增广链 $\mu$，转入调整过程。

当所有标号都是已检查过，且标号过程进行不下去时，则算法结束，这时的可行流就是最大流。

(2) 调整过程　先按 $v_t$ 及其他点的第一个标号，利用"反向追踪"的方法，找出增广链 $\mu$。例如，设 $v_t$ 的第一个标号为 $v_k$（或 $-v_k$），则弧 $(v_k, v_t)$ [或相应的 $(v_t, v_k)$] 是 $\mu$ 上的弧，接下来检查 $v_k$ 的第一个标号，若为 $v_i$（或

$-v_i$),则找出 $(v_i, v_k)$[或相应的 $(v_k, v_i)$]。再检查 $v_i$ 的第一个标号,依此进行下去,直到 $v_s$ 为止。这时被找出的弧就构成了增广链 $\mu$。令调整量 $\theta$ 是 $l(v_t)$,即 $v_t$ 的第二个标号。

$$令 f'_{ij} = \begin{cases} f_{ij} + \theta & (v_i, v_j) \in \mu^+ \\ f_{ij} - \theta & (v_i, v_j) \in \mu^- \\ f_{ij} & (v_i, v_j) \notin \mu \end{cases}$$

去掉所有的标号,使新的可行流 $f' = \{f'_{ij}\}$,重新进入标号过程。

问:如何求解物资调运优化问题?

答:通常用表上作业法求解物资调运优化问题,其步骤如下:

1)利用初始解的实格,计算行系数与列系数。

2)利用求得的行系数与列系数,计算每一个空格的边际成本。

3)从边际成本负值最大的空格出发,找出闭回路。

4)尽最大可能利用空格,调整闭回路的运量。

5)重复上述的步骤,直到全部空格的边际成本为零或正数(即达到最优解)时为止。

**试题选解:**

1. 求图 1-3-1 所示网络的最小费用最大流,弧旁数字为 $(b_{ij}, c_{ij})$。

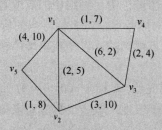

图 1-3-1 示例网络

解:1)取 $f^{(0)} = 0$ 为初时的可行流。

2)构造赋权有向图 $W(f^{(0)})$,并求出从 $v_5$ 到 $v_t$ 的最短路 $(v_5, v_2, v_1, v_t)$,如图 1-3-2a 所示(图中双线即为最短路)。

3)在原网络中,与这条最短路相应的增广链为 $\mu = (v_5, v_2, v_1, v_t)$。

4)在 $\mu$ 上进行调整,$\theta = 5$,得 $f^{(1)}$(见图 1-3-2b)。按照上述算法依次得 $f^{(1)}$、$f^{(2)}$、$f^{(3)}$、$f^{(4)}$ 的流量分别为 5、7、10、11,构造相应的赋权有向图为 $W[f^{(1)}]$、$W[f^{(2)}]$、$W[f^{(3)}]$、$W[f^{(4)}]$,如图 1-3-2 所示。

注意到 $W[f^{(1)}]$ 中已不存在从 $v_5$ 到 $v_t$ 的最短路,所以 $f^{(4)}$ 为最小费用最大流。

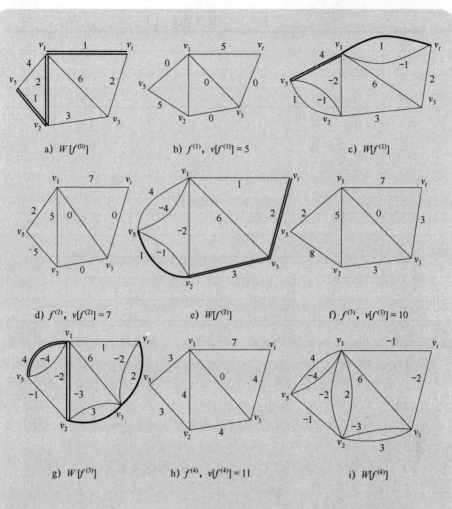

图 1-3-2 求解过程

2．设物资调运问题的原始数据见表 1-3-1 和表 1-3-2，求解最佳运输调运方案。

表 1-3-1 供需量　　　　　　　　　　　　　　　单位：吨

| 需求点 | | $D_1$ | $D_2$ | $D_3$ | $D_4$ | 供应量 |
|---|---|---|---|---|---|---|
| 供应点 | $S_1$ | | | | | 100 |
| | $S_2$ | | | | | 200 |
| | $S_3$ | | | | | 300 |
| 需求量 | | 150 | 150 | 120 | 80 | |

表 1-3-2  运输单价　　　　　　　　　　　　单位：元/吨

|  | 需求点 | $D_1$ | $D_2$ | $D_3$ | $D_4$ |
|---|---|---|---|---|---|
| 供应点 | $S_1$ | 7 | 3 | 8 | 8 |
|  | $S_2$ | 5 | 5 | 6 | 8 |
|  | $S_3$ | 7 | 4 | 9 | 10 |

解：本题中，总供应量与总需求量不等，称为非平衡运输问题，为达到平衡，设一个虚需求点，各供应点到此虚需求点之运输单价为零。根据以上原始资料，建立运输矩阵，见表 1-3-3。

表 1-3-3  运输矩阵

|  | $D_1$ | $D_2$ | $D_3$ | $D_4$ | 虚需求点$D_5$ | 供应量 |
|---|---|---|---|---|---|---|
| $S_1$ | 7 | 3 | 8 | 8 | 0 | 100 |
| $S_2$ | 5 | 5 | 6 | 8 | 0 | 200 |
| $S_3$ | 7 | 4 | 9 | 10 | 0 | 300 |
| 需求量 | 150 | 150 | 120 | 80 | 100 |  |

矩阵建立后，求初始解的方法有多种，下面介绍应用最低成本法求初始解。

1）在矩阵中选运费最低的格，遇相同运费时，任选一个。对于虚需求点，先不予考虑。

2）根据供应条件及需求数量，填满运费最低的格，满足后，划去相应的行或列。

3）对余下的格，重复进行上述两步，即依次选取费用较低的格，并以尽可能多的量填入该格，直至整个供需要求得到满足。

本题的初始解见表 1-3-4。

表 1-3-4  初始解

|  | $D_1$ | $D_2$ | $D_3$ | $D_4$ | 虚需求点$D_5$ | 供应量 |
|---|---|---|---|---|---|---|
| $S_1$ | 7 | 3　100 | 8 | 8 | 0 | 100 |
| $S_2$ | 5　150 | 5 | 6　50 | 8 | 0 | 200 |
| $S_3$ | 7 | 4　50 | 9　70 | 10　80 | 0　100 | 300 |
| 需求量 | 150 | 150 | 120 | 80 | 100 |  |

找最优解：在求得初始解后，下一步就是检验该解能否进一步改善，其方法是对全部空格进行检验分析。这里可采取"改进分配法"去寻求最优解。

用"改进分配法"寻最优解的步骤如下：

1）利用初始解提供的实格，计算行系数与列系数，见表 1-3-5。

表 1-3-5　计算行系数与列系数

|  |  | 7 | 3 | 8 | 9 | -1 |  |
|---|---|---|---|---|---|---|---|
|  |  | $D_1$ | $D_2$ | $D_3$ | $D_4$ | 虚需求点$D_5$ | 供应量 |
| 0 | $S_1$ | 7 | 3　100 | 8 | 8 | 0 | 100 |
| -2 | $S_2$ | 5　150 | 5 | 6　50 | 8 | 0 | 200 |
| -1 | $S_3$ | 7 | 4　50 | 9　70 | 10　80 | 0　100 | 300 |
|  | 需求量 | 150 | 150 | 120 | 80 | 100 |  |

对于实格，满足行系数($u_i$)+列系数($v_j$)=实格的成本，即 $u_i+v_j=c_j$ 或 $c_j-(u_i+v_j)=0$。

初始解的各实格对应的方程如下：

　　　　实格　　$S_1D_2$　　$u_1+v_2=3$
　　　　实格　　$S_2D_1$　　$u_2+v_1=5$
　　　　实格　　$S_2D_3$　　$u_2+v_3=6$
　　　　实格　　$S_3D_2$　　$u_3+v_2=4$
　　　　实格　　$S_3D_3$　　$u_3+v_3=9$
　　　　实格　　$S_3D_4$　　$u_3+v_4=10$
　　　　实格　　$S_3D_5$　　$u_3+v_5=0$

"改进分配法"是建立在比较相对成本的基础上，因此，可给上述方程某变量一随意值，然后求出全部行系数及列系数。在本例中设 $u_1=0$，求得：$v_2=3$，$u_3=1$，$v_3=8$，$u_2=-2$，$v_4=9$，$v_5=-1$，$v_1=7$。

2）利用已求出的行系数与列系数，计算空格的边际成本。

　　　　空格的边际成本=该格的成本-（行系数+列系数）

即
$$\lambda_{ij} = C_{ij}-(u_i+v_j)$$

计算结果写在每空格的右下方，见表 1-3-6。

表 1-3-6　计算空格的边际成本

|  |  | 7 | 3 | 8 | 9 | -1 |  |
|---|---|---|---|---|---|---|---|
|  |  | $D_1$ | $D_2$ | $D_3$ | $D_4$ | 虚需求点$D_5$ | 供应量 |
| 0 | $S_1$ | 7　⓪ | 3　100 | 8　⓪ | 8　Ⓗ1 | 0　①  | 100 |
| -2 | $S_2$ | 5　150 | 5　④ | 6　50 | 8　① | 0　③ | 200 |
| -1 | $S_3$ | 7　Ⓗ1 | 4　50 | 9　70 | 10　80 | 0　100 | 300 |
|  | 需求量 | 150 | 150 | 120 | 80 | 100 |  |

本例中，空格 $S_3D_1$ 及 $S_1D_4$ 的边际成本为负值，说明未达最优解。这些空格如果被利用，总费用还可以降低，故进行下一步。

3）修正初始解。这就是利用边际成本为负值的空格，进行运量调整。每次只能利用一个空格进行调整。当有两个以上的空格为负值时，先选用负值大的空格；如负值相同，则任选一个。调整的方法是从负值的空格出发，按"实格—直角—闭路"规则进行。

在本例中，从空格 $S_3D_1$ 开始，沿水平或垂直方向前进，遇到适当的实格，则按直角转向前进，最后回到原来的空格，形成一条由水平线段和垂直线段所组成的唯一的闭回路。空格 $S_3D_1$ 的闭回路见表 1-3-7。

表 1-3-7  空格 $S_3D_1$ 的闭回路

| | $D_1$ | $D_2$ | $D_3$ | $D_4$ | 虚需求点 $D_5$ | 供应量 |
|---|---|---|---|---|---|---|
| $S_1$ | ⓪ | **100** | ⓪ | ⓵ | ① | 100 |
| $S_2$ | **150** | ④ | **50** | ① | ③ | 200 |
| $S_3$ | ⓵ | **50** | **70** | **80** | **100** | 300 |
| 需求量 | 150 | 150 | 120 | 80 | 100 | |

在闭回路中，自空格的直角起以"+""-"号作记号，然后取标有"-"号的实格的运量中的最小值作为调整量，对原解进行调整。在本例中，$S_3D_1$ 格增 70，$S_2D_1$ 格减 70，$S_2D_3$ 格增 70，$S_3D_3$ 格减 70。调整时应注意保证供需平衡，实格数不能大于行数加列数减 1。

同理，从空格 $S_1D_4$ 出发，又形成一条闭回路，见表 1-3-8。

表 1-3-8  空格 $S_1D_4$ 的闭回路

| | $D_1$ | $D_2$ | $D_3$ | $D_4$ | 虚需求点 $D_5$ | 供应量 |
|---|---|---|---|---|---|---|
| $S_1$ | | **100** | | ⓵ | | 100 |
| $S_2$ | **80** | | **120** | | | 200 |
| $S_3$ | **70** | **50** | **0** | **80** | **100** | 300 |
| 需求量 | 150 | 150 | 120 | 80 | 100 | |

进行调整后，得一新的修正表，见表1-3-9。

表1-3-9 修正后的表

|  |  | 6 | 3 | 7 | 8 | -1 |  |
|---|---|---|---|---|---|---|---|
|  |  | $D_1$ | $D_2$ | $D_3$ | $D_4$ | 虚需求点$D_5$ | 供应量 |
| 0 | $S_1$ | 7 ⊕(+1) | 3 / 20 | 8 ⊕(+1) | 8 / 80 | 0 ⊕(+1) | 100 |
| -1 | $S_2$ | 5 / 80 | 5 ⊕(+3) | 6 / 120 | 8 ⊕(+1) | 0 ⊕(+2) | 200 |
| 1 | $S_3$ | 7 / 70 | 4 / 130 | 9 ⊕(+1) | 10 ⊕(+1) | 0 / 100 | 300 |
|  | 需求量 | 150 | 150 | 120 | 80 | 100 |  |

根据上述修正后的表格，按前述方法计算行系数及列系数，并计算全部边际成本。此时全部空格的边际成本为正数，证明已达最优解。

3. 运输调度的任务有哪些？

解：运输调度的任务包括：①组织和计划运输生产活动；②监督在港作业和安全运行；③及时协调各环节作业；④统计分析业务活动。

## 鉴定点3 运输运营管理

### 鉴定要求1 运输市场开发方法

问：什么是运输市场？

答：运输市场的概念有狭义和广义之分。狭义的运输市场是指提供劳务交换的场所，该场所为旅客、货主、运输业者或他们的代理者提供交易的空间，并根据这些交易提供相应的服务。广义的运输市场包括运输参与各方在交易中所产生的经济活动和经济关系的总和，即运输市场不仅是运输劳务交换的场所，而且还包括运输活动参与者之间、运输部门和其他部门之间的经济关系。此外，运输市场作为整个市场体系中的一部分，同样包含资源配置手段这一深层含义。运输市场的参与者可概括为需求方、供给方、中介方、政府方四个方面。

问：简述运输市场的结构。

答：运输市场的竞争程度是不相同的，可分为完全竞争的市场、垄断竞争的市场、寡头垄断的市场和完全垄断的市场。完全竞争的市场是指一种竞争不受任何障碍和干扰的市场结构。完全垄断的市场是指整个行业中只有唯一的一家企业的市场结构。完全竞争的运输市场与完全垄断的运输市场是两种极端市场，在现实经济生活中通常存在的是垄断竞争的运输市场和寡头垄断的运输市场。

在垄断竞争的运输市场条件下，运输企业不是价格的接受者，而是价格的决定者。每个运输企业都可以根据自己的产品特色制订相应的市场策略。

寡头垄断的运输市场是指少数运输企业控制了整个运输市场的供给和销售的市场结构。寡头垄断的运输市场可按产品有无差别分为纯粹寡头垄断市场和差异寡头垄断市场。寡头垄断还可按运输企业之间的行为分为有勾结的寡头垄断运输市场和独立行动的寡头垄断运输市场。寡头之间的公开勾结便形成了卡特尔垄断组织。

不同的运输方式所形成的运输市场，其结构形式也各不相同，如：公路运输从总体上看属于完全竞争市场，而国际航空、航海运输由于资本需求大、市场准入门槛高，总体上看属于寡头垄断或垄断竞争市场。

问：简述运输市场的营销环境。

答：运输市场的营销环境分为内部环境和外部环境。

（1）内部环境　运输企业市场营销的内部环境通常由以下几个方面组成：运输企业；营销中介；运输用户；供应商；社会公众。

（2）外部环境　运输企业市场营销的外部环境即宏观环境，一般包括人口、经济、自然、技术、政治法律和文化环境等，就运输市场而言，一般可以把外部环境归纳为政治法律环境、技术环境、自然环境、经济环境等方面来研究。

运输企业市场营销工作中应处理好与客户、城市社区、新闻界、政府的关系。

问：运输市场管理的目标是什么？

答：我国运输市场管理的总体目标是：保护合法经营，保障货主和旅客的正当权益，维护运输程序，促进公路运输事业的发展，实现货畅其流、人便于行，提高社会效益。这一总目标具有三层深刻的含义：

（1）运输业发展的基本目标　保护和发展道路运输生产力，维护运输秩序，促进道路运输事业自身的壮大。这是内设目标，即基本目标。

（2）发展运输业的根本目标　保障货主和旅客的正当权益，实现货畅其流、人便于行，更好地为社会经济与人民生活服务。这是外设目标，即根本目标。

（3）实施运输市场管理的核心　提高道路运输活动的社会效益，降低国民经济体系运转的总成本及人民生活开支的总费用。

问：运输管理市场的职能有哪些？

答：为确保运输市场管理总目标的圆满实现，政府交通主管部门应主要行使以下六个方面的管理职能：①方针政策；②法律规范；③规划计划；④组织指挥；⑤协调服务；⑥监督检查。

> **试题选解**：运输市场按竞争程度可分为（　　）。
> A. 完全竞争的市场　　　　B. 垄断竞争的市场
> C. 寡头垄断的市场　　　　D. 完全垄断的市场
> 解：运输市场的竞争程度是不相同的，可分为完全竞争的市场、垄断竞争的市场、寡头垄断的市场和完全垄断的市场。因此，正确答案是ABCD。

### 鉴定要求2　运输合同及管理的知识

问：什么是运输合同？其主体有哪些？

答：运输合同是指承运人将托运人交付的货物运送到约定地点，而由托运人或者收货人支付运费的合同。运输合同的主体包括承运人、托运人和收货人，具体如下：

（1）承运人　承运人是指提供运输服务的当事人，包括具有法人资格的交通运输企业、其他经济组织和个体运输户。

（2）托运人　托运人是指运输货物的人，可以是企业、机关、事业单位和社会团体法人，也可以是个体工商户、农村承包经营户、个人合伙组织和私营企业等。

（3）收货人　收货人有时是第三人，有时就是货物的托运人（也是货运合同中的关系人）。

问：运输合同有哪些类型？

答：通常，运输合同按照运输方式的不同，分为以下几类：

（1）铁路货物运输合同　铁路货物运输合同是指托运人与承运人（即铁路运输部门）之间订立的以铁路运输方式将托运的货物送到约定地点，托运人支付相应报酬的协议。

（2）公路运输合同　公路运输合同是指公路运输承运人用汽车运输方式将托运的货物运送到约定地点，货物托运人支付相应报酬，所达成的明确相互之间权利义务关系的协议。

（3）水路货物运输合同　水路货物运输合同是指就我国境内水路运输的承运人用适用工具将托运人的货物送到约定地点，托运人支付相应的报酬，所达成的明确相互之间权利义务关系的协议。

（4）海上货物运输合同　海上货物运输合同是指承运人用适用工具将托运人托运的货物经海路运至约定地点，托运人支付相应的报酬，所达成的明确相互之间权利义务关系的协议。

（5）航空货物运输合同　航空货物运输合同是指就我国境内承运人用航空

运输方式将托运人的货物送到约定地点，托运人支付相应报酬，所达成的明确相互之间权利义务关系的协议。

问：货运合同具有哪些法律特征？

答：(1) 运输合同有的具有诺成性，有的具有实践性　大宗货物的长期运输合同一般为诺成合同，双方在合同上签字，合同即可成立，不存在复杂谈判事项。托运人在交运货物时，还应向承运人按批次提出货运单，作为运输合同的组成部分。零担货物和集装箱货物运输合同一般为实践合同，以货物的交付验收为成立要件，以承运人在运单上加盖承运日期戳之时合同成立。

(2) 货物运输合同往往涉及第三人　货物运输合同由托运人与承运人双方订立，托运人与承运人为合同的当事人。但是，货运合同有时还会涉及收货人，即在托运人与收货人不一致的情况下，货物运输合同就涉及第三人。收货人虽然不是订立合同的当事人，但是却是合同的利害关系人，享受合同的权利，承担相应的义务。这种情况下的货物运输合同均属于第三人利益订立的合同。

(3) 货物运输合同以将货物交付给收货人为履行完毕　在货物运输合同中，承运人将货物运送到目的地，其履行义务并不能完结，承运人只有在将货物交付给收货人后，其义务的履行才完毕。

(4) 货物运输合同具有标准合同的性质　标准合同是指合同的格式和主要条款基本上由单行法律、法规具体规定或由主管部门事先拟定的合同。货物运输合同的某些主要条款，通常无须经双方当事人协商确定。托运人托运货物时，只能就是否接受这些条款发表意见，而不能对已经拟定的条款进行修改。

(5) 订立货物运输合同需用书面形式　货物运输合同的订立应当由托运人同承运人协商一致签订书面合同。此外，承运人加盖了站（港）日期戳的货物运单，也是书面形式的货物运输合同。

**试题选解**：运输合同的主体包括（　　）。
A. 承运人　　B. 托运人　　C. 收货人　　D. 保险人

解：运输合同的主体包括承运人、托运人和收货人。因此，正确答案是 ABC。

# 鉴定范围 4

# 成本与绩效管理

## 鉴定点 1　物流运作成本管理

### 鉴定要求 1　物流运作成本的知识

问：什么是物流运作成本？

答：物流运作成本是指物流活动中所消耗的物化劳动和活劳动的货币表现，主要包括物资运输的设施费用、信息传递与沟通费用以及企业对物流活动的监视和控制成本的费用等。

问：影响物流运作成本的因素有哪些？

答：影响物流运作成本的因素很多，主要涉及以下几个方面：产品因素、物流服务、核算方式以及物流运作方式等。

1）企业的产品是企业的物流对象。企业的产品是影响物流运作成本的首要因素。不同企业的产品，在产品的种类、属性、重量、体积、价值，以及物理、化学性质方面都可能不同，这些对企业的物流活动（如仓储、运输、物料搬运）的成本均会产生不同的影响。

2）物流服务对企业物流运作成本也是有影响的。随着市场竞争的加剧，物流服务越来越成为企业创造持久竞争优势的有效手段。更好的物流服务会增加收入，但同时也会提高物流运作成本。例如，为改进客户服务水平，通常使用议价运输，这对总成本的影响是双方面的：运输成本曲线将向上移动以反映更高的运输费用；库存费用曲线将向下移动以反映由于较低的临时库存而导致平均库存的减少。

3）不同企业的物流运作成本存在"量""质"差异。各企业不同的会计记账导致了物流运作成本存在着很多不同的核算方式，从而使各企业的物流运作成本除了"量"的差异外，还存在着"质"的差异。我国尚未建立起企业物流运作成本的核算标准。在日本，虽然对物流运作成本的核算已经有了一套成型的标准，但该标准并不是只统一了一种标准，而是提供了三种不同类别的核算方式的标准，可以从不同角度对物流运作成本进行计算和对比，以指导和适应不同企业对物流运作成本核算的要求。

4）企业的物流运作方式分为自营物流和外包物流两种。随着市场竞争的加剧，企业的物流运作方式从最初的所有物流业务全部自营，逐渐发展为部分物流业务的外包直至全部外包。其重要原因就是希望通过外包寻求企业物流运作成本的降低。

问：物流运作成本有哪些分类？

答：（1）按成本项目分类　从成本项目划分角度考虑来看，企业物流成本可分为物流功能成本和存货相关成本。其中，物流成本由包装成本、运输成本、仓储成本、装卸搬运成本、流通加工成本、物流信息成本和物流管理成本构成；存货相关成本主要由物流过程中与存货有关的资金占用成本、物品损耗成本、保险和税收成本构成。

（2）按成本支出构成分类　尽管企业进行物流活动涉及范围广泛，从成本支出构成角度考虑来看，企业的物流成本仍大致可分为物流功能性成本、环境相关费用成本、涉及存货费用成本、物流环境费用成本等四类。

问：降低企业物流运作成本的措施有哪些？

答：1）完善财务制度，加强对财务核算机制的建设。为了客观地核算出企业物流运作成本，降低企业物流运作成本，我们应该致力于以下几点：首先，物流成本的核算要在权威机构的监督下完成，利用科学合理的数据库与物流成本分析系统，对物流总成本中的每一项单独进行核算，然后由权威机构出具物流成本的合格报告；其次，相关部门对物流成本进行更进一步的细分，按照行业、地区、类别进行细化考察，以调查出的数据为基准，制定出准确的标准；再次，深入对企业物流运作成本数据的接口研究，在国民经济统计体系中建立物流成本科目的试点，进一步去改革企业的会计准则；最后，加强企业物流行业的国内外学术交流，引进国外先进的财务核算体制。

2）加强现代信息系统的建设，有效降低物流管理成本。现代信息系统比传统方式在减少货物在物流各环节上的时间滞留、缩短反应时间及信息获取的广度与准确性方面有着不可比拟的优势。这些优势使得企业物流在时间、空间以及量上的决策有了可靠的依据，使得仓库管理和运输管理的仓储和运输效率大大提高，货损和货差减少十分明显。借助现代物流信息技术，企业可以将企业定购的意向、数量、价格等信息公布于众，加快了企业间的合作与协调。因此，现代物流信息技术管理模式无疑可以提高物流管理效率，降低物流管理成本。

3）有效降低运输成本是节能降耗的重中之重。为了有效地降低运输成本，我们应该把着重点放在改善当前的运输模式上。在物流行业中，要积极采用标准合理的运输工具与统一合理化的运输管理理念，这样可以大大减少物流商品在路途中的运输时间，从而降低运输成本。要对物流运输进行科学合理的规划，从大局着手统筹改善货物的流量、流向，加强对信息技术的运用，从而使物流运输成本更加合理，减少运输的盲目性。

根据在国内外的调查可以得出这样一个结论：如果在运输过程中我们采取了行之有效的改善手段，那么运输成本肯定会有明显的下降。

> **试题选解：** 物流运作成本包括（　　）。
> A．运输费用　　　　　　B．仓储费用
> C．信息传递与沟通费用　D．物流活动的监视和控制成本的费用
> 解：物流运作成本是指物流活动中所消耗的物化劳动和活劳动的货币表现，主要包括物资运输的设施费用、信息传递与沟通费用以及企业对物流活动的监视和控制成本的费用等。因此，正确答案是 ABCD。

### 鉴定要求 2　物流中心成本 KPI 设计、实施与优化的方法和工具

问：什么是 KPI？

答：关键绩效指标（Key Performance Index，KPI）是指以组织的战略目标为基础，通过对组织的战略目标进行层层分解，对组织运作过程中的关键成功要素进行归纳与提炼，最终得出能够用于衡量组织关键流程绩效以及监测组织的战略决策执行效果的，可量化或可行为化的一些关键指标。确定 KPI 是绩效评估体系设计的基础。

KPI 的核心观念是设定与企业关键流程相关的标准值，定出一系列的对企业发展、经营有提示、警告和监控作用的标准衡量指标，然后对经营过程中产生的相关指标实际值与预先设定的标准值进行比较和评估，并分析原因，找出解决的方法和途径，从而对企业的流程作相应的调整和优化，以使未来的实际绩效指标值可以达到令决策者满意的程度。KPI 应是一组具有紧密联系、能够客观全面反映企业关键绩效的指标体系。

问：KPI 有哪些特征？

答：(1) 战略性　这是 KPI 最为本质的特征，即 KPI 是从组织的战略目标层次分解而来的，始终服从并服务于组织战略的实现。KPI 所关注的绩效重点最终取决于组织的战略目标，是组织战略要求的具体体现。另外，KPI 还会随着组织战略目标的发展而不断进行调整，始终与组织的战略目标保持一致。

(2) 高度概括性　KPI 始终关注组织中对绩效有最大驱动力的关键经营活动，它是从组织运作过程中的关键成功因素中提炼出来的，因而一般都具有短小精炼、简单明了的特征，即高度概括性。同时，KPI 只对组织中那些对战略的实现起着重大作用的工作、对绩效有最大驱动力的关键经营活动进行测量，而不是评估绩效实现过程的所有经营活动，这也必然要求 KPI 必须高度概括关键的指标。

(3) 可操作性　每一个 KPI 必须有明确的定义和计算方法，能够获得可

靠和公正的初始数据，同时还能够进行量化比较，能够正确区分不同绩效水平的差别。而对于某些实在是难以量化的指标，也必须要求是可行为化的。

（4）认可性　这也是KPI相对于一般绩效指标的一个重要特征。由于KPI是自上而下对战略目标进行层层分解而产生的，在设定KPI的过程中，既不是由上级管理者单方面确定的，也不是由基层员工自行制定的，而是由管理者与员工共同决定的。双方在制定KPI时，会进行充分的沟通和协商，最终建立起一套双方认可的KPI体系。

问：KPI实施过程中容易出现哪些问题？

答：KPI实施过程中容易出现的问题有：

（1）KPI不能有效地反映企业战略　许多企业在引入KPI的过程中都遇到过这样的困惑，即企业的战略意图很难准确、充分地在组织内部的各层次之间进行传递。企业分解得到的KPI往往不能有效反映企业的战略重点和绩效期望，也就是说，KPI在分解的过程中偏离了企业的战略目标和经营重点。基于这样的KPI对工作绩效进行衡量，得到的评价结果势必很难反映出企业的整体绩效水平，从而也就极大地削弱了KPI作为企业战略目标实现程度指示器的功能。

（2）KPI数量过多，过于细化和泛化　一些企业对KPI分解得过多、过细，没有对指标质量进行控制，导致企业的KPI指标体系非常庞大、繁杂，在这种情况下，员工往往难以准确领会和把握自己的工作重点和工作方向。同时，低质量的KPI也给企业针对KPI的相关管理工作造成诸多困难。

（3）缺乏对各KPI重要程度的有效区分　在一个既定的时期内，各个KPI的重要程度是有所不同的，同时企业和员工所能拥有和控制的资源也是有限的。这就决定了企业必须对各个KPI的轻重缓急和优先顺序作出准确的判断，从而保证工作的有效性和针对性。然而在现阶段，KPI权重设计不合理甚至忽略对KPI进行权重设计的情况在我国企业中还相当普遍。在KPI权重的设计上还存在着较强的随意性和主观性，这就使得企业和员工难以通过KPI的权重确定自身的首要任务和工作重点、合理分配各方面的资源，最终影响企业绩效水平的提升。

（4）KPI评价标准背离了企业的实际需要　指标的作用在于明确从哪些方面对工作进行衡量，而标准的作用则在于明确在某方面应该做到什么水平和什么程度。企业在KPI评价标准的制定方面还不够科学、规范，在KPI评价标准的制定上还有很强的随意性。很多企业在KPI评价标准的制定上缺乏对相关影响因素的综合考虑，KPI评价标准要么制定得很高，要么制定得很低，有时甚至会直接照搬其他企业的评价标准。由于不恰当的KPI评价标准难以满足企业的竞争需要和经营要求，因此，用这样的KPI评价标准来指导员工的工作，势必会严重影响KPI效果的发挥。

（5）对 KPI 管理的缺位　企业在绩效管理中引入 KPI 之后，对 KPI 管理的缺位也是当前存在的一个比较突出的问题。KPI 战略支撑作用的发挥是以企业对 KPI 进行有效的管理为基础的，企业对 KPI 的管理应该时时刻刻从方方面面进行。然而现实情况却是很多企业只把注意力聚焦在了对 KPI 的评价上面，聚焦在了 KPI 的结果上面，对 KPI 的管理变成了走形式、走过场，这就极大地限制了 KPI 应有作用的发挥，削弱了 KPI 对提升企业绩效水平的贡献。

**试题选解**：关键绩效指标（KPI）具有（　　　）等特征。
A. 战略性　　　B. 高度概括性　　　C. 可操作性　　　D. 认可性
解：关键绩效指标（KPI）具有的特征有战略性、高度概括性、可操作性和认可性。因此，正确答案是 ABCD。

# 鉴定点 2　运营绩效考核

## 鉴定要求 1　绩效考核的知识和制度编制方法

问：什么是绩效考核？
答：绩效考核也被称作"成绩或成果测评"，是企业为了实现生产经营目的，运用特定的标准和指标，采取科学的方法，对承担生产经营过程及结果的各级管理人员完成指定任务的工作实绩和由此带来的诸多效果作出价值判断的过程。

问：绩效考核的作用有哪些？
答：绩效考核的作用主要表现在以下 10 个方面：促进职业发展；改善人际沟通；作好用人决策；完善激励机制；体现组织政策；形成人力体系；增进员工满意度；引导员工行为；保证依法行事；实现组织战略。

问：什么是绩效考核制度？
答：任何一项工作的有序进行和有效实施，都离不开制度保障。绩效考核制度是指对员工工作绩效的质量和数量进行评价，并根据员工完成工作任务的态度以及完成任务的程度给予奖惩的一整套科学、合理、全面的考核制度。绩效考核要想取得良好的效果，制度保证是第一位的。管理者在实施绩效管理时，首先要制定公平、完善的绩效考核制度。

问：编制绩效考核制度应遵循哪些原则？
答：（1）制度严格　绩效是对员工过去和现在的考察，也是对他们将来行为表现的预测。只有将绩效考核活动制度化，定期开展，才能全面了解员工的潜能，发现公司存在的问题，从而实现公司的高效运转。在制定绩效考核制度时，要保证该制度的严格性。只有严格的制度，才能保证实施过程的效果。如果该制度不严格,非常松散,那么绩效考核过程也只能是流于表面,无法对提升工作效率、激励员工起到实质性的帮助作用。

(2)目标明确　绩效考核是一种管理工具。在考核的过程中,会涉及员工的招聘、晋升、薪酬调整以及培训等,对员工的工作具有非常明显的影响。为保证绩效考核的有效实施,在制定考核制度时,要设置明确的考核目标,为之后的实际考核提供指导。

(3)透明度高　所谓透明度高,就是要求绩效考核制度能够取得企业中各个员工的一致认可,并且每个员工都应该对考核制度有一个清晰明确的了解。只有考核标准具有较高的透明度,才能保证绩效考核的公平公正。所以,管理者在制定绩效考核制度时,要保证该制度的透明度,杜绝暗箱操作带来的不公平。

(4)可操作性强　制定制度的最终目的是保证绩效考核的实际实施效果,所以,绩效考核制度一定要具有较强的可操作性。如果绩效考核制度不具备可操作性,那么这样的绩效考核制度实际上是无意义的。缺乏可操作性的绩效考核制度即使看起来非常完善,也不过是纸上谈兵,无法起到实质性的作用。

> **试题选解**:编制绩效考核制度的原则有(　　)。
> A. 制度严格　　B. 目标明确　　C. 透明度高　　D. 可操作性强
> 解:编制绩效考核制度的原则有制度严格原则、目标明确原则、透明度高原则、可操作性强原则。因此,正确答案是ABCD。

### 鉴定要求2　绩效考核流程和管理办法

问:绩效考核实施的流程有哪些?

答:绩效考核通常按照制定考核体系和机制、进行考评准备、绩效考核的沟通、选拔考核人员、收集资料信息、分析评价结果和考核结果的应用等流程进行。

(1)绩效考核的准备工作　为保证绩效考核的顺利进行,考核实施前的准备工作有:确定考核的目的和对象;根据考核的目的和对象确定考核的时间;选择考核内容与方法,并根据不同的考核目的和对象,确定不同的考核内容和方法;确定绩效考核的标准;制定考核制度等。

(2)绩效考核的沟通　考核沟通是绩效考核非常重要的环节,但在实际工作中,很多企业都忽视了考核沟通。考核沟通的主要任务是让被考核人认可考核结果,客观地认识自己并改进工作。考核沟通不仅使考核工作民主化,还促进了企业管理的科学化。

(3)选拔和培训考核人员　选拔考核人员是解决由谁来考核的问题。一般而言,员工在企业中的关系是上有上司、下有下属,周围有同事,企业外有客户，考核的候选人就可以从这些人中产生。在正式的绩效考核实施之前，要对所有考评人进行一次业务培训。培训的目的是使考核人了解绩效考核的目的、作用和原则，了解各岗位绩效考核的内容，掌握进行考核的操作方法和考评沟通技巧，识别和预防考评中的误差。

（4）收集绩效资料信息　绩效资料信息是考核的基础，必须做到真实、可靠、有效。用收集到的绩效资料信息，建立一套与考核指标体系有关的制度，并采取各种有效的方法来达到考核的目的。成套的收集信息的方法有生产记录法、定期抽查法、考勤记录法、项目评定法、减分抽查法、限度事例法、指导记录法等。

（5）实施考核　实施考核阶段是对员工个人的各方面作出综合评价的阶段，是一个由定性到定量再到定性的过程。其过程为：①确定等级；②将同一项目的不同考核结果加以综合；③对不同项目的考核结果加以综合，形成总体考评结果。

（6）考核结果的分析　当绩效考核完毕后，应及时对绩效考核结果进行归档、整理，并进行统计和分析，这有助于管理者更科学地制定和实施各项管理政策。

（7）绩效考核的反馈与面谈　经过认真组织实施考核后，作为一个完整的绩效管理系统来说，绩效考核还未真正完成，在经过对考核结果进行细致分析之后，应将考核结果反馈给被考核者，并与之面谈，指出被考核者的优势和劣势，帮助被考核者制订绩效改进计划，提高绩效水平，这样才能保证绩效考核的系统性和完整性。

（8）考核结果的应用　考核结果可以为企业提供各种有用的信息，如用于向员工提供反馈信息，帮助其改进工作绩效；作为任用、晋级、提薪、奖励等的依据；用于检查企业的人员配置、培训等各项管理政策是否正确等。

**试题选解**：为保证绩效考核的顺利进行，考核实施前的准备工作有（　　）。

A．确定考核的目的和对象　　　B．选择考核内容与方法
C．确定考核的时间　　　　　　D．确定绩效考核的标准

解：绩效考核实施前的准备工作有：确定考核的目的和对象；根据考核的目的和对象确定考核的时间；选择考核内容与方法，并根据不同的考核目的和对象，确定不同的考核内容和方法；确定绩效考核的标准；制定考核制度等。因此，正确答案是ABCD。

# 鉴定范围 5

# 供应链管理

## 鉴定点 1　供应链管理认知

### 鉴定要求 1　企业战略的知识

问：什么是企业战略？

答：企业战略是指企业根据环境的变化、本身的资源和实力，选择适合的经营领域和产品，形成自己的核心竞争力，并通过差异化在竞争中取胜。企业战略是对企业的全局性、基本性问题进行的总体谋划，是企业生存和发展的总纲领。企业战略包括企业的愿景、使命、价值观和战略目标。

问：企业战略有哪些类型？

答：（1）从战略实施主体的角度分类

1）公司级/集团战略，是拥有多个子公司的母公司的战略。集团战略的主要目标是通过建立和经营行业组合实现投资收益的最大化。

2）经营级/竞争性战略，是单一行业/产品/市场企业，或者集团下边的子公司所采用的战略。经营战略的目的是通过集中一个具体的行业，或者一个产品/市场实现利润和市场占有率的最大化。

3）职能级战略，主要是企业内部各个非实体组织，包括职能部门或者生产单位的战略。职能战略的主要目的是提高工作的有效性和效率。

（2）从战略实施时间的角度分类　从战略实施的时间长短来看，企业战略可以划分为以下三种类型：

1）短期战略，一般是指时间跨度在一年以内的战略，有时也可以称为战略计划。

2）中期战略，一般的时间跨度在一年以上、五年以内。

3）长期战略，一般的时间跨度在五年以上、十年以内。

一般来说，企业规模越大，所需要制定战略的时间跨度就越长。

此外，从战略功能的角度分类，企业战略还可分为增长型战略、稳定型战略和收缩/防御型战略。

问：企业战略有哪些特征？

答：企业战略是设立远景目标并对实现目标的轨迹进行的总体性、指导性谋划，属宏观管理范畴，具有指导性、全局性、长远性、竞争性、系统性、风险性六大主要特征。

问：企业战略管理的流程有哪些？

答：（1）战略分析　战略分析在于总结影响企业目前和今后发展的关键因素，并确定在战略选择步骤中的具体影响因素。它包括以下三个主要方面：

1）确定企业的使命和目标。把企业的使命和目标作为制定和评估企业战略的依据。

2）对外部环境进行分析。外部环境包括宏观环境和微观环境。

3）对内部条件进行分析。战略分析要了解企业自身所处的相对地位，具有哪些资源以及战略能力；了解企业利益相关者的期望，在战略制定、评价和实施过程中，这些利益相关者会有哪些反应。

（2）战略选择　战略选择阶段所要解决的问题是"企业向何处发展"。其步骤为：

1）制定战略选择方案。根据不同层次管理人员介入战略分析和战略选择工作的程度，将战略形成的方法分为三种形式：

① 自上而下。先由企业最高管理层制定企业的总体战略，然后由下属各部门根据自身的实际情况将企业的总体战略具体化，形成系统的战略方案。

② 自下而上。企业最高管理层对下属部门不作具体规定，但要求各部门积极提交战略方案。

③ 上下结合。企业最高管理层和下属各部门的管理人员共同参与，通过上下级管理人员的沟通和磋商，制定出适宜的战略。

2）评估战略备选方案。评估战略备选方案通常使用两个标准：一是考虑选择的战略是否发挥了企业的优势，克服了劣势，是否利用了机会，将威胁削弱到最低程度；二是考虑选择的战略能否被企业利益相关者所接受。

3）选择战略。选择战略是指最终的战略决策，即确定准备实施的战略。如果出现多个指标对多个战略方案的评价不一致的情况，确定最终的战略时可以考虑以下几种方法：①把企业目标作为选择战略的依据；②提交上级管理层审批；③聘请外部机构。

4）制定战略政策和计划。

（3）战略实施和控制　战略实施和控制就是将战略转化为行动，主要涉及以下一些问题：

1）在企业内部各部门和各层次间如何分配使用现有的资源。

2）为了实现企业目标，还需要获得哪些外部资源以及如何使用它们。

3）为了实现既定的战略目标，有必要对组织结构作哪些调整。

4）如何处理出现的利益再分配与企业文化的适应问题，如何通过对企业文化的管理来保证企业战略的成功实施。

问：企业战略有哪些影响因素？

答：（1）远景规划　使命、核心价值观和远景是远景规划的三个组成部分，也是一个企业最核心的部分。在战略规划的过程中，使命和远景始终指引着战略制定的方向和要求；而核心价值观则引导着战略的思考方式以及执行策略。

（2）外部环境　外部环境包括宏观环境和产业环境。所谓宏观环境主要是看区域的经济状况以及每个经济周期的经济状况。而产业环境则包括供应商、客户、竞争者、替代者以及潜在的竞争者。

（3）内部因素　内部因素包括两个方面，第一是企业核心竞争力，第二是企业文化。企业文化对公司战略的影响主要包括以下几点：①决策风格；②阻止战略的转变；③克服战略改变时的阻碍；④主导价值观；⑤文化冲突。

**试题选解**：从战略实施主体的角度分类，企业战略可分为（　　）。
A. 公司级/集团战略　　　　B. 经营级/竞争性战略
C. 职能级战略　　　　　　D. 长期战略

解：从战略实施主体的角度分类，企业战略分为公司级/集团战略、经营级/竞争性战略、职能级战略。因此，正确答案是 ABC。

### 鉴定要求2　供应链战略的知识

问：什么是供应链？

答：供应链（Supply Chain）一词是按英文直译的，也称为供销链，但实质上它含有"供"与"需"两方面的含义，可以理解为供需链。根据 GB/T 18354—2006《物流术语》的定义，供应链是指生产及流通过程中，涉及将产品或服务提供给最终用户所形成的网链结构。

各种物料在供应链上移动，是一个不断增加其市场价值或附加值的增值过程。因此，供应链也有增值链（Value-added Chain）的含义。企业的竞争力在于其经营战略能使企业各项业务活动的结果，同其竞争对手相比，能提供给客户更多的市场价值，同时获取较多的利润。正因为有市场需求，才产生企业的各项业务活动。而任何业务活动都会消耗一定的资源，消耗资源会导致资金流出，只有当消耗资源生产出的产品或服务出售给客户后，资金才会重新流回企业，并产生利润。因此，供应链上还有资金的流动。为了合理利用资金，加快资金周转，必须通过企业的财务成本系统来控制供应链上的各项经营生产活动；或者说，通过资金的流动来控制物料的流动。

问：什么是供应链战略？

答：供应链战略就是从企业战略的高度对供应链进行的全局性规划，如确定原材料的获取和运输，产品的制造或服务的提供，以及产品配送和售后服务的方式与特点。它包括了采购、生产、销售、仓储、运输等一系列活动。供应链思想的出现使企业管理者意识到还有许多机会去构建一种独特的基于供应链的商业模式，通过整合供应链上各个成员的资源，给最终客户创造更多的价值。

问：供应链战略有哪些类型？

答：根据不同产品的特点，结合客户的需求，供应链战略可划分为三类：

（1）基于成本的有效性供应链战略　对于那些面向基本需求、生命周期较长、需求稳定便于预测的功能性产品，为了提升产品的竞争力，必须在市场上形成比竞争对手更有利的价格优势，这需要建立基于成本的有效性供应链。有效性供应链战略的核心是低成本，通过消除一切形式的浪费，压缩供应链的总成本。因此，实施该类型的供应链战略，要求供应链中的各节点企业提高内部效率，同时要求企业之间密切合作以降低交易费用。

（2）基于价值的创新性供应链战略　对于那些面向创新性需求、生命周期较短、需求不稳定难以预测且能为客户带来新奇体验的创新性产品，客户更在意的是产品所带来的价值，例如品质、新式功能、品牌等。为了提供具有吸引力的该类产品，需建立创新性供应链。创新性供应链战略要求整条供应链对客户需求有独到的理解，并能创造出适当的产品价值来满足客户的需求，它追求的是供应链所创造的产品或服务的价值优势。实施该类型的供应链战略，要求供应链中的各节点企业在研发上加强合作，注重客户服务以及优势品牌的建立。

（3）基于速度的敏捷性供应链战略　对于那些难以预知，甚至连客户也不能认知的需求，谁先满足此种需求，谁就赢得了先机。针对此类机会，建立基于速度的敏捷性供应链是最佳选择。敏捷性供应链战略的核心是对速度的追求。该速度包括两个方面：一是对市场需求变化的响应速度，这要求对客户需求或其无意识的潜在需求高度敏感，能迅速地捕获机会，满足客户的需求，增加其满意度；二是要满足客户需求的速度，即产品的高可获性。敏捷性供应链战略的实施，要求供应链在最终客户需求的驱动下，以提前期为管理的核心，通过提高供应、生产、销售及物流的柔性和速度，实现对个性化、多样化以及潜在需求的快速响应。

问：供应链战略有哪些层次？

答：根据供应链的组成结构，可将供应链战略分解为三个层面：总体层面、成员层面和职能层面。

（1）总体层面的供应链战略　总体层面的供应链战略是从系统整体角度，对处于支配地位、起主导作用的系统战略性问题的决策和控制。具体涉及：定义系统所能够通过其最终产品和服务来满足的客户需求的类型；供应链定位；

供应链的组织及控制流程；供应链的创新体制等。总体层面战略规划的制定和实施，需要核心企业与各节点企业协调观点，以此形成链中企业的共同目标和计划。

（2）成员层面的供应链战略　成员层面的供应链战略是从供应商、生产商、分销商以及零售商等节点企业的角度，对应于系统总体层面的战略决策，根据自身资源状况所进行的战略性问题的决策和控制。此类战略问题的特性是：围绕成员所承担的供应链职能开展；从属于企业层面战略性问题；成员间存在接口和协调的问题。

（3）职能层面的供应链战略　职能层面的供应链战略是指根据供应链职能所设定的战略性决策和控制，具体涉及产品、运作、市场等基础性职能战略问题，以及财务、人力、信息等支持性战略问题。

问：供应链战略有哪些影响因素？

答：（1）供应链战略的外部影响因素

1）行业特征。在不同的行业，由于行业特征的不同，管理者所关注的角度也有所不同。比如目前相关研究较多的制造业，其相对关注的是整条供应链内的物料采购及管理，基于该战略与联盟内其他企业共同发展。与之相对应的是仓储业，其相对关注的是运输与物流管理，因为有效的物流组织和货物集散是其核心业务的重要组成部分。因此，不同行业的行业特征不同，其关注的侧重点也有所不同。

2）竞争者。供应链战略的核心竞争力是联盟相对于其他企业或利益集团在市场竞争过程中特有的竞争优势。也就是说，其核心竞争力的体现是相对于其竞争者而言的。通过在市场竞争的过程中对比联盟整体业务流程的营运情况，识别出自己的核心竞争能力，分析出哪些领域会有潜在的竞争者，最终找到需要加强的方向与目标。

3）技术。供应链战略也会受到技术创新的影响。凭借不断涌现的技术创新可以缩短产品生产时间，迅速适应环境变化并且提高整个联盟的运营效率。尤为重要的是，其可以显著提高联盟内企业信息在传递过程中的滞后与失真现象。

4）客户。客户是供应链战略的主要因素，因为它是整个联盟的收益源头。联盟的所有行动都是为了满足其所服务的客户的个性化需求。来自客户的不断降价和消费需求增加了联盟的营运成本，而产品的质量和生产周期并不能随之降低，从而迫使整个联盟要在所有可能的环节提高绩效水平。

5）经济社会环境。经济社会环境包括了普遍的经济和政治环境。供应链战略会受到社会经济的发展和国家或地方相关经济政策等的影响。只有及时正确地解读相关的经济政策，并作出快速反应予以应对，跟上社会经济的发展速度，才能提高整个供应链战略的绩效水平。

（2）供应链战略的内部影响因素

1) 联盟内部企业之间的信任度。联盟内部企业之间的信任情况会直接影响到供应链战略联盟的绩效评级。只有在相互信任的基础之上,才能展开联盟的合作关系,相互信任是保证联盟成功的重要因素。根据相关战略联盟的文献,交易成本理论认为关系治理的一个重要因素就是互相信任。这是因为联盟内部企业之间建立的是长期的合作关系,在互相信任的基础上能有效地降低交易成本和消除机会主义行为。如果联盟内部任意企业为供应链提供的资源的价值,与其他成员伙伴对它的评估值大体相同,那么联盟关系将会具有较高的稳定性和信任度;反之,由于相对较低的退出成本,则会降低其他成员伙伴对其合作的信任度。

2) 联盟建立初期的协议签署情况。战略联盟的关系资本是指联盟内部各企业之间为实现其共同的战略目标而建立、维持和发展战略联盟关系并对此进行投资而形成的资本。如果联盟内部的企业从客观上认为整个联盟不值得信任或是维系联盟关系对自身没有价值,那么战略联盟的关系资本就会很难维护。在供应链战略联盟关系资本的维护过程中,信任和协议签署之间一般来说是相互作用和增强的。信任和协议签署的作用关系一般是:信任促进协议签署,是协议签署的基础。而在信任内部,意愿信任又建立在能力信任之上,战略联盟的关系资本就是通过信任和协议签署之间的相互作用来加以维护和增进的。

3) 联盟内部企业之间的冲突情况。当供应链战略联盟中的企业试图保持自身的高度自治性时便会产生冲突。产生冲突的原因可能有多种,包括营运过程不同、文化的不同和管理风格差异。导致联盟失败的重要原因被认为是冲突,因为它容易导致不必要的误会和不信任,由此又导致综合绩效和合作水平的降低。因为冲突与联盟绩效有负相关性,所以要通过共同的战略目标、不断反馈、系统和权力的冲突解决方案的平衡,来将冲突变成有益的和有建设性的。

4) 联盟内部企业之间的沟通情况。一般来说,供应链战略联盟内的企业都会努力使联盟保持活力,但内部成员之间存在分歧是不可避免的。在这个时候,各企业的相关领导及负责人应当协调,解决彼此之间的分歧。供应链战略联盟失败的重要原因是内部成员之间的沟通出现障碍。所以,有效的沟通可以提高联盟组织内成员之间的信任和合作程度,进而提高供应链战略联盟的绩效。

**试题选解**:根据不同产品的特点,结合客户的需求,供应链战略可划分为(    )。
A. 基于成本的有效性供应链战略   B. 基于价值的创新性供应链战略
C. 基于速度的敏捷性供应链战略   D. 基于产品的合作性供应链战略
解:根据不同产品的特点,结合客户的需求,供应链战略可划分为基于成本的有效性供应链战略、基于价值的创新性供应链战略、基于速度的敏捷性供应链战略。因此,正确答案是 ABC。

### 鉴定要求3　供应链网络规划的知识和方法

问：什么是供应链网络？供应链网络的特征有哪些？

答：供应链网络由位于不同地理位置、承担不同业务功能的供应链成员企业所构成，分布于不同网络节点的成员企业共同合作以满足最终客户的需求。供应链网络的特征如下：

（1）多层性　供应链网络的多层性是指供应链网络体系往往可以划分成若干个规模较小的供应链网络，形成大网络套小网络的供应链网络格局。随着供应链与供应链之间竞争的加剧，供应链网络规模在不断增大，具体表现在：所含有的成员企业的数量在不断增加，企业之间的契约关系更加复杂。

（2）动态性　供应链网络具有动态性，具体表现在：供应链网络的规模可以增大也可以减小，组成供应链网络的成员企业可以进入也可以退出，成员企业之间的契约关系可以随着市场环境的变化而不断修正。供应链网络的动态性使其能够贴近市场作实时的变化，以形成较强的竞争实力。

（3）复杂性　绝大多数组成供应链网络的成员企业都是独立的经济实体，具有相应的决策权、资源配置权，这就使供应链网络的整体优化变得困难。再加上不同的网络节点具有不同的利益诉求，供应链网络的协调便变得更加复杂。供应链网络的复杂性决定了在进行供应链网络规划时要谋全局、谋长远。

问：简述供应链网络规划的基本思想。

答：（1）具有全局观的并行规划　供应链网络规划是一项系统工作，要综合考虑物流系统、信息系统、组织以及相应的服务体系的构建，所以供应链网络规划要具有全局观。同时，各个子系统、子网络的规划应同步进行，施行并行规划，只有这样才能高效地完成供应链网络规划任务。

（2）考虑环境因素的柔性规划　供应链网络的运行环境非常复杂，涉及政治、地理、文化以及经济等因素。在规划的过程中要考虑这些环境因素未来的变化趋势以及相应的变化会对供应链网络的运行所造成的影响。综合这些因素，供应链网络规划要具有一定的柔性，对环境的变化要具有自适应能力。

问：供应链网络构建应遵循哪些原则？

答：（1）经济性原则　供应链管理的重要内容就是努力使作业更为经济合理化。在企业运作成本控制中，常常存在效益悖反问题，即各种运作活动的成本的变化模式常常表现出相互冲突的特征。解决冲突的办法是平衡各项成本收益使整体达到最优，所以供应链网络结构应尽可能简洁，合作伙伴少而精，组织精细化供应链。

（2）多样化原则　供应链设计就是要满足不同客户的需求，对不同的客户提供不同的产品或服务。在面对不同的客户要求、不同的产品特征、不同的销售水平时，要求企业将适当的商品在适当的时间、适当的地点传递给适当的客户，也就是意味着企业要在同一产品系列内采用细分策略。比如在设计库存格局时，就要区分出不同销售速度的产品，销售最快的产品应放在基层仓库的前列。采购策略制定时，要区分不同性质的物料，并与相应的供应商建立合适的、形式多样的伙伴关系，如战略合作、竞争性合作、合作性竞争、一般交易关系等。

（3）延迟化原则　延迟化原则就是把产品需求物流服务的差异点尽可能设计得靠近客户，将需求差异延迟到向客户交付才快速执行。在收到客户订单之前，尽量延迟货物发运的时间和最终产品的加工作业。这一思想避免了企业根据预测在需求没有实际产生的时候运输产品（应该进行时间延迟）以及根据对最终产品形式的预测生产不同形式的库存产品（应该进行成形延迟）。企业应将订货性生产与延迟化运作有机结合起来，实现客户需求的定制化。

（4）合并性原则　合并性原则主要侧重于并单采购、并单发运、集中库存等方面。例如，单一订单的运输与配送一般批量较小，将其合并成大批量就具有明显的经济效益，但是这样做可能会使运输时间延长，造成客户服务水平下降，降低客户满意度。在采用合并原则时，应谨慎权衡得失。通常，合并原则应在运量较小、零担运输太多的时候采用。

（5）标准化原则　标准化原则包括组成产品的零件标准化、通用化，物流业务规制标准化，物流业务流程标准化，物流作业执行规范化等方面。标准化的提出解决了满足市场多样化的产品需求与降低供应链成本的问题。如在产品设计中，尽量使产品可以由标准零件组成，从而解决了零件品种多、批量小带来的成本问题。采用标准化，既能满足客户对多样化产品的需求，又能尽可能地降低供应链成本。

问：供应链网络有哪些构建步骤？

答：（1）分析市场竞争的需求　分析企业的竞争环境，就是要对外、对内都有一个正确的评价。首先进行客户评价，就是要对上游企业、下游企业、消费终端等进行调查研究，提出"用户要什么"以及"他们在市场上的比重有多大""企业内部能否满足客户的需求""企业是否决定要满足客户的这些需求"等问题。这一系列"知己知彼"的内容主要包括分析消费者需求的变化、消费结构的变化、市场竞争格局的变化等，提出企业未来可能的目标市场建议。其次，针对客户评价所得到的可能目标市场，对企业自身状况进行分析，明确企业的强项和弱项。再次，将预期的目标市场与企业战略目标进行匹配性分析、与企业营销战略目标进行适应性研究，完成目标市场评估。最后，结合企业产品的类型、价格、促销和渠道的营销策略，进行目标市场锁定，并最终确定供应链的战略和目标。

（2）确定供应链网络的结构　明确企业的供应链战略和目标之后，着重于研究供应链开发的方向，明确其供应链结构方案评价的指标和标准；分析、寻找、总结企业存在的问题及影响供应链设计的阻力因素，提出供应链组成的基本框架,并选择合理的供应链结构方案。

1)参与主体的网络结构:主要包括对供应链成员组成的分析,对供应商、制造商、分销商、零售商及用户的选择及定位,以及确定选择与评价的标准。通过对上下游的合作伙伴进行筛选以及建立适合的契约类型和合同管理,实现成员企业的战略联盟,以便更好地收缩战线,抓住企业关键的核心能力。

2)物流客体的网络结构:主要涉及具体的物流操作业务,包括生产设施的选址,确定设施的数量和规模,权衡选择适当的运输方式,选取合理的仓储位置与库存水平,以及各节点间的信息集成等。

(3)绩效评估及流程再造 企业在完成供应链设计之后,应进行运行检验,并通过一定的绩效衡量标准,对供应链进行评价。如果运行检验出现问题,应通过一定的改进提高绩效;如果依然无法解决,应考虑对供应链的重新设计,实施流程再造。

> **试题选解**:供应链网络构建应遵循哪些原则?
> **解**:供应链网络构建应遵循的原则有:①经济性原则;②多样化原则;③延迟化原则;④合并性原则;⑤标准化原则。

## 鉴定点2 供应链物流网络管理

**鉴定要求** 物流网络节点规划和成本分析的知识

问:什么是物流网络节点规划?

答:物流网络节点规划就是指在具有若干供应点和需求点的经济区域内选择具体的地址设置物流节点的布局过程。物流网络节点规划主要包括物流网络节点选址和节点布局。物流网络节点选址考虑的是根据费用或者其他选择标准寻找节点的最佳地址,节点选址受土地利用和建设费用、地方税收和保险、劳动力成本和可达性或到其他节点的运输费用的影响较大,更受城市规划中用地功能布局的深刻影响。物流网络节点布局主要是建立一个等级、规模、水平、空间均合理的节点体系,来保证物流目标的实现。

问:物流网络节点规划有哪些原则?

答:物流网络节点的规划应遵循如下原则:

(1)统一规划、综合协调 物流网络节点的建设与运营,涉及政策保障、社会支撑、市场运作、资源配置、产业协调、部门管理等方方面面的因素,在规划中应立足于深入翔实的调查,以经济发展、土地利用和城市发展为依托和目标,打破地区、行业和部门之间的界限,协调好地方利益、行业利益、企业与社会利益,做到统一规划、科学布局、资源整合、优势互补、滚动发展。

(2)科学选址、整体布局 选址与布局就是选择物流网络节点的数目与分布位置。物流网络节点选址与布局直接影响整个物流系统的有效运作。物流网络节点的分布对现代物流活动有很大的影响,物流网络节点合理的选址与布局能够减少货物运输费用,从而大大降低物流运营成本。物流效率直接依赖和受限于物流的网络结构。物流网络节点一经建立将发生长远的影响,物流网络节点的位置及容量直接关系到物流成本和客户服务水平。因此,对物流网络节点布局问题的研究是物流系统中的一项关键工作,物流节点的选址与布局越来越引起政府、企业、社会的关注。

物流网络节点的选址与布局过程应与国家以及省市的经济发展方针、政策相适应,与国家、地区的物流资源和需求分布相适应,与国民经济和社会发展相适应。应将物流网络作为一个大系统来考虑,使物流网络节点的设施设备在地域分布、物流作业生产力、技术水平等方面相互协调,应以总费用最低作为目标。

(3)柔性功能、滚动发展 由于物流网络节点的建设周期长、投资大、基础性强、建设风险大,因此应注重功能的多样化和通用性,并确立规划的阶段性目标,按照物流需求的发展变化规律分阶段进行建设和使用,建立规划实施过程中的阶段性评估检查制度,以保证整个规划的最终实现。

问:物流网络节点规划的步骤有哪些?

答:物流网络节点规划的步骤流程如图1-5-1所示。

(1)资料收集整理 收集整理与规划相关的资料,主要有物流企业分布、物流客户产品特征及生产经营状况、物流量、综合交通运输、工业园区、商业网点分布、物流网络节点建设成本、客户对时效性的要求、土地利用等资料。

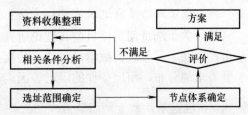

图1-5-1 物流网络节点规划的步骤流程

(2)相关条件分析 物流网络节点规划的目的就是系统总成本达到最小,但是在规划设计时又面临着不同的约束条件,主要包括:①资金约束,因为不同的区位价格差异较大;②综合运输条件,由于受到运输方式的限制,在选址时就应侧重于综合交通枢纽附近或场站、码头、港口附近;③能源条件,供热、供电等能源系统是物流网络节点赖以生产的基础;④周边软环境约束,税收、关税等与物流网络节点布局决策直接相关。

(3)选址范围确定 在明确上述约束条件后,就可以初步确定选址范围,这一过程也称为选位。一般需要划分物流网络节点的服务区域并排定选位顺序,即设立物流网络节点的优先级。选位的目标是在投入产出效益最佳的情况下,保证物流网络节点的服务能力和水平满足客户期望。可以采用的分类及排序方法包括按行政区划分类、客户聚类分析、层次分析法（AHP）、德尔菲法（Delphi Method）及其他分析方法。但应特别重视国土规划、城市土地利用规划、城市总体规划中给出的可能位置，这常常是选址的刚性约束条件。

（4）节点体系确定　在初步选位的基础上，根据物流发展的需要和相关情况，综合考虑物流量的空间分布形态、运输方式构成、物流量的规模分布，制定包括物流园区、物流中心、配送中心，以及诸如物流枢纽、物流基地在内的各类物流网络节点的构成方案，并明确其相应的覆盖范围、领域、主体功能等。

（5）评价　通过对构建的物流网络节点体系是否适应物流发展战略的需要，物流网络节点的分布是否符合物流需求分布的需要，物流网络节点的规模是否符合物流处理量的需要，物流网络节点的选址是否适应土地利用和城市发展的需要，物流网络节点的功能是否满足市场的需要等的定性和定量分析，确定物流节点规划的科学性、合理性、可行性。

问：影响物流网络节点选址的因素有哪些？

答：影响物流网络节点选址的主要因素有用地条件及土地成本、服务范围及市场定位、物流需求及其分布、运输仓储费用及建设成本等。事实上，这些因素都不会单独起到决定作用，常常是所有因素一起共同影响选址。所以，选址的结果常常是矛盾调和的结果。

问：物流网络节点选址有哪些方法？

答：关于选址问题，目前在理论研究上已形成了多种方法，常用的方法有总量控制法、重心法、数学规划法、仿真技术等。但是在实际规划过程中，由于受需求的分布、用地条件的限制等因素制约，采用较多的是总量控制法。

**试题选解：** 物流网络节点规划主要包括（　　）。
A. 物流资源配置　　　　　　B. 物流网络节点选址
C. 节点范围确定　　　　　　D. 节点布局

解：物流网络节点规划主要包括物流网络节点选址和节点布局。因此，正确答案是BD。

## 鉴定点3　物流外包管理

### 鉴定要求1　物流外包的知识

问：什么是物流业务外包？

答：所谓物流业务外包（Logistics Business Outsourcing），是指制造企业为集中资源、节省管理费用、增强核心竞争能力，将其物流业务以合同的方式委托给专业的物流公司（第三方物流）运作。外包是一种长期的、战略的、相互渗透的、互利互惠的业务委托和合约执行方式。

问：物流业务外包的利弊有哪些？

答：（1）有利的方面

1）企业得到更加专业化的服务，从而降低营运成本，提高服务质量。
2）解决企业资源有限的问题，可以更专注于核心业务的发展。
3）提高企业的运作柔性。
4）减少监督成本，提高效率。
5）降低风险，同时也可以同合作伙伴分担风险。
6）提升企业形象。

（2）存在的风险

1）对物流的控制能力降低甚至丧失的风险。
2）客户关系管理上的风险。
3）业务流程重组带来的风险。
4）企业战略被泄密的风险。

问：物流业务外包决策有哪些依据？

答：由于物流对企业的成本影响很大，企业对其物流能力的解决至关重要。物流是自身建立还是外包，是企业面临的最重要也是最困难的决策之一。一个拥有一流物流能力的企业可以通过向客户提供优质服务获得竞争优势。如何确定企业的物流业务是自营还是外包这一战略问题，要求企业明确自己的核心能力，即自己与众不同并立于不败之地的特点。

（1）企业战略　企业战略是市场竞争中企业生存和发展的总纲领，是企业发展中带有全局性、长远性和根本性的问题，也是企业经营思想、经营方针的集中表现。它是对"我们要成为什么样的组织"的正确回答。中国很多企业由于受传统经营理念的影响，在决策过程中，为得到自给自足的自豪感而产生了很多问题。而实际上即使是大公司也不可能完全实现自给自足。比如，福特曾希望能在他的纵向一体化程度最高的生产厂里制造所有所需零件，并建立一个包括内陆港口和铁路与公路的错综复杂的网络。但如今的福特汽车公司早就不是那样了，它50%的零部件需从外部购买，并且根据各分公司的不同情况来确定其物流能力是自建还是外包。企业越追求自给自足，企业的规模会越大，从而管理任务也越复杂和多元化。这样很可能导致管理层由于过度分散而无法有效管理。所以，企业在决定"自建还是外包"时，要把这种自给自足的情感因素剔除。

在企业的战略决策中，核心竞争力是重要的因素。成功的企业都通过将资源集中在建设一个或有限的几个能力上，去超过竞争者，或发掘自己与众不同的竞争优势。并且这些企业都会将其所需要的核心能力保持在行业平均水平以上，并围绕它们建立竞争优势，很少将资源投向非核心能力。物流能力无疑是形成企业竞争优势的一个重要基石。企业必须通过物流来实现其业务目标，同时满足企业自身的需求和客户的需求。

（2）企业规模　企业规模大小体现了企业的资金实力以及企业生产的复杂程度。一般来讲，企业的规模越大，其生产的复杂程度也会越高，它与供应商和销售商有着千丝万缕的联系。如果物流外包，企业的生产经营结构要进行大范围的调整，而这个调整成本往往是非常高的，同时会影响企业供应网络和销售网络的稳定性。另一方面，企业的规模比较大，其中一个表现就是物流资源相对比较丰富，比如说拥有自己的运输和仓储设施等，如果企业自身能够对这些资源进行有效的利用和管理，自营物流可能只需投入少量的成本进行技术更新就可以同时满足自身和消费者的需求。在这种情况下，可能以比外包更低的成本达到相同的服务水平。另外，还可以利用过剩的物流网络资源拓展外部业务，逐步积累物流服务经验、技术和所需的资金，发展专业化物流，为企业以后的长远发展开拓道路。而对于中小型企业来说，资金的规模小，生产的变动性大，一方面无力投入大量的资金进行自有物流设施的建设，而且由于企业内部业务流程重组风险的存在，还可能受到企业内部员工的抵制，造成资源的浪费。因此，可以利用物流能力外包来突破资源"瓶颈"，使企业的发展获得较高的增长速度。

（3）成本　"如何使总成本最低"是企业在制定物流战略时首先要考虑的问题，也是企业追求的目标之一。当然，这里所要降低的成本并不是物流的功能成本，而是整个企业的运营总成本。企业需要对物流成本的构成有一个全面的了解，并具有对需要展开的功能成本进行分析和动态成本计算的能力。当然，在实际中对有效的物流过程进行总成本计算，还是比较困难的。但是，企业可以对自营的成本与外包后潜在的成本进行分析比较，这是目前一个比较有效的能够证明外包是否对企业有益的方法。因此，企业关键是要掌握使自己的物流能力与客户的期望和需求相匹配的艺术，对客户的承诺是形成物流战略的核心。据此来确定企业物流的总成本，并确定物流是自建还是外包。

（4）服务质量　在现今的经营环境中，如果企业愿意承担必需的资源，几乎任何想要的物流服务都是能达到的。例如，在地理上靠近客户的位置建立一个专用仓库，可以使一支车队保持随时待运的状态等。这种物流服务在客户下单后几乎可以即时响应客户需求，但是代价是高昂的。物流服务在本质上是服务优势和服务成本的一种平衡。企业需要了解物流服务供应商的管理深度和幅度、战略导向，看供应商的服务是否能满足本企业的需求，尤其是供应商的发展战略要与需求企业相匹配或类似。一般来说，供应商的物流服务水准可以从三个方面来衡量：①可获得性；②作业效率；③服务可靠性。

问：物流业务外包模式有哪些？

答：企业选择物流外包策略与模式，既要考虑企业自身的实际、面临的内外环境等因素及其变化趋势,又要考虑实施企业物流外包的必要性,以及实施的外部环境等诸多因素。一般来说,企业实施物流外包可供选择的模式主要有以下几种:

(1)部分业务外包模式(或称为专项业务外包模式) 即将一项完整的物流管理职能工作的一部分外包给企业外部的物流服务机构,其他部分继续由企业自身物流部门负责。例如,将物流规划和设计工作外包给物流专家,而企业的物流信息、运输、仓储等业务的实施和管理仍由自己负责。这种外包模式有利于企业根据自己在物流业务中的优劣势采取适宜的外包模式,且容易把握和达到外包目的。

(2)整体业务外包模式(或称为一条龙外包模式) 即将一项完整的物流管理职能工作的全部外包给企业外部的物流服务机构,企业自身物流部门不再履行此项职能,只是作为联络者、协调者和企业代表。例如,将企业物流规划、物流设计、物流信息管理、物流运作等相关工作整体外包。这种外包模式有利于打破企业内部原有的管理格局,尽可能减少非企业核心业务的影响,以提高企业核心竞争力。但这种模式的选择需要良好的外部环境,需要对外部的物流服务机构进行深入的调研后再抉择。

(3)复合业务外包模式(或称为综合业务外包模式) 即将多项物流管理职能工作外包给企业外部的物流服务机构,既可将多项外包业务交给同一物流服务机构,也可将某些职能管理的部分业务外包。这种模式需要社会上有健全的物流服务提供机构以及完善的管理制度和服务体系。此种模式能够大大缓解企业物流管理的各种压力和矛盾,使企业有更充足的时间进行战略性、核心竞争力、前瞻性和宏观管理等方面的一些重大问题的研究和决策。

另外,还可将物流外包分为常规性的物流外包、增值性的物流外包和逆向物流外包。

常规性的物流外包就是提供物流的几大基本功能要素,即提供仓储、运输、装卸、搬运等服务。它主要依靠物流设施、设备、器具等硬件来完成,是资产和劳动密集型的服务,具有标准化的特征。增值性的物流外包是指第三方物流企业根据客户的需要,为客户提供的超出常规的服务,或者是采用超出常规的服务方法提供的服务,如流通加工、配送服务、各常规性物流活动的延伸服务等。逆向物流外包是将客户手中用过的、损坏的或者不满意的产品和包装回收,直至最终处理的外包,它是正向物流的补充与扩展。

**试题选解**:物流业务外包决策的依据包括(    )。
A. 企业战略    B. 企业规模    C. 成本    D. 服务质量
解:物流业务外包决策的依据包括企业战略、企业规模、成本以及服务质量等。因此,正确答案是 ABCD。

### 鉴定要求2　物流服务商和服务产品选择方法与工具

问：物流服务商如何识别？

答：物流外包服务商的选择是企业物流管理的一项重要战略决策。目前在市场上，同类物流供应商很多，提供的服务内容也各有不同，如何选择适合企业发展需要的物流服务商变得尤为重要。

（1）物流服务商的信息收集　首先，企业可以通过各种公开信息和公开的渠道得到物流服务方的联系方式。这些渠道包括物流商的主动问询和介绍、专业媒体广告、互联网（Internet）等方式。其次，审查物流服务商的基本信息，寻找合格的物流商。在这个步骤中，最重要的是对物流服务商作初步的筛选。建议使用统一标准的物流服务商情况登记表来管理物流服务商提供的信息。这些信息包括物流服务商的注册地、注册资金、主要股东结构、生产场地、设备、人员、主要产品、主要客户及生产能力等。

（2）物流服务商的信息分析　企业可以评估物流服务商的运作能力、供应的稳定性、资源的可靠性，以及其综合服务能力。在这些第三方物流供应商中，剔除明显不适合进一步合作的物流服务商后，就能得出一份物流服务商考察名单。派出由相关人员组成的团队对其进行现场审查，并从不同方面进行列表评估得出选择结果。

问：选择物流服务商应遵循哪些原则？

答：选择物流服务商的基本原则是"QCDS"原则，即质量、成本、交付与服务并重的原则。在这四点中，质量因素是最重要的。首先，要确认物流服务商是否建立了一套稳定有效的质量保证体系。其次，是成本与价格，通过双赢的价格谈判实现成本节约。再次，在交付方面，需确认物流服务商是否具有物流所需的特定设施设备和运作能力，人力资源是否充足，有没有扩大产能的潜力。最后，是物流服务商的物流服务记录。具体来说，选择物流服务商时要遵循以下原则：

（1）具有业务集中控制能力　物流服务商必须具备先进的技术和操作手段来管理物流网络。企业可以利用第三方物流服务商集中对分散在不同地点的厂房与分支机构进行控制。通过物流服务商的参与，使企业改进和适应新的经营运作模式，实现企业物流运行的高效稳定。

（2）具有与企业物流业务相关的经验　大多数企业选择物流服务商的核心目的是获得高水平的营运能力。物流企业不但要有满足企业运作所需要的经验，更重要的是这些经验要能够帮助企业实现更高的经营水平。

（3）适应企业发展的物流技术水平　物流公司要拥有与公司发展相适应的不断进步的技术。科技在今天已经成为发展最重要的动力之一，物流公司的技术水平进步能否与企业需求同步并及时为企业所用，关系到企业整体的发展。

（4）主营业务与企业物流业务的兼容性　虽然物流企业宣称自己能够服务任何客户，但每一个物流企业都有自己的核心竞争能力，企业应尽量选择其核心能力与企业外包业务一致或相近的物流服务商。

（5）建立信任关系　良好的业务关系建立在相互信任的基础上，随着时间的推移，稳定良好的合作关系可以使企业减少经营风险，提高竞争力。

问：如何选择物流业务外包供应商？

答：物流外包决策中很重要的一个问题是包给谁的问题，即物流供应商的选择。首先，需要对外部的潜在物流供应商进行调查、分析、评价，即调查物流供应商的管理状况、战略导向、信息技术支持能力、自身的可塑性和兼容性、行业运营经验等，评价其从事物流活动的成本状况，评价其长期发展能力，评价其信誉度等。特别是对于物流供应商的承诺和报价，企业务必认真分析衡量。报价应根据物流供应商自身的成本确定，而非依据市场价格，报价不仅仅是一个总数，应包括各项作业的成本明细。对于物流外包的承诺尤其是涉及政府政策或物流供应商战略方面的项目，必须来自物流供应商最高管理者，避免在合约履行过程中出现对相关条款理解不一致的现象。在评价的基础上，对潜在的多个物流外包伙伴进行比较，从中选择最适合企业需要的外包伙伴。

一般说来，企业决定使用第三方物流服务后，可按下列步骤选择合适的第三方物流供应商：

（1）组成跨职能选择团队　虽然一般主要是企业物流部门参与对第三方物流供应商选择的决策，但企业其他部门，如财务、制造、营销、信息、人力资源等也常常参与其中。另外，公司总裁参与选择决策也是常见的。所以，企业要从其财务、营销、制造、质量控制、信息以及物流等部门抽调人员组成选择团队，并使每一个人都参与整个选择过程。

（2）设定外包目标　一旦团队成立，团队应设定外包的目标。对外包目标的透彻理解是选择第三方物流供应商的指南，并为以后的第三方物流供应商的绩效考评提供依据。

（3）确定物流需求　团队应对企业内部和外部客户进行调查以确定当前物流的优势和缺点，从而明确自己的物流需求，并把它们明确地表达出来，成为对潜在第三方物流供应商的服务需求。由于大多数第三方物流决策对企业目标的实现关系重大，所以开始时对物流需求理解花费的时间通常较长。

（4）制定选择准则　选择准则应与企业的外包目标和物流需求相联系，如准时交付、可靠性、客户服务以及价格往往是企业优先考虑的准则。

（5）列出候选名单　候选者应具有与企业相似的业务方向，并能提供企业所需的地理覆盖范围的服务。为选定潜在的合作伙伴，团队可以与专业组织联系，与供应商和客户交流，甚至在互联网上查找。另一个值得注意的趋势是，企业开始更注重通过专业刊物和其他途径，如专业刊物上的文章、咨询项目和私下的人际交往等，来获取物流企业的信息。

（6）候选者征询　团队向候选者发出征询函，询问对方有无兴趣投标。征询函中应包含企业的信息和外包项目的实质和范围，同时要求候选者提供其公司及服务能力的基本信息。

（7）发出招标书及收回投标书　企业向有资格且对该项目感兴趣的第三方物流供应商发出招标书。招标书应对企业的外包目标及物流需求作详细说明，且对各个潜在投标人一视同仁。为便于竞标者编制预算，一些基本的专业信息要作出说明，如工作范围、最终客户需求、信息技术需求、附加价值服务需求、场所和专门设备需求等。投标人的投标书中应包括一些特定信息，如组织结构、能力、现有客户、报价模式及其选择等。

（8）初评及现场考察　在初步评审投标书的基础上，将投标人范围缩至四五家，现场考察其作业情况。通过考察让团队了解这些投标人的管理设施、程序和职员情况。在考察时应依据标准的检查表，并安排相同的团队成员对这些投标人的能力进行一对一的比较。

（9）物流服务供应商的综合评价与选择　有效的评价方法是正确选择第三方物流服务供应商的前提，只有采用合理、有效的评价方法进行综合评价，才能保证选择结果的科学性。目前，在供应商的选择上国内外常用的评价方法有直观判断法、协商选择法、层次分析法、线性规划法和神经网络算法等。

（10）关系的实施　经过对供应商的考核评价并作出选择后，企业应与选定的第三方物流供应商就有关合作事项起草并签订合同，建立正式的合作伙伴关系。

问：企业选择物流服务商的方法有哪些？

答：企业选择物流服务商的方法有许多种，要根据物流服务商的数量、企业对物流服务商的了解程度、企业需要的物流服务的特点和规模以及物流服务的时间性要求等具体确定。常见的选择方法主要有以下几种：

（1）直观判断法　直观判断法是指采购方通过调查、征询意见、综合分析和判断来选择供应商的一种方法。这是一种主观性较强的判断方法，主要是倾听和采纳有经验的物流管理人员的意见，或者直接由物流管理人员凭经验作出判断。这种方法的质量取决于对物流服务商资料掌握得是否正确以及决策者的分析判断能力与经验。该方法运作方式简单、快速、方便，通常效果不错，但是缺乏科学性，受掌握信息的详尽程度限制，常用于选择企业非主要物流业务的服务商。

（2）招标法　通过招标法选择物流服务商时，通常是由企业提出招标条件，各物流服务商进行投标，然后由企业决标，最后与提出最有利条件的物流服务商签订合同或协议。招标可以是公开招标，也可以是邀请招标。公开招标对投标人的范围不予限制，邀请招标则是由企业预先选择若干符合要求的物流服务商，再进行竞标和决标。使用招标法的优点是，物流服务商竞争性强，企业能更好地选择适当的物流服务商。招标法适合外包物流业务较为复杂时物流服务商的选择，但其手续较繁杂，耗时较长，不适用于物流服务需求紧急的情况。

(3) 协商选择法　协商选择法是根据物流服务商的条件来选择合作对象的一种方法，具体地说就是由企业先选出条件较为合适的几个物流服务商，并同它们分别进行协商，再确定适当的合作对象。与招标法相比，协商选择法由于进行了协商，在质量、时效和售后服务等方面较有保证。当时间紧迫、投标单位少、竞争程度小时，协商选择方法比招标法更为合适。

(4) 定量分析法　现行的定量分析法主要分为三大类：

1) 权重分析方法。该方法侧重于从总体上对物流服务商的评价，由于加权因子的主观性很难避免，决策结果与实际结果往往有一定差距。

2) 数学规划方法。该方法仅考虑产品的质量、价格和交货准时率等定量指标，因此很难将企业的信誉、财务实力等定性指标引入目标规划和约束条件中。

3) 概率统计方法。由于统计的周期和统计的对象特征直接影响着决策结果，所以该方法的适用范围有一定的限制。

近年来还出现了许多新的定量分析方法，如多阶段优化算法、模糊决策方法、遗传算法、层次分析法、数据包络分析法、神经网络算法等。

**试题选解：**（　　）是指采购方通过调查、征询意见、综合分析和判断来选择供应商的一种方法。

　　A. 直观判断法　　　B. 招标法　　C. 协商选择法　　D. 定量分析法

　　解：直观判断法是指采购方通过调查、征询意见、综合分析和判断来选择供应商的一种方法。因此，正确答案是 A。

## 鉴定要求 3　物流外包投入产出分析的方法与工具

问：什么是投入产出分析？

答：投入产出分析亦称为投入产出法（Input Output Method）、部门联系平衡法、产业关联论，是指研究经济系统各个部分（作为生产单位或消费单位的产业部门、行业、产品等）间表现为投入与产出的相互依存关系的经济数量分析方法。投入是指产品生产所需的原材料、辅助材料、燃料、动力、固定资产折旧和劳动力。产出是指产品生产的总量及其分配使用的方向和数量，它可以用于消费和进一步生产，如各个部门生产的产品以及它被分配用于生产消费、生活消费、积累和出口等方面的去向和数量。投入产出分析，是指对各个部门间投入、产出的相互依存关系进行定量的分析研究。

问：简述投入产出分析的运作原理。

答：投入产出分析的运作原理是：进行投入产出分析首先需要建立三种矩阵表格，即投入产出表、投入系数表和逆矩阵系数表，通过对上述三表进行数量关系的对比分析，借助以投入产出表为核心的线性方程组模型求解，对所要研究的问题进行微观数量分析，从而对经济系统内部的资源流向情况进行宏观把握。一般而言，投入产出分析是经济调控过程中对宏观经济进行综合平衡的重要工具，通过计算价格、平衡经济系统，从而解决复杂的经济难题。

问：投入产出模型有哪些分类？

答：投入产出模型的类型很多，其分类的标准不同，类型也不同，目前主要有以下几种类型：

（1）静态投入产出模型和动态投入产出模型　静态投入产出模型是分析和研究某一特定时期的再生产过程及联系，动态投入产出模型是分析和研究连续变化的若干时期的再生产过程及各时期的相互联系。

（2）价值投入产出模型和实物投入产出模型　这是以计量单位不同进行分类的。价值投入产出模型是投入产出表中所有指标都以产品价格单位度量，实物投入产出模型是投入产出表中所有指标都以产品实物单位度量。

（3）区域投入产出模型　这是以投入产出表中所用数据资料范围不同进行分类的，有世界投入产出模型、国家投入产出模型、地区投入产出模型、部门投入产出模型、企业投入产出模型等。

（4）报告期投入产出模型和计划期投入产出模型　报告期投入产出模型是所用数据资料都是报告期的实际数据，反映报告期投入与产出的综合平衡情况。计划期投入产出模型是所用数据资料都是计划期的计划数据，反映计划期或预测计划期国民经济的发展情况。

**试题选解：** 以计量单位不同，投入产出模型可以分为（　　）。

A. 静态投入产出模型　　　　B. 动态投入产出模型
C. 价值投入产出模型　　　　D. 实物投入产出模型

解：价值投入产出模型和实物投入产出模型是以计量单位不同进行分类的。价值投入产出模型是投入产出表中所有指标都以产品价格单位度量，实物投入产出模型是投入产出表中所有指标都以产品实物单位度量。因此，正确答案是CD。

# 鉴定范围 6

# 数字化与智能化

## 鉴定点　大数据与人工智能应用

### 鉴定要求 1　数字经济的知识

问：什么是数字经济？

答：《中国数字经济发展白皮书（2020 年）》认为，数字经济是以数字化的知识和信息作为关键生产要素，以数字技术为核心驱动力，以现代信息网络为重要载体，通过数字技术与实体经济深度融合，不断提高数字化、网络化、智能化水平，加速重构经济发展与治理模式的新型经济形态。随着"互联网+"的快速发展，人们的衣食住行越来越依赖网络，数字经济正逐渐改变每一个人的生活、工作习惯，也推动现代物流行业不断演进发展。

问：如何理解数字经济的内涵？

答：（1）数字产业化　数字产业化即信息通信产业，是数字经济发展的先导产业，为数字经济发展提供技术、产品、服务和解决方案等。具体包括电子信息制造业、电信业、软件和信息技术服务业、互联网行业等。数字产业化包括但不限于 5G、集成电路、软件、人工智能（AI）、大数据、云计算、区块链等技术、产品及服务。

（2）产业数字化　产业数字化是数字经济发展的主阵地，为数字经济发展提供广阔空间。产业数字化是指传统产业应用数字技术所带来的生产数量和效率提升，其新增产出构成数字经济的重要组成部分。数字经济，不是数字的经济，是融合的经济，实体经济是落脚点，高质量发展是总要求。产业数字化包括但不限于工业互联网、两化融合、智能制造、车联网、平台经济等融合型新产业新模式新业态。

（3）数字化治理　数字化治理是数字经济创新快速健康发展的保障。数字化治理是推进国家治理体系和治理能力现代化的重要组成，是运用数字技术，建立健全行政管理的制度体系，创新服务监管方式，实现行政决策、行政执行、行政组织、行政监督等体制更加优化的新型政府治理模式。数字化治理包括治理模式创新，利用数字技术完善治理体系，提升综合治理能力等。数字化治理包括但不限于以多主体参与为典型特征的多元治理，以"数字技术+治理"为典型特征的技管结合，以及数字化公共服务等。

（4）数据价值化　价值化的数据是数字经济发展的关键生产要素，加快推进数据价值化进程是发展数字经济的本质要求。习近平总书记多次强调，要"构建以数据为关键要素的数字经济"。党的十九届四中全会首次明确数据可作为生产要素按贡献参与分配。2020年4月9日，中共中央、国务院印发《关于构建更加完善的要素市场化配置体制机制的意见》明确提出，要"加快培育数据要素市场"。数据可存储、可重用，呈现爆发增长、海量集聚的特点，是实体经济数字化、网络化、智能化发展的基础性战略资源。数据价值化包括但不限于数据采集、数据标准、数据确权、数据标注、数据定价、数据交易、数据流转、数据保护等。

> **试题选解：** 数字经济的内涵有（　　）。
> A. 数字产业化　　B. 产业数字化　　C. 数字化治理　　D. 数据价值化
> 　解：数字经济的内涵体现在四个方面：数字产业化、产业数字化、数字化治理和数据价值化。因此，正确答案是ABCD。

### 鉴定要求2　大数据、人工智能的知识

问：大数据有哪些特征？

答：大数据是指数量巨大，需要通过特殊的数据挖掘和分析技术，才能使其成为有价值信息的数据。大数据主要具有以下四个方面的典型特征：Volume（海量数据）、Variety（多来源非结构化数据）、Value（低密度、高价值）、Velocity（处理速度快）。这四个典型特征通常称为大数据的"4V"特征。

（1）海量数据（Volume）　大数据的特征首先就体现为数据体量大。如今存储的数据数量正在急剧增长，我们身边的所有数据，包括财务数据、医疗数据、监控数据等，都快将人类"淹没"在数据的"海洋"中了。随着计算机深入到人类生活的各个领域，数据基数在不断增大，数据的存储单位已经从过去的GB级升级到TB级，再到PB级甚至EB级。要知道，每一个单位都是前面一个单位的$2^{10}$倍！

（2）多来源非结构化数据（Variety）　广泛的数据来源，决定了大数据形式的多样性。以往的数据尽管数量庞大，但通常是事先定义好的结构化数据。结构化数据是将事物向便于计算机存储、处理的方向抽象后的结果，结构化数据在抽象的过程中，忽略了一些在特定的应用下可以不考虑的细节。相对于以往的结构化数据，非结构化数据越来越多，包括网络日志、音频、视频、图片、地理位置信息等，这一类数据的大小、内容、格式、用途可能完全不一样，对数据的处理能力提出了更高的要求。无论是企业还是人们日常生活中接

触到的数据，绝大部分都是非结构化的。而半结构化数据，就是介于完全结构化数据和完全非结构化数据之间的数据，HTML 文档就属于半结构化数据，它一般是自描述的，数据的结构和内容混在一起，没有明显的区分。

（3）低密度、高价值（Value） 价值密度的高低与数据总量的大小成反比。大数据为了获取事物的全部细节，不对事物进行抽象、归纳等处理，直接采用原始的数据，保留了数据的原貌。因此相对于特定的应用，大数据关注的非结构化数据的价值密度偏低。以视频为例，一部 1 小时的监控视频，在连续不间断地监控中，有用数据可能仅有一两秒。如何通过强大的算法更迅速地完成数据的价值"提纯"，成为目前大数据背景下亟待解决的难题。大数据最大的价值在于通过从大量不相关的各种类型的数据中，挖掘出对未来趋势与模式预测分析有价值的数据，发现新规律和新知识。

（4）处理速度快（Velocity） 数据的增长速度和处理速度是大数据高速性的重要体现。根据 IDC（Internet Data Center，互联网数据中心）的报告，预计到 2020 年，全球数据使用量将达到 35.2ZB。在如此海量的数据面前，处理数据的效率显得格外重要。企业不仅需要了解如何快速获取数据，还必须知道如何快速处理、分析，并返回结果给用户，以满足他们的实时需求。新数据不断涌现，快速增长的数据量要求数据处理的速度也要相应地提升，才能让大量的数据得到有效利用。此外，一些数据是在互联网中不断流动的，且随着时间推移而迅速衰减，如果数据尚未得到及时有效的处理就失去了价值，大量的数据就没有了意义。对不断增长的海量数据进行实时处理，是大数据与传统数据处理技术的关键差别之一。

问：简述大数据的技术架构。

答：大数据可以采用 4 层堆栈技术架构：

（1）基础层 第一层为基础层，是大数据技术架构的最底层，其特点是虚拟化、网络化，采用分布式可横向扩展的体系结构。其作用是可将过去的存储孤岛发展为具有共享能力的高容量存储池。

（2）管理层 该层主要负责数据的存储、管理和计算，可处理结构化数据和非结构化数据，具有并行处理和线性可扩展性。大数据架构中需要这样一个管理平台，使得结构化数据和非结构化数据能够一体化管理，同时具备实时传递、查询和计算功能。

（3）分析层 该层主要用于大数据分析，其特点是可提供自助服务和实时协作。分析层提供基于统计学的数据挖掘和机器学习算法，用于分析和解释数据集，帮助企业获得对数据价值深入的认知度。

（4）应用层 大数据的价值在于帮助企业决策，以及为终端用户提供服务。因此，该层主要是提供实时决策，内置预测能力，利用数据驱动经济，使数据信息等同货币流通。

大数据应用对其技术不断提出新的要求，而大数据技术也在不断发展变化中成熟起来。

总之，拥有数据并非坐拥"金矿"，数据的产生和存储必然要付出相应的成本代价。大数据只有通过数据分析和挖掘，发现知识和解决办法才能创造价值。大数据挖掘的应用将总结事物的发展规律，提升生产与管理活动的科学性，减少传统方式下的研究和探索成本，提高社会发展的总生产效率。

问：大数据有哪些关键技术？

答：大数据的关键技术一般包括以下几方面：

（1）大数据并行处理技术　大数据的基本处理流程与传统数据处理流程并无太大差异，主要区别在于：由于大数据要处理大量非结构化的数据，所以在各处理环节中都可以采用 MapReduce 处理。MapReduce 适合进行数据分析、日志分析、商业智能分析、客户营销、大规模索引等业务，并具有非常明显的效果。

（2）大数据采集技术　大数据是通过射频识别（RFID）数据、传感器数据、社交网络交互数据及移动互联网数据等方式获得的各种类型的结构化、半结构化（或弱结构化）及非结构化的海量数据。这是大数据知识服务模型的根本。因此，大数据采集技术应重点突破分布式高速高可靠数据爬取或采集、高速数据全映像等大数据收集技术；突破高速数据解析、转换与装载等大数据整合技术；设计质量评估模型，开发数据质量技术。

（3）大数据预处理技术　大数据预处理技术主要完成对已接收数据的抽取、清洗等操作。

1）抽取。因获取的数据可能具有多种结构和类型，数据抽取过程可以帮助我们将这些复杂的数据转化为单一的或者便于处理的构型，以达到快速分析处理的目的。

2）清洗。对于大数据，并不全是有价值的，有些数据并不是我们所关心的内容，而另一些数据则是完全错误的干扰项，因此要对数据通过过滤去噪从而提取出有效数据。

（4）大数据存储及管理技术　大数据存储与管理是指用存储器把采集到的数据存储起来，建立相应的数据库，并进行管理和调用。大数据存储及管理技术重点解决复杂结构化、半结构化和非结构化大数据管理与处理技术，主要解决大数据的可存储、可表示、可处理、可靠性及有效传输等几个关键问题。

（5）大数据分析及挖掘技术　大数据分析技术包括：改进已有数据挖掘和机器学习技术；开发数据网络挖掘、特异群组挖掘、图挖掘等新型数据挖掘技术；突破基于对象的数据连接、相似性连接等大数据融合技术；突破用户兴趣分析、网络行为分析、情感语义分析等面向领域的大数据挖掘技术。数据挖掘涉及的技术方法很多，有多种分类法。根据挖掘任务，可分为分类或预测模型发现、数据总结、聚类、关联规则发现、序列模式发现、依赖关系或依赖模型发现、异常和趋势发现等。根据挖掘对象，可分为关系数据库、面向对象数据库、空间数据库、时态数据库、文本数据源、多媒体数据库、异质数据库、遗产数据库以及环球网 Web。根据挖掘方法，可分为机器学习方法、统计方法、神经网络方法和数据库方法等。

问：什么是人工智能？

答：人工智能是利用数字计算机或者数字计算机控制的机器模拟、延伸和扩展人的智能，感知环境，获取知识并使用知识获得最佳结果的理论、方法、技术及应用系统。根据人工智能是否能真正实现推理、思考和解决问题，可以将人工智能分为弱人工智能和强人工智能。

问：人工智能具有哪些特征？

答：人工智能的特征表现在：

1）由人类设计，为人类服务，本质为计算，基础为数据。
2）能感知环境，能产生反应，能与人交互，能与人互补。
3）有适应特性，有学习能力，有演化迭代，有连接扩展。

问：人工智能有哪些关键技术？

答：（1）机器学习　机器学习（Machine Learning）是一门涉及统计学、系统辨识、逼近理论、神经网络、优化理论、计算机科学、脑科学等诸多领域的交叉学科，研究计算机怎样模拟或实现人类的学习行为，以获取新的知识或技能，重新组织已有的知识结构使之不断改善自身的性能，是人工智能技术的核心。根据学习模式、学习方法以及算法的不同，机器学习存在不同的分类方法：

1）根据学习模式将机器学习分为监督学习、无监督学习和强化学习等。
2）根据学习方法将机器学习分为传统机器学习和深度学习。
3）此外，机器学习的常见算法还包括迁移学习、主动学习和演化学习等。

（2）知识图谱　知识图谱本质上是结构化的语义知识库，是一种由节点和边组成的图数据结构，以符号形式描述物理世界中的概念及其相互关系，其基本组成单位是"实体—关系—实体"三元组，以及实体及其相关"属性—值"对。不同实体之间通过关系相互联结，构成网状的知识结构。在知识图谱中，每个节点表示现实世界的"实体"，每条边为实体与实体之间的"关系"。通俗地讲，知识图谱就是把所有不同种类的信息连接在一起而得到的一个关系网络，提供了从"关系"的角度去分析问题的能力。

（3）自然语言处理　自然语言处理是计算机科学领域与人工智能领域中的一个重要方向，研究能实现人与计算机之间用自然语言进行有效通信的各种理论和方法，主要应用于机器翻译、舆情监测、自动摘要、观点提取、文本分类、问题回答、文本语义对比等。

（4）人机交互　人机交互主要研究人和计算机之间的信息交换，主要包括人到计算机和计算机到人的两部分信息交换，是人工智能领域重要的外围技术。人机交互是与认知心理学、人机工程学、多媒体技术、虚拟现实（Virtual Reality，VR）技术等密切相关的综合学科。传统的人与计算机之间的信息交换主要依靠交互设备进行，主要包括键盘、鼠标、操纵杆、数据服装、眼动跟踪器、位置跟踪器、数据手套、压力笔等输入设备，以及打印机、绘图仪、显示器、头盔显示器、音箱等输出设备。人机交互技术除了传统的基本交互和图形交互外，还包括语音交互、情感交互、体感交互及脑机交互等技术。

（5）计算机视觉　计算机视觉是使用计算机模仿人类视觉系统的科学，让计算机拥有类似人类提取、处理、理解和分析图像以及图像序列的能力。自动驾驶、机器人、智能医疗等领域均需要通过计算机视觉技术从视觉信号中提取并处理信息。随着深度学习的发展，预处理、特征提取与算法处理渐渐融合，形成端到端的人工智能算法技术。根据解决的问题，计算机视觉可分为计算成像学、图像理解、三维视觉、动态视觉和视频编解码五大类。目前，计算机视觉技术发展迅速，已具备初步的产业规模。

（6）生物特征识别　生物特征识别技术是指通过个体生理特征或行为特征对个体身份进行识别认证的技术。生物特征识别技术涉及的内容十分广泛，包括指纹、掌纹、人脸、虹膜、指静脉、声纹、步态等多种生物特征，其识别过程涉及图像处理、计算机视觉、语音识别、机器学习等多项技术。目前生物特征识别作为重要的智能化身份认证技术，在金融、公共安全、教育、交通等领域得到广泛应用。

（7）虚拟现实/增强现实　虚拟现实/增强现实（Augmented Reality，AR）是以计算机为核心的新型视听技术，结合相关科学技术，在一定范围内生成与真实环境在视觉、听觉、触感等方面高度近似的数字化环境。用户借助必要的装备与数字化环境中的对象进行交互、相互影响，获得近似真实环境的感受和体验——通过显示设备、跟踪定位设备、触力觉交互设备、数据获取设备、专用芯片等实现。

> **试题选解：** 大数据具有（　　）和特征。
> A. 海量数据　　　　　　B. 多来源非结构化数据
> C. 低密度、高价值　　　D. 处理速度快
> 解：大数据主要具有以下四个方面的典型特征：Volume（海量数据）、Variety（多来源非结构化数据）、Value（低密度、高价值）、Velocity（处理速度快）。这四个典型特征通常称为大数据的"4V"特征。因此，正确答案是ABCD。

## 鉴定要求 3　行业发展模式与技术最新发展知识

问：简述物流行业发展的新趋势。

答：从全球范围来看，物流行业发展呈现出以下新趋势：

（1）区块链获得更广泛的支持　根据报告，区块链可以加速全球 GDP 增长和贸易量增长。这并不难理解，全球供应链已经充斥着大量数据——来自船舶和货车、传感器、运输托盘、业务合作伙伴和库存管理系统。区块链为第一方和第三方的信息提供了前所未有的可见性和安全性。区块链有助于实现一种供应链趋势，这种趋势在多个行业中已变得越来越普遍——消除不必要的中间环节，使公司的价值在其他方面得到更好的利用。

（2）人工智能发挥重要作用　研究表明，人工智能在推算和预测结果方面比人类更强。两位认知科学家 Richard Nisbett 和 Lee Ross 在这一点上很明确，他们声称："人的判断不仅比最优回归方程还差，它们比几乎所有回归方程都差。"有大量的机会可以让人工智能在航运和物流领域发挥作用，包括：对客户需求更准确地预测，这意味着经销商和托运人在运输过程中可获得更多的提前交货时间；对后台功能的大量预测性见解，如在商业合同中找到潜在的漏洞；优化运输路线，提高"最后一公里"的交付效率，帮助公司节省燃油成本。

（3）冷藏运输需求猛增　航运公司正在加紧努力，以满足 2020 年及以后全球对冷藏运输产品（包括食品、饮料和药品）日益增长的需求。这种增长的一些原因包括消费者偏好的变化，例如对非本地食品的需求上升。此外，全球化大大地增强了运输易腐货物的可及性和多样性。研究表明，到 2025 年，冷藏集装箱的复合年增长率（CAGR）将达到 10.2%，这比任何其他领域集装箱市场的增长都要快。

为了应对这一挑战，企业正在扩大冷藏货车和集装箱的数量，更不用说温控仓库了。例如，海洋网联船务（Ocean Network Express）宣布为其运输团队增加 6 000 个新的冷藏集装箱；赫伯罗特（Hapag-Lloyd）宣布增加 13 420 个新的冷藏集装箱。随着客户需求的增加，其他服务提供商将不得不重新调整他们现有的装备数量。

（4）自动化使配送中心运行更平稳　一份报告预测，到 2024 年，仓库自动化技术的复合年均增长率为 12.6%。仓库和配送中心可以从自动化关键流程中获益很多，例如：机器的智能化视觉检查可以显著降低出错率，包括降低向客户运送损坏、不完整或不正确的物品的可能性；机器人自动引导车辆（AGVs），无须人工干预即可提升、运输和准备重型货件，从而减少人员在仓库中的重复运动和搬运损伤；与人工仓库工人相比，机器人拣货员可以更快、更准确地定位箱子和识别产品。

（5）绿色倡议呼吁建立循环供应链　世界各地的公司都在关注消费者对环保产品和工艺的需求。研究表明，2013 年至 2018 年间，以"可持续"概念为卖点的产品占了包装消费品（CPG）市场增长的一半。因此，世界供应链正在变成循环的，而不是线性的。例如，制造商正在寻找提高产品寿命以及简化产品回收、修理和转售的方式。循环经济也影响运输和包装的选择。

问：简述物流设备的发展趋势。

答：纵观物流设备的发展现状，可以看出未来物流设备有如下发展趋势：

（1）大型化和高速化　大型化是指设备的容量、规模、能力越来越大。高速化是指设备的运转速度、运行速度、识别速度、运算速度大大加快。现代社会经济快速发展，使得生产和物流规模不断扩大，为了提高作业效率和规模效益，大型、高速的物流机械需求量不断增长。

（2）实用化和轻型化　物流机械设备是现代化、自动化物流的重要物质技术基础。物流设备要好用，容易维护、操作，具有优异的耐久性、无故障性和良好的经济性，以及较高的安全性、可靠性。

（3）专用化和通用化　物流是社会经济发展的产物，必然随着社会经济的发展而呈现多样化的特征。多样化的特征反映了对物流设备需求的多样化，从而使物流设备具有多种多样的品种且不断更新。物流活动的系统性、一致性，运输与配送的快速、机动，要求一些设备向专门化方向发展，又有一些设备向通用化、标准化方向发展。专用设备以特有的功能满足特殊的需要，能发挥出最佳的效用。

（4）自动化和智能化　将机械技术和电子技术相结合，将先进的微电子技术、电力电子技术、光缆技术、液压技术、模糊控制技术应用到机械的驱动和控制系统，实现物流设备的自动化和智能化将是今后的发展方向。

（5）成套化和系统化　在物流设备单机自动化的基础上，通过计算机把各种物流机械设备组成一个物流设备集成系统，通过中央控制室的控制，与物流系统协调配合。这类物流设备自动化程度较高，具有信息处理功能，可将传感器检测出来的各种信息实施存储、运算、逻辑判断、变换等处理加工，进而向执行机构发出控制指令。这类物流设备还具有较好的信息输入输出接口，实现信息全部、准确、可靠地在整个物流机械集成系统中传输。物流设备通过系统集成，能形成不同机种的最佳匹配和组合，取长补短，发挥最佳效用。

**试题选解**：未来物流设备的发展趋势是（　　）。
A. 大型化和高速化　　　　　　　B. 专用化和通用化
C. 自动化和智能化　　　　　　　D. 成套化和系统化

解：未来物流设备的发展趋势主要有：大型化和高速化，实用化和轻型化，专用化和通用化，自动化和智能化，成套化和系统化。所以，正确答案是 ABCD。

# 应会单元

# 鉴定范围 1

# 物流市场开发与客服管理

## 鉴定点 1　物流合同编制与审批

### 鉴定要求 1　能描述合同的主要内容和谈判技巧

问：物流合同主要有哪些内容？

答：目前，物流合同的内容并无统一的规定，实践中的物流合同一般包含如下条款：

（1）服务范围　物流经营人在提供物流服务时可能涉及如下内容：承接物流系统开发、物流策略订立，物流信息管理系统开发与信息管理，数据交换网络功能开发与维护，物流单证设计和物流业务管理，货物运输服务（包括承运人选择、货运代理、进出口报关等），承接中介、对外谈判和合同签订业务，咨询业务，综合物流业务等。

（2）合作方式和期限　即物流经营人以哪种运营模式向物流服务需求者提供服务，是仅提供运输、仓储等单一或者少数物流功能的组合服务项目，还是提供实物运输、仓储、配送、分销、流通加工、采购、咨询和信息以及其他增值作业等服务，或者是物流服务需求者与物流服务提供者建立长期物流合同形成一体化供应链物流方案，根据集成方案将所有物流运作以及管理业务全部交给物流服务提供者。

（3）服务所应达到的指标　物流服务具有很强的技术性，当事人要么在物流合同中详细约定服务技术指标，要么另行签署服务水准协议书。服务水准协议书不仅是衡量服务方面的基础，它也是服务供应商和客户间一种有力的管理沟通工具，协助达成两者的共同利益。服务水准协议书通常作为合同的一部分，合并在合约内。

服务水准协议书通常包括绩效评价指标、评价次数、评价日期和需要提交的报告，以及对不良绩效的制裁等。

（4）费用结算与支付　物流合同必须详细地约定收费模式、发票格式、开立地点、开立频率、每季或每月开立截止日、处理有效发票的方式、审核发票的期间、付款时间、付款方式，以及有关发票和付款发生争议时的处理流程等。

目前，比较通用的模式有：固定价格收费、成本补偿收费，以及利润共享或几种形式的混合等。限于篇幅，以下仅对固定价格收费和成本补偿收费两种形式作简要说明。

1）固定价格收费。在固定价格收费模式中，客户同意付给物流经营人约定的价格，即费用包干。这种收费模式对于客户来说是低风险的，因为不管物流项目实际耗费了物流经营人多少成本，客户都不必付出多于固定价格的部分。然而，这种收费模式对于物流经营人来说是高风险的，因为如果完成项目后的成本高于原计划成本，物流经营人将只能赚到比预计要低的利润，甚至会亏损。投标于一个固定价格的物流项目时，物流经营人必须建立一种精确、完善的成本预算，并把所有的偶然性成本都计算在内；同时又必须小心，不要过高估计申请项目的价格，否则别的物流经营人将会以低价格而被选中。

2）成本补偿收费。在成本补偿收费模式中，客户同意付给物流经营人所有实际花费的物流成本，加上一定的协商利润，而不是费用包干。这种收费模式对于客户来说是高风险的，因为在项目执行时有很多意外的支出，物流经营人的实际花费可能会超过预计价格。例如，物流经营人原来对数据库建设项目的预算可能没有考虑到企业基础数据整理和数据输入的工作，而这些工作必须完成，数据库才能通过验收。于是，最后客户不得不因此增加对本项目的预算外的支出。在成本补偿收费模式中，客户通常会要求物流经营人在项目整个过程中，定期地将实际费用与原始预算作比较，并通过与原始价格相对照，再预测成本补充部分。这样，一旦项目出现超过原始预算成本的迹象，客户就可以采取纠正措施。这种收费模式对于物流经营人来说是低风险的，因为所有增加的成本都会由客户补偿，物流经营人在这种收费模式下不可能会出现亏损。然而，如果物流经营人的成本确实超过了原始预算，物流经营人的名誉就会受到损失，从而又会使物流经营人在未来赢得合同的机会降低。此外，为了保证成本的真实性，合同中通常约定物流经营人不得谎报成本，否则会受到相应的惩罚。

（5）奖金或罚款　有些物流合同约定奖金条款，如果提前或高于客户要求的服务标准完成物流项目，客户将付给物流经营人奖金。另一方面，有些物流合同会涉及罚款条款，如果项目到期没有完成或者物流经营人的绩效不良，客户就将减少付给物流经营人的最终款额。在实践中，除了严重违约并造成巨大损失的非常事件可以约定终止合约之外，对于其他轻微失常的事件，合同可以采用计点扣分的方式。所谓计点扣分是指客户在考虑各种失常的性质和严重性、彼此对失常的忍受水准、物流经营人修正的速度和效率，以及此失常是"首次违约"还是普遍发生的状况等因素之后，为每个指定的服务包含某一范围的计分点，这些计分点随着物流经营人未能符合服务标准而累积，客户把这作为物流经营人的服务信用，最后据此从每月应付费用中扣除一定数额费用。因此，如果物流经营人引起过多的问题，将会得到较少的报酬。

（6）义务限制　这是为了保护物流经营人的利益而设立的条款。物流经营人在物流合同中轻易不要承担严格责任制条款，而要争取过失责任制条款。换言之，物流合同轻易不要订立那种没有除外责任、没有责任限额的条款，否则可能会发生收取很少的费用而承担无限的责任，甚至赔偿整个货价的现象。

（7）对物流经营人财务能力的监控　这是为了保护客户（物流服务需求者）利益而增加的条款。物流合同本身并不能保障物流经营人不发生财务问题，即使最佳的合约，也不能防止因人为过错、经济因素或其他可能原因导致物流经营人发生财务问题。然而，如果合同中约定了监控和分析物流经营人财务状况的一些流程，至少能增加将潜在问题辨别出来的机会，以便客户能采取必要的措施，将影响减至最低。这些流程包括约定物流经营人必须提供大量的相关信息，比如财务报表、商业计划、任何诉讼的细节，以及物流经营人其他大型合同的终止细节等。这样，客户可分析这些信息，以判断物流经营人财务是否健全。

（8）合同变更　在合同履行过程中，基于需要增加或剔除原先的服务范围、价格调整或者澄清原先暧昧不明的内容等原因，双方或一方可能期待合同随时间变动，对于期限较长、未有具体外包标准以及IT等软件服务合约，更需要持续不断地协议和变动。因此，合同中有必要对未来变更合约的内容和流程作出相应的约定。具体而言，合同变动控制流程至少应涵盖如下几个方面：①双方代表无法在合同期间取得共识的问题呈报给个别管理高层的流程；②处于议价强势的一方不得滥用其优势来对抗较弱的一方的流程，比如，约定物流经营人可以对客户开放账册、展示成本和利润，让客户了解其所提供的报价是合理的等；③有关合同变更的流程议定，即合同中应注明任一方该如何发起再协议的动议和另一方该如何回应的程序。

（9）合同终止　当事人可以在合同中约定何种情况下解除合同（比如，当出现物流经营人在执行项目过程中发生严重错误，或物流经营人因某种原因不能继续履行合同，或客户因特殊原因改变计划等时，客户有权解除合同）以及双方违约责任的承担。此外，合同还应对引发和完成合同终止的所需程序，以及物流经营人的退出手续等予以约定。

（10）报告和审核　虽然物流业务外包，但客户仍需对自有的商业活动负责，并负有持续追踪资产的义务。因此，物流合同一般会要求物流经营人向客户提供一定范围内相关事项的定期报告，以及客户拥有对物流经营人的记录进行审核的权利。比如：

1）物流动态报告。

2）成本超支或进度计划延迟的通知。在某些电子商务项目中，特别是物流软件开发类项目，成本的超支或进度计划的延迟现象经常会发生。一旦出现实际成本或预期成本将超支或进度计划将延迟的迹象，物流经营人必须通知客户，并提交书面的原因及书面纠正措施计划，以使成本回到预算内或进度计划回到正常轨道上来。

（11）信息的机密性和安全性义务　物流合同需要明确是否禁止任何一方向其他方面透露有关该项目的情况，或把项目有关机密信息、技术或该项目中另一方的工作过程用作其他用途。物流合同一般要对保密资料进行定义，例如对一个物流项目来说，可能会这样定义："保密资料是指财务资料、企业计划、业务流程、技术资料或其他另外指定为保密的材料。"

合同中除了应该要求签约各方严守彼此信息的机密性之外，还应确保签约各方的员工、承包商和顾问等坚守此项义务，并承担违约责任。同时，合同还应要求签约各方，无论是纸张记载或电子往来的信息，都应保证其安全性。

（12）物流经营人派驻人员　某些大型的物流合同，物流经营人通常会指派某些员工长期派驻在客户的办公室或工作站内，此时合约多半会有一份涵盖办公室占用，以及派驻在客户工作站内的员工数量和这些员工在客户工作站内因执行公务伤亡或生病时的赔偿责任由谁承担等在内的条款。

（13）客户提供的设备及信息　合同条款应注明客户在项目全过程中将提供给物流经营人的所有设施和资料以及客户将这些设施和资料交给物流经营人的日期。这项条款保护了物流经营人的利益，避免由于客户的设备、信息或其他东西的耽搁，而导致进度计划中时间的推后。万一这种情况发生，责任应由客户负责。

（14）专利　涉及可能在执行项目时产生的专利所有权问题时，合同要写明客户以什么方式和在什么时候向物流经营人提供工作作品，工作成果是如何被检验、接受或拒绝的；如果工作产生了专利成果，成果的所有权归属于谁；如果在工作中应用了第三者的专利，又由谁向第三方付款。

（15）国际化考虑　对于国际物流合同而言，还应当适应来自国外的客户。为外国客户执行项目的合同或是部分项目在国外执行的合同，可能会要求物流经营人做一些适应性工作，例如：①注意特定的假日和工作习惯；②客户所在国的物价水平，以及合同中涉及的劳动力或原材料的成本在该国的对比价格；③用客户的语言文字提交项目文件，如手册或报告。

（16）转移计划　物流合约生效后，客户原先的物流业务将由自营转为外包，这其中既涉及物流业务活动的有效衔接，也可能牵涉到资产和/或员工的转移。因此，物流合约中必须对这种转移计划的细节进行详细约定。合约中除了包括转移阶段所需的时间表、双方沟通计划之外，还应包括对物流经营人该如何接管物流服务并达到成效，以及客户该如何做好被转移员工的心理安抚工作和及时转移设备与资料等；此外，也包括被转移员工的权利、训练，以及被转移设备的保养维护、租购等。

问：物流合同有哪些谈判技巧？

答：（1）合同谈判前的准备工作　物流企业在合同谈判前首先要搜集与合

同签订有关的信息资料并进行整理，资料越详细越能够在谈判中取得主动地位，最终取得对己方有利的谈判结果。搜集的资料主要包括对方企业和其他竞争企业的详细信息，可以通过互联网或者行业咨询公司查询，也可以去对方企业进行实地调查。其次，要确定谈判的方案，对谈判的策略、目的和地点进行提前确定。企业组成的谈判小组一般包括财务、技术以及法律相关的人员，同时要做好人员之间的分工，在合同谈判时要各司其职，扮演好自己的角色。再次，要确定合同谈判的目标，包括合同的期望目标和底线目标。签订合同必须守住底线目标，不能有丝毫的退让，最优的结果是能够达成期望目标。最后，要选择合适的谈判地点，通常在企业自己的主场谈判最为有利，如果不能在主场也要安排在合同双方都不熟悉的第三方场所，在多轮谈判中可以对谈判地点进行轮换来显示公平。

（2）合同开局阶段的谈判技巧　　合同开局阶段一般不会进行实质性的谈判，企业与对方都还处于互相熟悉的阶段，通过交谈了解对方的虚实，为下一步协商作好准备。开局阶段企业可以对谈判的流程、议题和谈判的具体内容与对方企业进行友好磋商，这样可以为签订合同创造良好的开局。在开始阶段，企业要把对方想要了解的情况坦白相告，同时也要站在对方的角度去思考和设想一些问题，这样可以赢得对方的好感，让谈判可以进一步深入。在谈判之初态度一定要不卑不亢，让双方在平等的基础上开展谈判。

（3）合同报价阶段的谈判技巧　　如果本企业是报价方，可以向对方提供自己最高成交价的成交单，或者可以让同事扮演其他谈判企业的员工来进行电话联系，给出一个相对较高的报价来给合同谈判的另一方压力，让对方认可自己给出的报价，从而达到预期的报价目标。而如果本企业是购买方，则需要提前准备充足的资料，了解市场价格的标准，这样才能够有效地识别合同报价中的陷阱，避免损失。在初始报价时应该尽量报一个合理的价格，这样才能让双方有谈判下去的空间。报价要准确、完整，让对方无法找出明显的漏洞，如果胡乱报价被对方抓住把柄，只会让自己陷入被动。

（4）合同协商阶段的谈判技巧　　物流企业在讨价还价的阶段要给予对方充分的尊重。讨价是为了让对方降价，在还价前要让对方企业详细说明本次报价包含的具体内容，对价格构成进行说明，这样才能够将价格进行分解，对其中有较大降价空间的项目进行议价。如果对方企业给出的报价远超出我方的预期，可以先不急于还价，而是要先拒绝对方的报价。在谈判的过程中，企业法律人员一般要表现得比较强硬，体现出一种毫不妥协的架势，对对方提出的条件给予各种挑剔，而主谈人员则应该表现得比较友善，用合情合理的态度来体谅对方的诉求，同时对我方企业提的比较苛刻的要求主动放弃，双方互相配合，让对方企业同意自己的条件。如果在谈判中对方企业提出的条件我方没有办法满足，则可以委婉地表达出拒绝的原因，让对方企业能够意会,这样既表达了拒绝的意思,也不至于让对方难堪,从而赢得对方的尊重。在遇到一些难以决策的问题时,企业的谈判人员可以告诉对方自己的权力无法决定所有的条款,需要请示企业负责人,这样可以为合同谈判争取更多的反应时间,避免仓促作出决定造成损失。如果在谈判前已经充分了解对方的弱点,则可以专门针对对方的短处来进行重点谈判,让对方觉得理亏从而作出让步。对于一些比较强势的谈判对手则可以采取迂回的战术,通过长时间的谈判来消磨对方企业的意志,让对方感到疲劳从而引起精神涣散,最终同意我方的条件。

(5)合同签订阶段的谈判技巧　谈判的最后阶段就是签订合同,这时双方应该基本达成一致意见,如果仍有僵持不下的条款,可以给对方一个期限,并清晰地告知对方企业如果不能够在限期内接受我方的条件,就无法最终签订合同,并强调合同成交的种种好处。合同的签订是双赢的效果,在合同签订阶段要强调双方利益的共享,从而圆满地完成合同签订任务。

> **试题选解**:简述物流合同的内容。
>
> 解:目前,物流合同的内容并无统一的规定,实践中的物流合同一般包含如下条款:①服务范围;②合作方式和期限;③服务所应达到的指标;④费用结算与支付;⑤奖金或罚款;⑥义务限制;⑦对物流经营人财务能力的监控;⑧合同变更;⑨合同终止;⑩报告和审核;⑪信息的机密性和安全性义务;⑫物流经营人派驻人员;⑬客户提供的设备及信息;⑭专利;⑮国际化考虑;⑯转移计划。

## 鉴定要求2　能编写业务合同并解释主要的条款内容

问:如何编制物流合同?

答:编制物流合同首先要了解物流合同的主要内容、相关的法律法规和行业规定,同时还要了解合同的种类与一般格式。编写合同时应当注意如下事项:

(1)确定条款内容与格式　合同的条款也就是合同的内容,规定了合同各方的权利、义务和责任。《民法典》中对于合同到底怎么签,具体写什么内容没有做强制性规定,也就是说合同想写什么,双方同意就可以。但是《民法典》从一种示范性的角度,在第四百七十条中规定了合同的主要条款(或者叫一般条款)。也就是说,双方签订合同的时候,最好把这些条款写进去。

(2)要把条款写明白、写具体　这样可以避免日后发生纠纷。万一发生了纠纷,如何解决,如何确定双方的权利、义务,也要有相应的条款依据,所以编制时参照一些示范性条款是很有意义的。根据《民法典》的规定,合同的内容主要包括如下条款:

1）当事人的姓名或者名称和住所。如果是自然人就是姓名；如果是法人或非法人组织就是它的名称，包括它的法定住址。这是合同履行后所主张权利和义务的承当者，所以必须写清楚。

2）标的。狭义的标的是指一个具体的标的物，广义的标的实际上是指一种客体。有的合同有具体的标的物，有的合同没有具体的标的物。标的可以是物也可以是行为。

3）数量。数量条款不能马虎，比如涉及分期付款、分批交货的，一定要把每一次每一批的数量也写清楚，而且计量单位一定要明确。

4）质量。对于质量条款，首先要明确所采用的标准是国家标准还是行业标准，或者是企业自己的标准。它也包括具体的规格型号的表述，这也是构成质量的一个技术指标。在质量条款中，还应当写明验收方式，包括如何判定合不合格、符不符合质量要求；怎么验收，是共同验收，还是委托第三方专门的验收机构来验收；在什么地点验收，在发货方所在地验收，还是接收方所在地验收；验收的人员；取样检验还是全部开箱检验。最后还要约定，如果质量有问题的话，应该在几天之内提出索赔或者提出异议；以什么方法提出异议，比如说约定好必须以书面形式提出异议，才视为提出异议。

5）价款或者报酬。用于买卖或者租赁时，一般就称为价款。而用于委托代理之类的时，一般就称为报酬。价款、报酬要分别约定好单价、总额。有的时候像大额的交易买卖合同，常常涉及不同品种的货物，每一品种的价格都会不一样，要分别载明。

6）履行期限、地点和方式。合同的履行期限包括当事人各方的履行自己义务的期限，比如说什么时候发货，什么时候付款；也包括合同的有效期限，比如说租赁合同中的"本合同有效期一年"。至于履行方式，比如租金怎么支付，以现金支付还是以支票支付，那么这里边也包括一个期限。比如合同约定按月支付，同时约定中要讲清楚具体的支付期限，如果合同约定每个月开始的五天之内支付，那么过了每个月五号未支付就算违约了。对于履行地点，比如买卖合同可能涉及的交货地点，合同要约定是需方自己提货，还是送货；送到买方所在地，还是代办托运，交给承运部门。履行地点也得约定清楚。

7）违约责任。违约可以是在价格上违约了，在数量上违约了，在质量上违约了，等等。哪个方面一旦出现了违约，如何承担责任需要在违约责任条款中约定好。这样一旦出现了违约，就可以根据违约责任条款主张对方的责任。

8）解决争议的方法。如果当事人各方因为履行合同出现了纠纷、争议，是通过仲裁解决，还是通过诉讼解决？通常来说，这些条款如果有比较清楚明确的约定的话，一方面会避免很多纠纷隐患，另一方面一旦出现纠纷，可以通过司法机关或者仲裁机构等比较有针对性、比较公平、比较符合当事人的真实意思表示的方式进行解决处理。

问：如何理解物流合同中的保密条款？

答：秘密信息是指任何涉及或与本物流合同各方有关的未公开的秘密信息，包括但不限于下列信息中的全部或任何部分：任何物流合同一方的业务经营、营销渠道、程序、标准、价格及其他财务记录等资料，任何一方为本物流合同目的而签署的任何合同、协议、备忘录、附件、草案或记录（包括本物流合同），本物流合同任一方为本物流合同目的而向对方提供的未公开的信息。

**试题选解**：如何理解物流合同的质量条款？

解：对于质量条款，首先要明确所采用的标准是国家标准还是行业标准，或者是企业自己的标准。它也包括具体的规格型号的表述，这也是构成质量的一个技术指标。在质量条款中，还应当写明验收方式，包括如何判定合不合格、符不符合质量要求；怎么验收，是共同验收，还是委托第三方专门的验收机构来验收；在什么地点验收，在发货方所在地验收，还是接收方所在地验收；验收的人员；取样检验还是全部开箱检验。最后还要约定，如果质量有问题的话，应该在几天之内提出索赔或者提出异议；以什么方法提出异议，比如说约定好必须以书面形式提出异议，才视为提出异议。

## 鉴定要求3　能按照流程进行合同的申报、审批、建档和查询

问：什么是物流合同申报？其有哪些要点？

答：合同的申报是整个合同管理流程中的发起环节。业务经办人是合同申报环节的承担者。业务经办人根据公司业务的需要以及主管领导的指令，发起合同申报行为，提出合同文本，提交部门负责人审核。要指出的是，合同文本的申报不仅指业务经办人自行负责起草合同文本的行为，还应包括合同对方申报合同文本的行为。

业务经办人在提出合同申报前，应按照公司相关业务规范和业务惯例进行充分的市场调研，必要时需经过公司的询价或招投标等决策程序。

对于合同对方提出的合同文本或自行负责起草的文本，业务经办人应重点关注：合同双方、合同标的、价款与支付、违约责任等主要条款与结构是否完备，双方权利义务是否对等，用词是否准确一致。

为提高整个合同行为和管理流程的效率，业务经办人将合同草案提交部门负责人审核时，应同时将合同对方的主要情况、合同的目的与核心内容、可能的风险予以说明。

问：什么是物流合同审核与签署？其有哪些要点？

答：（1）物流合同审核　对于合同文本，负有审核责任的业务主管、法务主管或法律顾问应分别从交易的可行性和合理性、合法性、可能的风险、成立

与生效、违约后果以及文字内容等予以全面审核，并签署明确的书面意见。

业务经办部门负责人、公司主管经理审核合同，必要时应征询包括财务部门在内的公司其他相关部门意见，业务经办部门负责人还应针对合同条款核实有关市场信息。重大合同的签订，事前均需有法务主管或法律顾问的审核与意见。审核的最后环节是公司负责人的确认。依流程审核确认的合同文本才可提交对方或签署。

（2）物流合同签署　合同须经公司法定代表人或其授权的负责人签字并盖公章，方能成立。公司法定代表人可根据公司管理制度、业务特性和业务规模，将某些特定合同的签署权力授予其他负责人；该授权应以书面文件为据，授权文件应明确授权事项（合同类别）、授权时限等。

问：什么是物流合同执行？其有哪些要点？

答：对于已签署的合同，业务经办人和部门应认真关注合同生效条件、生效时间，及时依照生效合同，实施相关业务。

在执行合同过程中，业务经办部门和经办人应关注市场、公司和合同对方可能的重大情形变更，及时提出应对方案；若对合同条款进行必要的变更，应视其为新合同，须进行相应的审核和管理。

问：物流合同如何建档和查询？

答：公司应指定专人负责全公司所有合同的管理，已签署合同原件统一归公司合同管理人员存档；合同复印件根据情况需要留财务部和经办部门，部门负责人负责本部门的合同管理。

对于已签署成立的合同，合同管理人员应依次按照合同主体、业务类型、签署时间、生效时间、是否履行完毕等标准进行分类归档；合同管理人员对合同的外借、查阅应进行登记。

还应建立合同管理台账，并及时更新相关信息。除了反映上述合同主体、业务类型、签署时间、生效时间等信息外，合同管理台账还应包括合同主要内容、合同价款（金额）、履行进度、签署人等。年底应向公司领导提交该年度公司合同管理台账及说明报告。物流公司各部门应将合同执行情况定期汇总至公司合同管理人员，并由其根据合同原件对公司各部门的合同执行情况进行总结和分析，形成书面报告，报公司领导审阅。

**试题选解**：物流合同审核的内容有（　　　）。
A. 交易的可行性　　　　B. 交易的合理性
C. 合法性　　　　　　　D. 可能的风险

解：对于合同文本，负有审核责任的业务主管、法务主管或法律顾问应分别从交易的可行性和合理性、合法性、可能的风险、成立与生效、违约后果以及文字内容等予以全面审核。因此，正确答案是 ABCD。

## 鉴定点 2　项目分析

### 鉴定要求 1　能描述项目分析的主要内容、关键点和基本方法

问：项目分析的内容有哪些？

答：由于不同的项目其规模不同、建设时间不同、技术复杂程度不同，项目分析的具体内容也不尽相同。但是，所有的项目分析都要结合国家的经济发展和产业政策，对建设项目的投资结构、技术、经济等因素进行综合分析，并作出分析结论。项目分析一般包括以下具体内容：

（1）项目建设的必要性分析　判断项目建设是否必要，应在市场预测的基础上，着重从以下几方面进行分析论证：

1）从社会经济发展的长远要求看，项目建设是否符合国家的产业政策，是否符合国民经济长远发展规划、行业规划和地区规划的要求。

2）从市场需求看，项目的产出品是长线产品还是短线产品，产品的性能、品种、质量、规模是否符合国内外市场需求，有无竞争能力，是否属于升级换代产品。

3）从社会效益看，项目建设是否有利于提高国民经济的技术水平，是否有利于生产力的合理布局，是否有利于解决劳动力的就业，是否有利于改善投资环境。

4）从国家安全和政治需要看，项目建设是否有利于巩固国防安全，是否有利于少数民族地区的发展等。

5）从项目建设的规模看，建设规模是否达到经济规模的要求。

（2）项目的建设条件和生产条件分析　分析项目的建设条件，应根据不同行业项目建设的特点，主要分析以下几个方面：

1）项目建设的选址是否符合项目布局的客观规律及城镇规划的要求。

2）工程地质和水文地质是否清楚，是否符合建设施工的要求。

3）施工力量、施工技术和施工物资的供应有无保证。

4）设备采购是否能够落实。

5）是否有环保部门批准的环境保护方案。

分析项目的生产条件，要根据不同行业项目的生产特点，主要分析的内容因行业不同而不尽相同。例如加工企业的项目，要着重分析项目建成以后所需的原材料、燃料和动力等是否有可靠的来源，产品方案和资源利用方案是否合理。

（3）项目的工艺技术分析　工艺技术是否先进适用、经济、安全是项目能否取得成功的关键。工艺技术分析主要分析项目所采用的工艺技术设备是否符

合国家的技术发展政策和技术进步装备政策，是否有利于资源的综合利用，是否有利于提高劳动生产率、改进产品质量、降低生产成本、减轻劳动强度。

（4）项目的筹资分析　结合项目的可行性研究报告的投资估算和资金规划的内容，审查项目筹资方案的可靠性、投资的分年用款计划是否恰当等。

（5）项目的经济效益分析　结合项目的可行性研究报告，主要通过投资回收期、收益净现值和预期收益率等指标分析企业的赢利能力。同时，还要通过新增国民收入率、投资利税率等指标分析宏观经济效益。

问：项目分析的程序有哪些？

答：项目分析是一项经济性、技术性很强的复杂工作，只有遵循分析工作程序之间的客观联系，有计划、有步骤地进行，才能做好。项目分析工作一般可按以下程序进行：

（1）分析前的准备阶段　当项目建议书批准以后，在项目可行性研究的同时，项目分析人员就可以进行一些调查了解和资料收集等准备工作。

（2）项目分析的计划安排阶段　这一阶段要制订项目分析工作计划，一般包括以下具体内容：

1）分析的目的。根据拟建项目的性质、特点，确定分析的任务和目标，尤其要明确项目分析需要侧重解决的问题。

2）分析的内容。根据拟建项目的可行性研究报告及其具体情况，结合已确定的项目分析目标，进一步确定项目需要调查研究和审查分析的具体内容与要求。

3）分析的进度安排。按照分项的内容拟定分析过程及其各个环节的实施进度表，以便按时完成分析任务，编写项目分析报告。

4）落实人员组织。对于简单的项目，可由专人负责，但对于比较复杂的项目，则要成立项目分析小组。分析小组一般由经营管理部门和技术部门的人员组成，并有明确的分工和责任。

（3）收集资料阶段　这一阶段是按分析计划确定的调查研究内容收集所需资料和数据，并对其进行查证核实。

（4）审查分析阶段　这一阶段就是以调查研究的资料为基础，审查分析可行性研究报告的内容。

（5）编写分析报告阶段　在完成了各项审查分析工作以后，项目分析人员要根据调查研究和审查分析的结果，按照一定的格式编写项目分析报告。分析报告按计划时间完成以后，要及时地按规定程序上报审批。

### 鉴定要求2　能召集项目分析会，并对项目运行存在的问题和风险提出应对策略

问：应对项目风险的策略有哪些？

答：一般来说，风险应对可以从改变风险后果的性质、风险发生的概率和

风险后果大小三个方面提出多种策略。对不同的风险可用不同的处置方法和策略，对同一个项目所面临的各种风险，可综合运用各种策略进行处理。

（1）减轻风险　减轻风险主要是为了降低风险发生的可能性或减少后果的不利影响。如何减轻风险，需要根据已知风险、可预测风险和不可预测风险作区别对待，作为项目管理人员，一定要认真应对风险并及时采取措施。实践表明，如果在项目中不按规范办事，就容易犯错，造成项目的浪费和损失。要想从战略上减轻项目的风险，就必须遵循基本程序，不可有图省事、走捷径的侥幸心理。

（2）预防风险　预防策略还应在项目的组织结构上下功夫，合理地设计项目组织形式也能有效地预防风险。项目发起单位如果在财力、经验、技术、管理、人才或其他资源方面无力完成项目，可以同其他单位组成合营体，预防自身不能克服的风险。

（3）转移风险　转移风险又叫合伙分担风险，其目的不是降低风险发生的概率和不利后果的大小，而是借用合同或协议，在风险事故发生时将损失的一部分转移到项目以外的第三方身上。采用这种策略所付出的代价大小取决于风险大小。当项目的资源有限，不能实行减轻或预防策略，或风险发生频率不高，但潜在的损失或损害很大时可采用此策略。

（4）回避风险　回避风险是指当项目风险潜在威胁发生可能性太大，不利后果也太严重，又无其他策略可用时，主动放弃项目或改变项目目标与行动方案，人为回避风险的一种策略。如果通过风险评价发现项目的实施将面临巨大的威胁，项目管理团队又没有别的办法控制风险，这时就应当考虑放弃项目的实施，避免巨大的损失。不过，在采取回避策略之前，必须对风险有充分的认识，对威胁出现的可能性和后果的严重性有足够的把握。采取回避策略，最好在项目活动尚未实施时进行，放弃或改变正在进行的项目，一般都要付出高昂的代价。

（5）自留风险　有些时候，可以把风险事件的不利后果自愿接受下来。自愿接受可以是主动的，也可以是被动的。由于在风险管理规划阶段已对一些风险有了准备，因此当风险事件发生时马上执行应急计划，称为主动接受；被动接受风险是指在风险事件造成的损失数额不大，不影响项目大局时，将损失列为项目中一种费用。自留风险是最省事的风险规避方法，在许多情况下成本也最低。当采取其他风险规避方法的成本超过风险事件造成的损失数额时，可采取自留风险的方法。

（6）后备措施　有些风险要求事先制定后备措施，一旦项目的实际进展情况与计划不同，就动用后备措施。主要有费用、进度和技术三种后备措施。应急费用是一笔事先准备好的资金，用于补偿差错、疏漏及其他不确定性对项目估计精确性的影响；进度后备措施是对项目进度方面的不确定因素制定的紧凑进度计划；技术后备措施专门用于应对项目的技术风险。

总之，在设计和制定风险处置策略时，一定要针对项目中不同风险的特点采取不同的处置方式。在实施风险策略和计划时，应随时将情况的变化反馈给风险管理人员，以便能及时结合新的情况对项目风险处理策略进行调整，使之适应新的情况，尽量减少风险导致的损失。

> **试题选解：** 应对项目风险的策略有哪些？
> 
> 解：应对项目风险的策略有：①减轻风险；②预防风险；③转移风险；④回避风险；⑤自留风险；⑥后备措施。

### 鉴定要求3  能编写项目分析报告

问：撰写项目分析报告有哪些要求？

答：（1）客观、全面地收集和研究项目资料  项目分析报告必须在认真调研的基础上，比较多种方案，客观公正地进行论证和评价，尤其不能在项目分析前就定调子。项目分析报告中需要大量的数据，这些数据必须是客观、准确的。所以，在进行项目分析时一定要客观、全面地收集和研究项目资料。

（2）明确项目分析报告的目的  项目分析报告针对的使用对象不同，整个项目分析报告的侧重点应当不同。在撰写报告的时候，不仅应当考虑项目经济和资金等方面的可行性，必要的时候还要附带相关的法律、政策条款为项目的合法性和政策合理性提供依据。

（3）语言简练准确、结构严谨、论据充分、结论明确  项目分析报告是在广泛调研的基础上形成的书面材料，具有论文、报告两者的特点。对于报告的使用者，项目分析报告又具有请示的作用。因此，项目分析报告必须语言简练、结构严谨，避免报告使用者产生误解。项目分析报告应包括三个部分：提出问题，提供论据，形成结论。

（4）全面、准确、具体地回答报告使用者关心的问题  项目分析报告要对提出的项目进行分析，说明项目的合理性，并说明项目实施的前提条件。在解决问题的过程中，不同的报告使用者具有不同的侧重点，项目报告要说服各个报告使用者，就必须对各方关心的问题都给予明确、客观的解答。此外，项目分析报告还应对各种制约因素提出解决办法，分析、说明项目中存在的风险和不确定因素。

（5）重视项目分析报告附件的作用  项目分析报告往往附带大量的附件，为了保证正文的语言简练，在编制项目分析报告时往往需要将一些附带资料附在项目报告后面。这些附件是项目分析报告的重要组成部分，也是对项目分析报告的必要补充。与项目分析报告正文相比，报告附件的专业性、技术性更强，能够使项目分析报告更严密、更具科学性。

**试题选解**：撰写项目分析报告有哪些要求？

解：1）客观、全面地收集和研究项目资料。

2）明确项目分析报告的目的。

3）语言简练准确、结构严谨、论据充分、结论明确。

4）全面、准确、具体地回答报告使用者关心的问题。

5）重视项目分析报告附件的作用。

## 鉴定点 3　客户赔偿处理

**鉴定要求 1**　能描述货损处理、保险理赔和法律诉讼的流程和所需提供的主要材料

问：保险理赔需要提供哪些材料？

答：物流货运保险理赔需提供的主要索赔资料包括：保险单；运单；提货单；发票；若发生航空、铁路事故需提供事故签证原件或复印件加盖物流公司章；若发生被盗事故需提供报案回执（发现后及时报案）；货损照片；签收单（需承运人盖原件章）；交接验收记录；鉴定书；损失清单以及单价；承运人的事故证明；如有查勘需提供现场查勘记录；若涉及受损货物需提供检测报告及相关部门的处理意见；若发生交通事故导致货物受损需提供交警事故认定书复印件；若发生交通事故导致货物受损需提供驾驶证、行驶证复印件；向运输公司提出索赔的函；收货单位的入库记录、检验报告、损失清单及救护保险货物所支付的直接合理的费用单据；其他理赔所需的单证等。

问：保险理赔的原则有哪些？

答：保险理赔应遵循的原则有：

（1）重合同、守信用原则　重合同、守信用原则要求保险合同双方当事人都必须恪守合同中的约定，保证合同的顺利履行。保险理赔是保险公司按保险合同履行义务的具体体现，对保险人来说，在处理各种赔案时，应严格按照保险合同中条款的规定受理赔案、审核责任、确定损失、及时赔付，既不能任意扩大保险责任范围滥赔，也不能缩小保险责任范围惜赔。无论理赔中赔偿支付还是拒付都应有充分证据。

（2）实事求是原则　实事求是原则要求在理赔中除了依照保险条款处理赔案外，还应针对各种各样错综复杂的案件情况，具体问题具体分析，合情合理、灵活有效地处理赔案。虽然保险合同条款对赔偿责任作了原则性规定，但在实际赔案处理过程中，保险条款不可能包罗万象，将所有情况全部涵盖。这就要求保险公司必须以实事求是的精神，既要有原则性，又要有一定的灵活性，对某些被保险人的特殊索赔，保险公司可以进行通融赔付。所谓通融赔

付，是指按照保险合同条款的规定，本不应由保险公司赔偿或给付，但是，保险公司在综合考虑各种因素的情况下，仍然给予一定的赔偿或给付。值得注意的是，通融赔付只是对保险损失补偿原则或给付原则的灵活运用，绝不是无原则的赔偿或给付。通融赔付的采用通常应遵循以下原则：有利于保险业务的稳定和发展；有利于维护保险公司的信誉和在市场竞争中的地位；有利于顾全大局和维护社会安定团结。

（3）主动、迅速、准确、合理原则 主动、迅速、准确、合理原则的宗旨在于提高保险服务水平、争取更多客户。所谓主动，就是要求保险公司在受理赔案时态度积极，勇于承担责任，不推诿，不逃避，为出险客户提供充分的经济保障，成为客户应对灾难的强大支撑。所谓迅速，就是要求保险公司办理赔案要尽可能快，不拖延时间，使被保险人能及时得到赔付，即使拒付也要及时发出通知。任何拖延赔案处理的行为都会影响今后的投保行为。所谓准确，就是从查勘、定损以至赔款计算，都要做到正确无误，不错赔、不滥赔、不惜赔。所谓合理，就是要求保险公司在审核赔案时要分清责任，公正定损，既要维护自身的权益，又要尊重被保险人的权益，使客户满意，获得社会好评。主动、迅速、准确、合理原则是来自保险理赔实践的经验总结，是对理赔工作质量、工作态度的基本要求。《保险法》第二十三、第二十四、第二十五条对保险人理赔时间有严格限定：保险人收到被保险人或者受益人的赔偿或者给付保险金的请求后，应当及时作出核定；情形复杂的，应当在三十日内作出核定，但合同另有约定的除外。保险人依照本法第二十三条的规定作出核定后，对不属于保险责任的，应当自作出核定之日起三日内向被保险人或者受益人发出拒绝赔偿或者拒绝给付保险金通知书，并说明理由。保险人自收到赔偿或者给付保险金的请求和有关证明、资料之日起六十日内，对其赔偿或者给付保险金的数额不能确定的，应当根据已有证明和资料可以确定的数额先予支付；保险人最终确定赔偿或者给付保险金的数额后，应当支付相应的差额。

问：简述我国民事法律诉讼普通程序。

答：我国民事法律诉讼普通程序的流程有：

（1）保全和先予执行 人民法院对于可能因当事人一方的行为或者其他原因，使判决难以执行或者造成当事人其他损害的案件，根据对方当事人的申请，可以裁定对其财产进行保全、责令其作出一定行为或者禁止其作出一定行为；当事人没有提出申请的，人民法院在必要时也可以裁定采取保全措施。人民法院采取保全措施，可以责令申请人提供担保，申请人不提供担保的，裁定驳回申请。人民法院接受申请后，对情况紧急的，必须在48小时内作出裁定；裁定采取保全措施的，应当立即开始执行。

（2）起诉 原告向法院起诉，应递交起诉状和有关的证据材料，并按照被告人数递交起诉状和证据副本。起诉状应当记明下列事项：

1）当事人的姓名、性别、年龄、民族、职业、工作单位和住所，法人或者其他组织的名称、住所和法定代表人或者主要负责人的姓名、职务。

2）诉讼请求和所根据的事实与理由。

3）证据和证据来源，证人姓名和住所。

递交起诉状时，原告为公民（自然人）的应附交个人身份证明；为企业、机关、事业单位、社会团体法人的应提供工商登记材料、营业执照副本、法定代表人身份证明、委托代理人身份证明。

（3）立案　人民法院应当保障当事人依照法律规定享有的起诉权利，对符合《民事诉讼法》第一百一十九条的起诉，必须受理。符合起诉条件的，应当在 7 日内立案，并通知当事人；不符合起诉条件的，应当在 7 日内作出裁定书，不予受理；原告对裁定不服的，可以提起上诉。

（4）审理前的准备　人民法院对决定受理的案件，应当在受理案件通知书和应诉通知书中向当事人告知有关的诉讼权利义务，或者口头告知。人民法院应当在立案之日起 5 日内将起诉状副本发送被告，被告在收到之日起 15 日内提出答辩状。合议庭组成人员确定后，应当在 3 日内告知当事人。

（5）第一审程序　人民法院开庭审理前，书记员应当查明当事人和其他诉讼参与人是否到庭，宣布法庭纪律。开庭审理时，由审判长核对当事人，宣布案由，宣布审判人员、书记员名单，告知当事人有关的诉讼权利义务，询问当事人是否提出回避申请。法庭调查按照下列顺序进行：

1）当事人陈述。

2）告知证人的权利义务，证人作证，宣读未到庭的证人证言。

3）出示书证、物证、视听资料和电子数据。

4）宣读鉴定意见。

5）宣读勘验笔录。

（6）第二审程序　当事人不服地方人民法院第一审判决的，有权在判决书送达之日起 15 日内向上一级人民法院提起上诉。当事人不服地方人民法院第一审裁定的，有权在裁定书送达之日起 10 日内向上一级人民法院提起上诉。上诉时应当递交上诉状。上诉状的内容应当包括：当事人的姓名，法人的名称及其法定代表人的姓名或者其他组织的名称及其主要负责人的姓名；原审人民法院名称、案件的编号和案由；上诉的请求和理由。

（7）审判监督程序　当事人对已经发生法律效力的判决、裁定，认为有错误的，可以向上一级人民法院申请再审；当事人一方人数众多或者当事人双方为公民的案件，也可以向原审人民法院申请再审。当事人申请再审的，不停止判决、裁定的执行。各级人民法院院长对本院已经发生法律效力的判决、裁定、调解书，发现确有错误，认为需要再审的，应当提交审判委员会讨论决定。最高人民法院对地方各级人民法院已经发生法律效力的判决、裁定、调解书,上级人民法院对下级人民法院已经发生法律效力的判决、裁定、调解书,发现确有错误的,有权提审或者指令下级人民法院再审。

(8)执行程序　发生法律效力的民事判决、裁定,以及刑事判决、裁定中的财产部分,由第一审人民法院或者与第一审人民法院同级的被执行的财产所在地人民法院执行。法律规定由人民法院执行的其他法律文书,由被执行人住所地或者被执行的财产所在地人民法院执行。当事人、利害关系人认为执行行为违反法律规定的,可以向负责执行的人民法院提出书面异议。

> **试题选解:**起诉状应记明哪些事项?
> 解:起诉状应当记明下列事项:
> 1)当事人的姓名、性别、年龄、民族、职业、工作单位和住所,法人或者其他组织的名称、住所和法定代表人或者主要负责人的姓名、职务。
> 2)诉讼请求和所根据的事实与理由。
> 3)证据和证据来源,证人姓名和住所。

### 鉴定要求2　能编写保险事故报告、收集整理法律诉讼的证据材料并对相关档案进行归档管理

问:什么是诉讼证据?什么是证据的合法性?

答:诉讼证据是指证明案件事实的一切材料和事实。在现实生活中,人们往往从两种意义上使用证据一词:一种是当事人向人民法院提供的或者是人民法院调查收集的但尚未经质证、认证的书证、物证、视听资料等;另一种是法院判决中用来认定事实的书证、物证等。前一种未经审核,是否符合证据的条件尚不能确定,因此,准确的名称应是证据材料。后一种才是确切意义上的证据,可以作为法院判案的根据,这部分证据也称为"可定案证据"。在通常情况下,使用"证据"一词不作如此区分。证据的合法性包括两层含义:

1)取证的程序合法。一切用违法的方法收集的材料,都不能作为定案的证据。

2)证据的形式合法。当法律对证据形式、证明方法有特殊要求时,必须符合法律的规定。

问:诉讼证据有哪些种类?

答:物流纠纷诉讼中常见的证据类型有:

(1)书证　书证是指用文字、符号、图表所记载或表示的内容、含义来证明案件事实的证据。凡是对证明案件事实有意义的具有一定思想内容的书面材料都是书证。书证是诉讼中运用得最为广泛的一种证据。

(2)物证　物证是指用来证明案件事实的物品与痕迹。物证以其形状、性质特征及存在的情形等来证明案件事实。对查明案件事实有意义的一切物品和痕迹都是物证。实践中,勘验现场拍摄的照片,对某些难以移动或易于消失的

物品、痕迹复制的模型都是对物证的固定或保全。这些模型和照片本身不是物证，但能够正确反映客观存在的事物，同样可以起到物证的作用。

（3）视听资料　视听资料是指录有声音或图像，具有再现功能的录音带、录像带、传真资料、微型胶卷、电子计算机软盘等利用科学手段制成的资料。视听资料作为证据的特点是，它能够直观、动态、全方面地再现案件事实，可以避免人证、书证在表述和记载案件事实时的不准确性，具有其他证据不可替代的优点，是一种新型、独立的证据形式，但同时又容易被变造或伪造，因此，在诉讼中应注意辨别视听资料的真伪。

（4）证人证言　证人是案件当事人以外直接或间接了解案件情况，依法可以出庭作证的人。证人就他所了解的案件情况向司法机关所作的陈述就是证人证言。证人证言一般由证人出庭作口头陈述，但若有不能出庭的正当理由，可以提供书面证言。司法人员也可以要求证人书写证言。书面证言应由证人签名和盖章。

在我国，凡是知道案件情况的人都有作证的义务，一经法院传唤，就应当庭作证。知道案件情况，能够辨别是非，能够正确表述，是取得证人资格的绝对条件。对案件的同一事实，如果有几个人同时知道，他们都可以作为证人，而不能互相代替。证人是由其知道案件事实决定的。只有知道案件事实的人才能作为证人，但知道案件事实的当事人若与案件有直接利害关系，就不能作为证人。证人是与案件没有直接利害关系而知道某一案件或某些案件情况的第三人。证人永远是特定的人，他既不能由司法机关自由选择和指定，也不能由别人代替或更换。

（5）当事人陈述　当事人陈述是当事人在诉讼中向人民法院所作出的关于案件事实情况的叙述。由于当事人本身是争议法律关系的主体，是直接参与者、行动者，他们对争议法律关系的内容及有关法律事实的真实情况十分清楚，如能如实陈述，对于人民法院查明案件事实极有帮助。但当事人与案件审理结果有直接的利害关系，为胜诉欲望所驱使，当事人的陈述往往夹带片面不实的成分，有意无意地强调、夸大对自己有利的事实，淡化、缩小对自己不利的事实，甚至可能向法庭作虚假的陈述，歪曲或隐瞒事实的真相。当事人陈述所具有的这两个互相冲突的特点，既使它具有一定的证据价值，又使它的证据价值受到限制。

（6）鉴定结论　鉴定结论是指鉴定人运用自己的专门知识，根据所提供的案件材料，对案件的专门性问题进行鉴别、分析后作出的结论。待证事实是否属于专门性问题，是否有必要鉴定，应交哪一个部门鉴定，应由人民法院作出决定。监督部门及其指定的鉴定人有权了解鉴定所需要的材料，在必要时有权询问当事人、证人。在完成鉴定工作后，应当提出书面鉴定结论，并在鉴定书上签字、盖章。在法庭对鉴定结论进行审查时，鉴定人应该按法庭通知陈述鉴定的有关情况，并如实回答当事人、法官对鉴定结论提出的询问。

（7）勘验笔录或现场笔录　勘验笔录是指法官为查明案件事实，对物证和现场进行勘验情况和勘验结果制作的笔录。现场笔录是指行政机关对行政违法行为当场给予处罚或处理而制作的文字记载材料。现场笔录由行政执法人员制作，简要记载违法人姓名、单位、住址、违法事实和所作的处理。笔录制成后应由违法人签字，如有证人的，证人也应在笔录上签字并写明工作单位和住址。

> **试题选解**：物流纠纷诉讼中常见的证据类型有哪些？
> 　解：物流纠纷诉讼中常见的证据类型有书证、物证、视听资料、证人证言、当事人陈述、鉴定结论、勘验笔录或现场笔录等。

# 鉴定范围 2

# 仓储与库存管理

## 鉴定点 1　仓储运营管理

### 鉴定要求 1　能描述仓储人员管理的主要内容

问：仓储人员的岗位职责有哪些？

答：1）制订仓储计划。仓库主管应先了解仓库库场情况，包括货物入库期间、保管期间、仓库的库容、设备、人员的变动情况，必要时对仓库进行清查，以腾出仓库空间。然后收集以上信息加以数据处理，制订出合理的仓储计划，合理利用仓储资源。

2）建立货物入库台账。每日严格进行货物入库记录及统计，随时了解仓库、人员的实际情况，同时监督指挥入库管理员工作，帮助其顺利完成货物入库前的准备、验收、堆垛、办理手续等工作，并合理调派搬运工、理货员，组织协调其工作，提高其工作效率。

3）监督、指挥保管员作好货物的养护。严格控制库内温、湿度，注意货物的防潮、防霉、防腐蚀、防虫害等安全养护，同时还应注意仓库的清洁卫生。对一些特殊的货物除了正常的安全养护外还需要特别照顾，比如对货物进行油漆、涂刷保护涂料、除锈、加固、封包密封等。

4）建立货物出库台账。每日进行货物出库记录及统计，随时掌握仓库及人员的实际情况，同时监督指挥出库管理员工作，帮助其顺利完成货物出库前的准备、理货、出库安排、装卸等工作，并合理调派搬运工、理货员，组织协调其工作，提高其工作效率。

5）将每次货物入库的单账与财务部核对，以避免出错。

问：仓储人员管理的内容有哪些？

答：仓储人员管理的内容包括招聘、培训、配备、考核，以及对他们的日常工作进行监督等。

（1）招聘　仓储作业活动涉及多个环节，不同的环节，对人员的素质有不同的要求，需要确定岗位素质要求，采用恰当的招聘方法，招聘合适的人才。招聘时，一般通过初试和复试两个阶段进行，分口试、笔试。根据考核结果，择优录用。

（2）培训　不同的岗位对工作人员有不同的技术要求，应按照各岗位的人员标准对各岗位人员进行有针对性的培训，内容包括：职业道德，工作安全性，工作职责，工作重点，工作协调性，与工作相关的知识与技巧。

（3）配备　配备即按照人尽其才、因材施用的原则，作好新聘人员的岗位安排工作。在安排工作时，除考虑企业的需求以外，还应征求个人的意愿，切忌主观行事。管理是一种综合才能，如把一个人硬推上他不喜欢的岗位，即使竭尽全力，也只能事倍功半。

（4）用人　应按照用人所长原则，使"人"和"事"合理配置，形成人适其职、职得其人。

（5）考核　考核工作即运用科学的方法，对不同岗位员工的工作业绩进行检验，综合评定员工的工作表现。通过考核，可以准确掌握每位员工的工作情况，为各种奖惩提供可靠的依据，同时也能有效调动员工的工作积极性。

（6）奖惩　根据员工日常工作态度、工作绩效，应建立一整套奖惩制度作为管理的必要手段。

> **试题选解**：仓储人员管理的主要内容有（　　）。
> A. 招聘　　B. 培训　　C. 配备　　D. 考核
> 　解：仓储人员管理的内容包括招聘、培训、配备、考核，以及对他们的日常工作进行监督等。因此，正确答案是 ABCD。

### 鉴定要求2　能制定并管理仓储服务合同

问：仓储服务合同的订立原则有哪些？

答：仓储服务合同的订立可以采用书面形式，也可以采用口头形式或者其他形式。仓储服务合同的订立原则有：

（1）平等原则　当事人双方法律地位平等是合同订立的基础，是任何合同行为都需要遵循的原则。任何一方采取恃强凌弱、以大欺小或者行政命令的方式订立的合同都是无效合同。任何一方不能采取歧视的方式选择订立合同的对象。

（2）等价有偿原则　仓储合同是双务合同，合同双方都要承担相应的合同义务，享受相应的合同利益。保管人的利益体现在收取仓储费和劳务费两方面。在仓储过程中保管人的劳动、资源投入的多少，决定了保管人能获得多少报酬。等价有偿的原则也体现在当事人双方合同权利和义务对等上。

（3）自愿与协商一致原则　生效合同是指当事人完全根据自身的需要和条件，通过广泛的协商，在整体上接受合同的约定时所订的合同。任何采取胁迫、欺诈等手段订立的合同都是无效的合同。若合同未经协商一致，将来在合同履行中就会发生严重的争议,甚至会导致合同无法履行。

(4)合法和不损害社会公共利益原则　当事人在订立合同时要严格遵守相关法律法规,不得发生侵犯国家主权、危害环境、超越经营权、侵害所有权等违法行为。合同主体在合同行为中不得有扰乱社会经济秩序、妨碍人民生活、违背道德的行为。

问:仓储服务合同订立的程序有哪些?

答:一般来说,订立仓储服务合同主要有两个阶段,即准备阶段和实质阶段,实质阶段又包括要约和承诺两个阶段。

(1)准备阶段　在许多场合,当事人并非直接提出要约,而是经过一定的准备,进行一些先期性活动,才考虑订立合同。其中包括接触、预约和预约邀请,其意义在于使双方当事人相互了解,为双方进入实质的缔约阶段创造条件、扫除障碍。

(2)实质阶段　根据《民法典》规定,只要存货人与仓储保管人之间依法就仓储合同的有关内容经过要约和承诺的方式达成意思表示一致,仓储合同即告成立。正因为要约与承诺直接关系到当事人的利益,决定合同是否成立,所以将其称为合同订立的实质阶段。签订合同一般要经过以下三步:

1)提出"要约"。即由存货或保管的一方提出签约的建议,包括订约的要求和合同的主要内容。

2)"承诺"。对另一方的"要约"表示完全同意,在此基础上签订协议、合同即具有法律效力;如果对"要约"的内容、条件有不同的意见,必须经过充分协商,取得一致意见。

3)"签约"。由双方的法人代表签字、单位盖章。法定代表授权本单位的经办人员代理签订合同时,代理人应事先取得本企业的委托证明。如果法人之间代理签订合同,代理单位必须事先取得委托单位的委托证明,并根据授权范围以委托单位的名义签订,才对委托单位直接产生权利和义务。

问:仓储服务合同的违约责任与免责各有哪些?

答:存货方与保管人签订仓储合同的目的之一是约束行为,一旦出现约束行为未被约束而造成损失的情况,就要追究违约责任。但也不是所有的责任都需要违约方承担,本该承担的责任而未承担,就是免责。

(1)违约责任　违约责任是违反合同的民事责任的简称,是指合同当事人一方不履行合同义务或履行合同义务不符合合同约定所应承担的民事责任。违约责任是一种事前规范,以防止违约现象的发生;同时也是一种补偿行为,以弥补造成的损失。仓储服务合同违约责任的承担方式主要有以下几种:

1)支付违约金。违约金是指仓储合同当事人一方发生违约时,依照法律的规定或合同的约定按照造成损失金额的一定比例承担赔偿义务。违约金可以分为法定违约金和约定违约金两种，前者由法律或法规明确规定，后者由仓储合同当事人在合同中事先确定。

2) 损害赔偿。仓储合同的当事人一方违约后，违约方在支付违约金或采取其他补救措施后，如果对方还有其他损失，违约方应承担赔偿的责任。也就是说，不管仓储合同中有没有约定违约金事项，违约方都应该承担赔偿责任以弥补对方的损失。但实践中受害者的有些损失情况不易确定。直接的经济损失包括货物的价值、处理损害的各种费用、为控制事态而进行的各种支出等，它们易于核算；而因为货物的损害造成的利润损失、销售机会的灭失、客户的流失、信誉的损失等则难以衡量。所以在合同无约定、双方协商无果的情况下，通常会涉及司法的介入。

3) 继续履行。仓储合同违约的受害方既不主张违约金也不主张赔偿金，而是要求违约方按照仓储合同的约定继续履行其义务，在对方未履行的情况下可以向法院请求强制违约方按照合同的规定履行义务，所以法律上也称为强制履行，即在原合同履行的基础上增加了一个国家法律强制因素。但如果合同确实存在不可能继续履行的要素，即使违约方再努力也不能达成履约的事实，则相当于强人所难，于法于理都是不当行为。

4) 采取补救措施。补救措施是指矫正合同中的履行不当、使履行缺陷得以消除的具体措施，是合同中违约当事人为了弥补失误而采取的一系列措施，比如对仓储物进行修理、更换、贴现支出、仓储费率优惠、无偿使用设备等。采用何种补救方式要以仓储物的性质和损失大小为依据，同时受害方对补救措施享有选择权，但是要确保补救方式的合理性。

(2) 免责　免责是指仓储合同中的违约当事人对其违约行为免于承担违约责任的一种情况。仓储合同订立后，合同当事人双方都积极地履行各自的权利和义务，但客观上发生了某些情况阻碍了当事人的履行行为，而这些情况都符合法律规定的条件，主要有下面几项：

1) 不可抗力。不可抗力是指当事人不能预见、不能避免并不能克服的客观情况，比如长时间持续不断的暴雨、海啸、地震、恐怖袭击、战争等。但需要当事人在不可抗力发生后采取积极的应对措施，最大限度地避免和减少损失，还要及时告知对方具体事件、不能履行或延期履行合同的理由。不可抗力事件的发生必须有据可依。

2) 自然损耗。有些仓储物的自然物理化学变化是无法避免的，在合理损耗内的，当事人不承担责任。一般损耗率需要在合同条款中明确。如存放于某仓库的花生油有保质期限制，当花生油过期时，不能把该损耗归结于仓储企业；但如果是因为仓储企业没有严格按照先进先出原则造成了花生油过期，则需要承担赔偿责任。

3) 合同中的免责条款。合同中的免责条款是双方意思的真实表示，当出现货损时，货损当事人可以不承担赔偿责任。提供格式合同的当事人有义务对免责条款进行说明，没有说明提醒对方注意的，该免责条款无效。

4）个人过失导致他人担责。因发生个人过失得到他人提醒或警告，却仍然坚持原行为的，造成损失后，应该由先前过失方承担损失责任。比如仓储物的外包装明显不符合标准，保管人已尽告知义务，而存货方仍然坚持出入库作业，因外包装质量差造成的货物损坏由存货方自己承担。

问：无效仓储服务合同有哪些表现形式？

答：仓储服务合同的无效主要体现在以下几个方面：

（1）订立仓储合同的主体无效

1）无民事行为能力或限制民事行为能力人订立的合同，且法定代理人不予认可的，该合同无效。

2）代理人不合格且相对人有过失而订立的合同，该合同无效。

3）法人或其他组织的法定代表人、负责人超越自身权限订立的合同，且相对人知道或应当知道其超越权限的，该合同无效。

4）与未经国家相关部门核准而非法从事仓储经营的企业签订的仓储合同，该合同无效。

（2）订立合同的内容不合法

1）违反法律、行政法规的强制性规定的，该合同无效。

2）违反社会公共利益的，该合同无效。

3）通过恶意串通，损害国家、集体或第三方利益的，该合同无效。

4）以合法形式掩盖非法目的的，该合同无效。

（3）双方意思表示不真实的，该合同无效　如一方以胁迫、恐吓、欺诈、利诱、政治施压等手段，迫使对方订立的合同，该合同无效。

（4）部分无效合同　部分无效合同即整个合同内容中存在合法有效的内容，也存在不合法无效的内容。部分无效合同的合法部分有法律效力，其不合法部分不具有法律效力，法律不予支持。如提供格式条款一方免除自身责任、加重对方责任、排除对方主要权利的条款即属于无效内容。

> **试题选解**：简述仓储服务合同的订立原则。
>
> 解：仓储服务合同的订立原则有：①平等原则；②等价有偿原则；③自愿与协商一致原则；④合法和不损害社会公共利益原则。

## 鉴定要求3　能制定仓储质量管理的制度和管理指标

问：制定仓储质量管理制度的一般程序有哪些？

答：制定仓储质量管理制度是一项政策性、技术性很强的工作，必须严格按程序进行，一般制定程序如下：

（1）组织编写　应组织熟悉仓储质量管理、仓储作业，业务能力和文字能力均较强的人员参加编写。

（2）调查研究　包括两方面：一方面对现有制度重新审核，明确是否修改、怎么修改；另一方面，深入企业经营活动的现场，了解需要增补制定的内容、质量管理现状，确定编写的目的、依据、范围、责任、程序等。

（3）评审修订　初稿编写结束后，应组织企业内部（或系统内）的专家和各部门（各环节）主要负责人对初稿进行评审。评审的重点是要素的完整性、逻辑的严密性、内容的充实性和操作的可行性，并按评审意见进行修改。

（4）颁布实施　由企业质量管理领导组织审评，并根据实际情况，形成统一的审定意见，由企业最高管理者批准，以文件形式颁布施行。

问：仓储质量管理的基本方法有哪些？

答：仓储质量管理的基本方法有：

（1）排列图法　质量管理学家朱兰把 ABC 法应用在质量管理上，提出了排列图分析法，成为寻找影响货品质量因素的一种有效方法。排列图有两个纵坐标、一个横坐标、几个直方形和一条曲线。左边的纵坐标表示频数（件数、金额等），右边的纵坐标表示频率；横坐标表示影响质量的各个因素，并按影响程度的大小从左到右依次排列；直方形的高度表示某个因素影响力的大小；曲线表示各个影响因素大小的累计百分数，称为帕累托曲线。通常按累计百分数将影响因素分为三类：0～80%为 A 类，累计百分数在 80%以内的各项因素显然是主要因素；累计百分数在 80%～90%的为 B 类，是次要因素；累计百分数在 90%～100%的为 C 类，是一般因素。

（2）相关图法　相关图又称为散布图，是表示两个变量之间关系的图，用于分析两个测定值之间的相关关系。将两种有关数据列出，并用坐标点填在坐标纸上，对数据的相关性进行直观的观察分析，可以得到定性的结论。

（3）统计分析表　统计分析表又名检查表、统计调查表，是利用统计报表来进行数据整理和粗略原因分析的一种工具。

使用统计分析表时，将问题、原因、缺陷等按类别记录在表上，标明数量，然后按类别、数量进行汇总分析。例如，"货品维护保养情况月报表"分别对除锈喷油、直接喷油、苫垫、翻垛等项目进行记录和汇总，从统计表中直接反映仓库对库存货品的各种维护情况；又如"储运业务货损、货差事故月报表"分别按少发、多发、串发、验错、丢失、串装、保管事故、装卸搬运损坏等事故类别项目进行记录和汇总，从中找出造成储运业务货损、货差的主要原因，为改进工作指出了方向。

（4）因果分析图　因果分析图又称为特性因素图、5M 因素法、石川图、树枝图或鱼骨图。在生产过程中出现的质量问题，往往是多种因素综合影响的结果。用此方法可以对影响问题的一些较重要因素加以分析和分类，弄清因果关系。基本的分析思路可从人、机、料、法、环五个方面入手，例如某仓库金属锈蚀的因果分析图如图 2-2-1 所示。

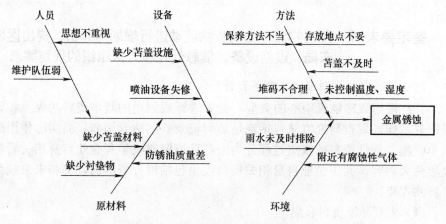

图 2-2-1　某仓库金属锈蚀的因果分析图

问：仓储质量有哪些管理指标？

答：仓储质量指标是用于反映质量现状的数据，是用于判定质量水平的标准，是制定质量改进措施的依据，也是全面质量管理用数据说话的表现。基本仓储质量管理指标如下：

（1）库存量　库存量是指在统计期内平均存货数量，它反映了仓库平均库存水平和库容利用程度，反映了仓库的经营情况。

（2）收发正确率　收发正确率表示仓库在某一段时期正确收发货物的程度；从反向看，则表示收发误差程度。

（3）完好率　完好率是指在统计期内货物发生丢失、损坏、变质等质量事故的整体程度。

（4）验收时间　验收时间表示仓库对入库货物进行货物验收所花费的时间指标。

（5）赔偿率　赔偿率是指仓库事故造成毁损的损失赔偿和违反行政管理制度的罚款总额占经营收入的比例，它表示仓储经营的风险成本。

**试题选解：**（　　）是指在统计期内货物发生丢失、损坏、变质等质量事故的整体程度。

　　A. 库存量　　B. 完好率　　C. 收发正确率　　D. 赔偿率

解：完好率是指在统计期内货物发生丢失、损坏、变质等质量事故的整体程度。因此，正确答案是 B。

## 鉴定点 2　物流中心设计与规划

**鉴定要求 1**　能对物流中心的货物流动进行规划与分析，提出区域布局、设施设备、信息处理和人员组织的规划需求

问：物流中心规划应收集哪些资料？

答：根据欲建物流中心的类型，首先进行规划用的基本资料的收集和调查研究工作。调查研究方法包括现场访问记录、网络查询和厂商实际使用的表单收集。规划资料的收集过程分为宏观环境资料收集和企业自身相关资料收集两大内容，其中企业自身相关资料收集包括现行资料的收集和未来规划资料的收集。

（1）宏观环境资料收集

1）区域经济发展背景资料。包括社会经济发展规划，产业布局，工业、农业、商业、住宅布局规划。

2）交通运输网及物流设施现状。包括交通运输干线、多式联运小转站、货运站、港口、机场布局现状。

3）城市规划。包括城市人口增长率、产业结构与布局、用地发展规划等。一些城市的物流中心地址选择不合适，往往会在主干线通道上造成交通阻塞，运距过长造成能源浪费、车辆空载率增高、调度困难等问题。

4）环境保护与社会可持续发展。包括城市环境保护相关法律法规与社会可持续发展相关要求。

（2）企业自身相关资料收集

1）现行资料的收集。现行资料的收集是针对欲建物流中心的类型和现时需求而进行的，具体包括如下内容：

① 基本运行资料。业务类型、营业范围、营业额、从业人员数量、运输车辆数量、供应厂商和用户数量等。

② 商品资料。产品类型、品种规格、品项数、供货渠道、保管形式等。

③ 订单资料。商品种类、名称、数量、单位、订货日期、交货日期、生产厂家等。

④ 货物特性。货物形态、气味、温湿度要求、腐蚀变质特性、装填性质、重量、体积、尺寸、包装规格、包装形式、存储特性和有效期限等。

⑤ 销售资料。按商品、种类、用途、地区、客户及时间等要素分别统计销售资料。

⑥ 作业流程。进货、搬运、存储、拣选、补货、流通加工、备货发货、配送、退货、盘点、仓储配合作业（移仓调拨、容器回收、废弃物回收处理）等。

⑦ 事务流程与单据传递。接单分类处理、采购任务指派、发货计划传送、相关库存管理和相关账务系统管理等。

⑧ 厂房设施资料。厂房结构与规模、布置形式、地理环境与交通特性、主要设备规格、生产能力等。

⑨ 作业工时资料。机构设置、组织结构、各作业区人数、工作时数、作业时间与时序分布等。

⑩ 物料搬运资料。进货发货频率及数量、在库搬运车辆类型及能力、时段分布与作业形式等。

⑪ 供货厂商资料。供货厂商类型，货品种类、规格、质量，地理位置，供货厂商的规模、信誉、交货能力，供货家数，据点分布，送货时间段等。

⑫ 配送网点与分布。配送网点分布与规模、配送路线、交通状况、收货时段、特殊配送要求等。

2）未来规划资料的收集。除收集现行资料外，还要考虑到物流中心在该计划区域的发展，收集未来发展的趋势和需求变化的相关资料。

① 运营策略和中长期发展计划。国家经济发展和产业政策走向、外部环境变化、企业未来发展、国际现代物流技术、国外相关行业的发展趋势等。

② 商品未来需求预测。商品现在的销售增长率、未来商品需求预测、未来消费增长趋势。

③ 商品品种变化趋势。商品在品种和类型方面可能变化的趋势。

④ 物流中心未来可能发展的规模和水平，预测将来可能发展的厂址和面积。

问：物流中心规划要素有哪些？如何对其分析？

答：物流中心的规划除了必须先了解是属于哪一种物流中心外，还要注意物流中心的 E、I、Q、R、S、T、C 等规划要素。其中，E 即 Entry，指服务对象或客户；I 即 Item，指物流中心物品的种类；Q 即 Quantity，指物流中心物品的出货数量或库存量；R 即 Route，指物流搬运路线和配送通道；S 即 Service，指物流的服务品质；T 即 Time，指物流的交货时间；C 即 Cost，指物流中心商品的价值或建造的预算。

（1）服务对象或客户分析　由于物流中心的种类很多，因此服务对象或客户也是五花八门。例如制造商型的物流中心，其服务对象有经销商（营业所）、批发店、百货公司、超市等几种。其中，经销商（营业所）、部分超市及批发店等的订货量较大，它的出货形态可能大部分是整托盘出货（P→P），小部分是整箱出货；而部分超市的订货量较小，它的出货形态可能 30%是属于整箱出货（P→C），70%是属于拆箱出货（C→B）。制造商型的物流中心有可能同时出现整托盘、整箱及拆箱拣货的情形。此种情况由于客户层次不齐与订单量大小差异性大，订货方式也非常复杂，同时有业务员抄单、电话订货、传真订货及计算机联网订货等方式,是物流中心中比较复杂的一种,规划难度也比较高。如果是零售商型的物流中心,它的服务对象可能是批发店、百货公司、超市及便利商店中的一种,因此它的出货形态可能出现整托盘及整箱拣货的形态(批发店、百货公司及超市)、整箱及拆箱拣货的形态(超市及便利商店),见表 2-2-1。这种情形由于客户层次整齐且订单量差异性小,订货大部分采用计算机联网方式(EOS、POS),在物流中心中属于比较简单的一种,规划难度比较低。

表 2-2-1 零售型物流中心出货形态表

| 出货形态 | 批发店、百货公司 | 超市 | 便利商店 |
| --- | --- | --- | --- |
| P→P | 40% | 10% | |
| P→C | 60% | 60% | 30% |
| C→B | | 30% | 70% |

(2) 物流中心物品的种类分析 物流中心处理的物品品项数差异性非常大,多则万种以上,如书籍、医药及汽车零件等物流中心;少则数十种甚至数百种,如制造商型的物流中心。由于品项数的不同,其复杂性与困难性也有所不同。例如,处理的物品品项数为 1 万种的物流中心与处理的物品品项数为 1 000 种的物流中心是完全不同的,其商品存储的储位安排也完全不同。

另外,物流中心所处理的物品种类不同,其特性也完全不同。如目前物流中心处理的比较常见的物品有农产品、日用品、药品、家电、3C 产品(计算机类、通信类和消费类电子产品)、服饰、化妆品、汽车零件及书籍等。由于商品的特性不同,物流中心的厂房硬件及物流设备的选择也完全不同。例如,食品及日用品的进出货量较大,而 3C 产品的商品尺寸大小差异性非常大,家电产品的尺寸则较大。服饰产品的物流特性有:80%直接送货到商店,而 20%左右存储于物流中心,等待理货及配送;高档的服饰必须使用悬吊的搬运设备及仓储设备。书籍的物流特性有:库存种类很多,而畅销品与不畅销品的物流量差异性非常大;另外,退货率高达 30%~40%;新出版书籍、杂志,其中 80%是直接送货到书店,而 20%则库存于物流中心等待补货。

(3) 物流中心物品的出货数量或库存量分析 物流中心物品的出货数量也是变幻莫测的,原因有货款结算的问题、年节的高峰问题及由于忽然流行某种商品而造成出货量的波动等。以货款结算的问题来说,一般而言,如果每月的 20 日是货款结算的截止日期,也就是 20 日以前订货算是这个月的货款,而 20 日以后订货算是下个月的货款。那么,15—20 日之间的订货量就会明显降低,而 20—25 日之间的订货量就会明显增加。还应确定物流中心物品的库存量到底要以最多量来考虑,还是以最少量或者以平均的量来考虑。若以最多量来考虑,则低谷时段的人力太浪费;若以最低量来考虑,则高峰时段的人力不足。可见,如何确定平衡点非常重要,要实现既不会缺货也不会浪费空间,既不会人力不足也不会人力过剩,必须要有一套有效的控制办法。

(4)物流搬运路线和配送通道分析 物流中心搬运路线受物流中心内部设施布局的影响很大,因此在物流中心布置设计时就应考虑物流中心搬运路线的需求,使得物流中心搬运路线尽量合理化。物流中心内部搬运路线可分为直达型(D)、渠道型(K)和中心型(C)。

1)直达型。这种路线上各种商品从起点到终点经过的路线最短。当物流量大、距离短或距离中等时,一般采用这种形式是最经济的,尤其当物料有一定的特殊性而时间又较紧迫时更为有利。

2)渠道型。一些物料在预定路线上移动,同来自不同地点的其他物料一起运到同一个终点。当物流量为中等或少量,距离为中等或较长时,采用这种形式是经济的,尤其当布置形式是不规则的分散布置时更为有利。

3)中心型。各种物料从起点移动到一个中心分拣处或分拨地,然后发往终点。当物流量小而距离中等或较远时,这种形式是非常经济的,尤其当物流中心外形基本上是方正的且管理水平较高时更为有利。

物流配送的通路与物流中心的类型和所服务客户有很大的关系,因此在规划物流中心之前首先必须了解物流配送的通路是属于哪一种,然后再进行规划。

(5)物流的服务品质分析 物流中心与传统的仓库、商贸中心、经销商最大的不同就是服务品质,改变了过去买商品必须自己亲自去拿的观念,以及订购商品必须 3~5 天以后才会送达的习惯。但物流服务品质的高低恰恰与物流成本成正比,也就是物流服务品质越高则其成本也越高。

但是站在客户的立场而言,希望以最经济的成本得到最佳的服务。所以原则上物流的服务水平,应该是合理的物流成本之下的最优服务品质,也就是在物流成本与竞争对手一样的情况下,物流服务水平比竞争对手高,或是在同样物流服务水平的情况下,自身物流成本比竞争对手低。目前物流的服务内容包括:订货交货时间,商品缺货率,流通加工的服务,商品店头陈列服务,紧急配送、夜间配送及假日配送,司机服务态度,信息提供的服务,顾问咨询服务等。以下针对物流的服务内容加以说明。

1)订货交货时间。准确的交货时间是最基本的物流服务品质,是其他服务品质的前提。

2)商品缺货率。商品缺货率也是物流服务品质之一,因为商品缺货往往造成零售经营者很大的困扰及损失。商品的缺货率越低则代表其服务品质越好。

3)流通加工的服务。流通加工主要是针对零售商的需求所提供的进一步服务。流通加工的内容包括:①贴价格标签;②贴进口商品的中文说明;③贴进口商品税条;④年节的礼盒包装;⑤批发店的最低购买量的热缩包装;⑥商品品质检查;⑦剪切服务;⑧计量称重等服务。在物流中心集中作业可以提高作业效率及降低成本。

4）商品店头陈列服务。有的物流中心也提供商品店头陈列的服务，但是此种服务仅限于小超市及平价商店，一般零售商大部分由自己陈列货架。

5）紧急配送、夜间配送及假日配送。当前物流中心的服务越来越多元化，为了提供更完善的服务，除全年无休息365日提供服务外，甚至提供紧急配送、夜间配送及指定时间配送等服务项目，以满足客户需求。

6）司机服务态度。在物流服务品质中司机服务态度也是重点项目之一，司机对人彬彬有礼、穿制服、不摔货，与客户进行及时的沟通交流。

7）信息提供的服务。在物流中心另外一种服务为信息的提供，因为物流信息的 EIQ 资料相当于零售商的 POS，它可以提供 POS 资料给零售商，则零售商不必花费高额的经费去建置 POS 就可以得到 POS 资料。另外，物流经营者也可以提供商品的贩卖情报给制造商，为制造商生产及经营提供参考。

8）顾问咨询服务。物流经营者还可以向零售商及制造商提供物流方面的建议，尤其是较小的零售商及制造商本身的经营管理能力不强时。

（6）物流的交货时间分析　在物流服务品质中物流的交货时间非常重要，交货时间太长或不准时都会严重影响批发商、零售商的业务，因此交货时间的长短与守时成为物流中心运营评估的重要指标。物流的交货时间是指从客户下订单开始，经订单处理、库存检查、理货、流通加工、装车、货车配送到达客户手上的这一段时间。物流的交货时间按厂商服务水平的不同，可分为 4 小时、12 小时、24 小时、2 天、3 天、1 周送达等几种。目前国内一般承诺自订货后 24~48 小时可以送达。一般物流的交货时间越短，则其成本会越高，因此最好的服务水平为 12~24 小时，稍微比竞争对手好一点，但成本又不会增加太多。

除了物流的交货时间外，还有物流的送货频度，也就是同一客户多长时间送一次货。目前根据各厂商商品特性的不同可分为一天两次、一天一次、两天一次、三天一次、四天一次等几种。目前最常见的是一天一次及两天一次的配送频度。

当全部都是一天一次或两天一次的配送频度，但订货的数量又不多时，对物流经营者而言成本太高，因此目前的做法是以 EQ 分析的 ABC 分类来决定配送的频度。例如，A 级厂商的订货量较大，每天配送，而 B 级厂商的订货量中等，则两天配送一次，C 级厂商的订货量较少，则三天配送一次或四天配送一次。原则上如此规划，但也有例外，当客户的配送量达到经济配送量时可以弹性调整，以达到客户满意的要求。

（7）物流中心商品的价值或建造的预算分析　在物流中心的设立要素中除了以上的基本要素外，还应注意研究商品的价值和物流中心建造的预算。因为如果没有足够的建造费用，那些理想的设计方案是无法实现的。另外，与物流成本息息相关的是服务商品的价值,因为在物流的成本计算方法中,往往会计算它占商品价值的比例。因此,如果商品的单价高,则其百分比相对会比较低,客户比较能够负担得起;如果商品的单价低,则其百分比相对会比较高,客户负担感觉会比较高。

问:如何设计物流中心区域功能的空间布局?

答:现代物流中心区域功能的空间布局设计,是对物流空间内部各个区域功能进行科学合理的定位,主要目的是实现各区域功能之间的协调及各工序之间的顺畅衔接,真正达到资源有效配置和工作效率最大化。

(1)物流中心区域功能规划  根据物流中心各区域的功能不同,通常将其划分为以下区域:

1)物流作业区:主要包括一般物流作业区(车辆进货、进货卸载、进货点收、理货、入库、调拨补充、订单拣取、分拣、集货、品质检验、发货点收、发货装载、货物运送等)、流通加工作业区、退货物流作业区、换货补货作业区、物流配合作业区、增值服务区等。

2)办公事务区:主要进行货物的单证处理、配车配载的计划、配送计划、信息处理等。

3)加油站,特种仓库(包括危险品库、冷藏库等)。

4)停车场。

5)服务区(后勤服务)。

6)道路交通系统以及绿化系统等。

(2)物流中心区域功能空间布局设计的要点  对于物流中心区域功能的空间布局,必须把握好以下七个环节的设计:

1)规划设施的确认,以便确定设施规划的约束条件。需要确认的设施主要包括地面的承重及负荷、码头墙体的窗口、柱子的跨度大小、仓库门、天花板的净空高度、温度的控制范围、消防设施以及给水排水系统等。

2)进货口与出货口位置的确定。一般包括共用集中型、相邻中间型以及四周分散型等三种类型。

3)物流中心固定区域与固定设施的确定。主要包括公共设施、防火设施、办公室、员工休息室、维修站点等。

4)分析物流中心的作业流程与主要作业路线,以确定主要通道的位置。可用主要动线和搬运设备的最小转弯半径为主要参数,做到主要动线的距离最短化。

5)工作频率高的作业区(包括收货及上架、分拣、装车出货等),其位置应该设在货物的进出口并且靠近存储区的位置;作业频率相对较低的区域(包括处理空托盘、处理退货或调拨商品回储存区、处理剩余商品、商品存储维护、贴标签、包装、休息等),其位置应该设在较远离货物出口的区域。

6）在对于未来物流中心发展所带来的业务量的增长，以及新增加的作业方式作出科学的推测与判断基础上，确定作业区的扩展方向和预留扩建空间。

7）在物流中心地块面积受限制的情况下，或者为有效提高产出价值，可考虑物流中心功能模块向立体方向发展，并采用垂直交通方式。

问：如何设计物流中心内部交通系统？

答：物流中心内部交通系统是整个物流中心运营发展的基础，起着联系各功能区域到出入口的作用，是物流中心运行效率及其运营发展的决定性因素，同时也是物流中心消防安全与内部景观构成的重要因素。在进行物流中心内部交通系统设计时，应把握好以下三个关键点：

1）交通系统规划应与物流中心总体规划相协调。即路网系统规划所形成的分割地块，其形状应该适应于功能区域用地的特点；同时应结合内部的地形特征，形成适宜的景观体系。

2）内部道路一般应为正交和网格的布置形式，且道路分级明确。这既便于满足货物流量和人流的分离，以保证物流中心交通的通畅与安全，又便于各功能区域之间的运输。此外，为保障运输车辆及人员的安全，在道路的交叉口和转弯处，应该满足运输视距的要求，在视距范围内避免出现遮挡视线的建筑物和植物。

3）交通系统的规划应有适度超前性。应根据物流中心长远发展规划的要求，确定交通系统发展的方向与组织形式，为物流中心的进一步发展所带来的交通流与物流的增长留出发展的空间。

问：物流中心内部交通系统设计的内容有哪些？

答：物流中心内部交通系统设计的内容，主要包括以下五方面：

（1）道路系统的设计　道路系统的设计可以分为两个部分：一是道路网络的设计，即设计一个由主干道、次干道和支路三部分组成的交通网络体系，并明确区分道路之间的级别；二是道路交叉口的设计，即确定道路交叉口是使用立体交叉还是平面交叉。一般而论，对于交叉口的设计均应根据具体的地形以及功能需要进行，在受地块限制的情况下，可以通过多层仓库及立体交通来解决。物流中心路网布局的形式可以归纳为以下三种：带状布置、网格状布置和放射状布置。

（2）停车系统的设计　停车系统是属于静态交通的范畴，它与动态交通路网构成交通系统不可分割的两个部分。因此，停车系统的设计是物流中心内部交通系统设计的重要组成部分，其设计的成功与否势必会影响到整个内部交通系统设计的成败。停车系统的设计必须根据物流中心的规模以及各类车辆停车状况来进行。其主体内容包括停车场的总规模（各种类型车位数），位置（在物流中心的具体位置），每一处的规模，停车性质（停的是哪一种类型的车辆，如是货车还是客车），车位设计（垂直停车、平行停车还是45°停车等）等。

(3) 出入口系统的设计　出入口的数量、位置和大小等的确定直接关系到内部与外部交通之间的协调性，甚至直接影响到整个物流中心的运作效率。在现实中若出入口系统设计得不妥当，会导致出入口成为交通系统的瓶颈，进而影响到整个物流中心交通系统的顺畅。因此，出入口系统的设计是物流中心交通系统设计的重要环节，在设计时必须综合考虑外部交通的分布和物流中心的地块形态，确定出入口的设置。图 2-2-2 显示了物流中心出入口的设置与外部交通道路形式的关系。

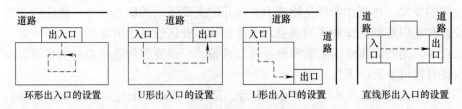

图 2-2-2　出入口的设置与外部交通道路形式的关系

(4) 交通组织的设计　交通组织的设计主要是研究物流中心内部的交通如何组织运行。它主要包括两方面的内容：一是内部行车路线组织，如单行道、分时段、车辆限制等。二是交叉口交通组织，如通过增加交叉口进出车道数，提高交叉口通行能力，使其尽量与路段的通行能力匹配；还可以通过道路上的标志、标线、交通岛等设施，使不同方向和不同车速的交通流互不干扰，车辆沿着一定的方向顺畅通过。

(5) 与外部交通衔接的设计　鉴于物流中心的运输车辆都是大型货车，且车流量相对较大，因此不能将主要出入口设置于城市的主要干道上，最好的方法是通过设置干线通道的方式来组织进出，以避免物流车辆对城市交通造成不必要的影响。在有条件的情况下，应在物流中心的外部设置适当数量的停车场，以便缓解物流中心内部的交通压力和改善车辆进出拥挤的问题。

问：如何设计物流中心设施设备？

答：(1) 物流中心设施设备设计的总体原则　物流中心设施设备的设计应根据系统的观念、运用系统分析的方法，求得整体优化，减少或消除不必要的作业流程，以实现在时间上缩短作业周期，在空间上少占用面积，在物料上减少停留、搬运和库存，在资金上投入最少，在运营成本上最低。同时，综合考虑人、机、环境的和谐，以创造一个良好、舒适、安全的工作环境。在进行设施设备的设计时，应贯彻"软件先行、硬件适度"的原则。

(2) 物流中心设施设备设计的依据　物流设施设备设计的依据是物流中心的单元负载单位和储运负载单位。单元负载单位和储运负载单位大多以托盘为主。托盘应尽可能采用标准化形式，以便适应不断增多的海内外联运业务。由于产品包装尺寸千差万别，设施设备标准化还有很长的路要走，在现实物资流通中，还存在许多非标准化的设施设备。但物流标准化已经成为大势所趋，势在必行。所以，在物流设施设备的标准化设计中，首先应当确定装载货箱的托盘尺寸、堆放货物的高度以及重量，然后才能进行仓库设备、搬运设备、拣选设备，甚至厂房建筑设施等的设计。

(3) 物流中心设施设备设计的主要内容 一个完整的物流中心包含的设施设备相当广泛，按作业区域主要可分为厂房建筑周边设施、物流作业区设备和辅助作业区设备三大类。厂房建筑周边设施主要考虑物流作业特性对建筑安装设施的要求；物流作业区是物流中心内开展主要活动的核心区域，物流设备的设计和选用是物流作业区的重点之一；辅助作业区设备主要是指办公和劳务设施设备，是物流作业的配套和服务设施设备。一个完整物流中心所包含的设施设备具体可分为以下九大类：

1) 容器设施。主要是指用于搬运、储存、拣选、配送等的容器，具体有平托盘、箱式托盘、网箱托盘、柱式托盘、物流台车、集装箱等。

2) 储存设备。物流中心的储存设备主要以单元负载的托盘储存为主，同时配合各种拣货需要，另外配备一定的容器、箱装品和单品的储存设备，一般包括各种货架和自动化立体仓库，具体有托盘货架、轻型货架辊轮式（流利式）货架、贯通式货架、悬臂式货架、阁楼式货架、旋转式货架、滑动式货架、移动式货架、自动化立体仓库等。

3) 物料搬运设备。主要有输送设备、巷道式堆垛机、叉车、手推车、自动导引车（AGV）、牵引车等。

4) 拣选分拣设备。主要有一般拣货设备、计算机辅助拣货系统、自动分拣系统等。

5) 流通加工设备。主要有裹包集包设备（如装盒机）、外包装配设备（如打带机）、印贴标签条码设备（如钢印设备）、拆箱设备、稳重设备等。

6) 自动识别技术设备。主要有条形码光电扫描设备（如手持式扫描器）、射频识别读写器等。

7) 物流配合设施。主要有物流整理设施（如工具车、工作台、零件盒、整理架）、楼层流通设施（如电梯）、装卸货平台、装卸货设施（如油压升降平台、起重机）、叠卸栈设施（如辅助物品升降装置、叠栈机、卸栈机）、容器暂存设施（如轻型料架）、废料处理设施（如裁纸机）等。

8) 辅助设施设备。主要有办公设施设备、消防设施设备、水电设施设备等。

问：如何设计物流中心的信息系统？

答：物流中心的最主要业务功能就是依靠物流信息的科学运筹管理，通过现代物流技术支撑，实现实时化、信息化与智能化的物流服务操作与管理，将储存保管、集散转运、流通加工、商品配送、信息传递、代购代销、增值服务等多种功能集于一体。所以,建立以现有的公共信息基础设施为通路,以电子商务服务平台为支撑,按照物流市场运行的要求,具有开放、双向、多通道特征的,能够支持物流体系高效运作的,分层次的物流信息系统是物流中心信息系统的设计目标。

物流中心的信息系统一般至少包括需求管理系统(也称为客户管理系统)、采购管理系统、仓库管理系统、财务管理和结算系统、配送管理系统、物流分析系统、决策支持系统等七个信息管理子系统。

> **试题选解**:根据各区域的功能不同,通常将物流中心划分为(　　)等区域。
>
> A. 一般物流作业区　　　　B. 流通加工作业区
> C. 退货物流作业区　　　　D. 增值服务区
>
> 解:根据物流中心各区域的功能不同,通常将其划分为以下区域:①物流作业区,主要包括一般物流作业区(车辆进货、进货卸载、进货点收、理货、入库、调拨补充、订单拣取、分拣、集货、品质检验、发货点收、发货装载、货物运送等)、流通加工作业区、退货物流作业区、换货补货作业区、物流配合作业区、增值服务区等;②办公事务区,主要进行货物的单证处理、配车配载的计划、配送计划、信息处理等;③加油站,特种仓库(包括危险品库、冷藏库等);④停车场;⑤服务区(后勤服务);⑥道路交通系统以及绿化系统等。因此,正确答案是 ABCD。

## 鉴定要求 2　能设计物流中心作业流程和管理制度

问:简述物流中心作业流程设计的指导思想和原则。

答:(1)指导思想　物流中心作业的指导思想为:以客户服务为中心,做到"两好""四快""四统一"。"两好"为客户服务好、在库货物保管好。"四快"为入库验收快、出库发运快、财务结算快、解决问题快。"四统一"为统一服务标准、统一流程、统一单证、统一岗位。

(2)作业设计原则　物流中心作业的基本原则是准确、及时、经济、安全。

1)准确。如实反映货物的数量、规格、型号及质量情况。对于存储期间的货物要勤检查,发现问题及时采取措施。加强对存储货物的维护和保养,确保货物在库存储期间数量不短缺、使用价值不改变,实现在库货物的数量和质量都符合准确可信的要求。

2)及时。快进、快出,在规定时间内保质、保量地完成收货、验收、出库、结算等项任务。即一方面充分做好进货准备工作,安排好货物入库的场地、货位和垛型,不压车、压线,及时验收、堆码、签单入库,做到快而不乱、既快又准;另一方面,合理安排和组织备货人员和机械设备,提高装卸、发运、托运、签单速度并做好出库的复核、点交工作,不发生错发、串发等事故。

3)经济。合理调配和使用人力、设备,充分利用仓容,提高作业效率。加强经济核算,节约费用和开支,降低物流作业成本。

4)安全。贯彻"安全第一、预防为主"的安全生产方针,消除货物保管及作业中的一些不安全因素。物流中心要把防火、防盗、防自然灾害、防腐变残损,确保货物、仓储设施、机械设备和人身安全作为作业工作的重中之重。

针对有多个仓库网点的物流中心,在作业管理上应坚持"四统原则",即统一服务和作业标准、统一和规范作业流程、统一作业单证、统一部门和岗位设置。

### 鉴定要求3　能对物流中心设计和规划进行投资与回收分析

问:如何对物流中心设计和规划进行投资与回收分析?

答:在确定物流中心设计和规划方案后,应进行投资与回收分析。投资成本的内容包括建设投资成本和运营成本两大类。投资与回收分析即是对建设投资成本和运营投资成本进行财务可行性、投资效益和投资风险分析,以作为决策者和经营管理者投资决策的依据和参考。

(1)建设投资成本分析　建设投资成本分析的内容包括土地成本、土地改造、房屋建筑成本、设备成本、开办费用和运营期间的投资费用。

1)土地成本。在计划执行中征用土地为最主要的投资项目,应分析是否为原自有土地、购置土地或租赁地皮。由于其投资金额高,效益评估过程可考虑以不计土地成本的方式进行效益评估,则效益分析部分土地将不作价;如果企业仍须以计入土地成本方式来评估效益,则未来的土地增值效益必须计入,否则就一般物流业的报酬率而言,将较难收回其成本。

2)土地改造。土地改造包括拆迁工程、地面附着物赔偿、迁移工程、文物勘探、标高测量、地形整理和必要的基础处理等。其中,迁移工程是将原有的设施(如道路、坟墓、高压线路、通信电缆和水渠等)按照要求移至规划区域之外。

3)房屋建筑成本。房屋建筑成本包括区域规划、单体设计、地质勘探、土建工程、安装工程等工程费用和工程监理费用。

4)设备成本。设备成本包括各类机具设备、仓储设施、搬运设备、信息设备及劳务设备设施等费用。

5)开办费用。开办费用包括针对物流中心开办规划与设计期间所需的系统规划整合顾问费用、技术引进费用、人事训练与杂项费用。

6)运营期间的投资费用。除初期投资外,因部分设备定期更新及物流中心初期需购置基本存货量所需的流动资金,均为营运期间所需的投资费用。

(2)运营投资成本分析　一般物流中心运营期间主要支出费用包括直接人事费用、固定销管费用、变动间接费用、固定间接费用、变动销管费用、建筑折旧、设备折旧、保险费、房屋税、企业所得税等。

（3）财务可行性分析　在确定投资方案之前还需对企业的财务状况进行分析，以决定投资额度及资金筹措来源，必要时需要寻求合作对象，以集资入股方式筹措资金。这样可以降低风险，但是相对增加经营管理上的不确定性。相关财务分析包括以下几方面：

1）中长期财务预测：进行长期财务比率分析，如流动比率分析、速动比率分析、损益预计表、资产负债表等。

2）事业财务管理策略：分析企业财务管理原则及实际可供运用的自有资金额度，是否可提供固定资产投资计划。

3）资金调度计划：分析企业未来5年的资金来源及运用计划，各期期末现金等。

4）计划资金来源：分析企业投入多少自有资金或多少百分比的贷款。资金成本率的计算是重点，是衡量计划投资是否具有效益的参考指标，一般企业应定在12%以上。

（4）投资效益分析　先预估未来预期收益及其成长率，配合初期投资成本及营运成本计算各年的现金流量，再进行内部报酬率、投资回收年限及净现值的计算。

1）现金流量计算。一般物流中心初期投资成本较高，须注意期末设备资产残值的预估，若不考虑设备资产残值，则评估结果不易回收，易导致业者因报酬率太低而放弃。

2）内部报酬率分析。一般计算如不考虑期间收益及运营成本的上涨率，且仅估计整数近似值，则可以用简单公式查表来计算，如加上上述因素，报酬率的计算可配合内差法列表以逐渐逼近的方式求得。

3）投资回收年限。如考虑期间收益及运营成本的上涨率，并求得较整数近似值更精确的年限值，可配合外差法列表求得。

（5）投资风险分析　由于物流中心建设投资回收期较长，对未来的收益和成本都很难进行准确预测，或多或少存在着不确定性。这种不确定性可能给投资项目带来一定程度的风险。如果投资风险比较大，足以影响投资方案的选择，那么在决策时就要进行投资风险分析。

**试题选解：** 物流中心运营投资成本包括（　　）。
A. 直接人事费用　　　　　　　B. 固定销管费用
C. 变动间接费用　　　　　　　D. 设备折旧

**解：** 一般物流中心运营期间主要支出费用包括直接人事费用、固定销管费用、变动间接费用、固定间接费用、变动销管费用、建筑折旧、设备折旧、保险费、房屋税、企业所得税等。因此，正确答案是ABCD。

# 鉴定点3 库存成本分析

## 鉴定要求1 能对库存成本结构进行分析

问：企业库存成本的结构有哪些部分？

答：企业库存成本大体可分为四个部分，即库存持货成本、订货成本、缺货成本和在途成本。

（1）库存持货成本　库存持货成本是指为保持一定的库存量而发生的成本。库存持货成本又可分为固定成本和变动成本。固定成本与库存数量的多少无关，即不随仓储存量的变化而变化，如固定资产折旧、职工工资和福利及各种费用开销等。变动成本与库存数量的多少有关，即随着仓储库存量的变化而变化，如资金占用成本、仓储管理成本和物资风险成本等。

（2）订货成本　企业的订货成本是指企业为实现物资订货而进行各种活动的费用，主要包括差旅费、邮资费、文书费及检试费等。订货成本也分为固定成本和变动成本。如与订货频次和数量无关的业务常设机构的日常基本开支为固定成本，而与订货频次和数量有关的差旅费、邮资费等则为变动成本。一般而言，企业的订货成本主要包括以下几个方面：

1）对供应商的调查、选定方面的开支。

2）从订货计划编制、订单发出到发货单核对、物资收取整个过程中的开支。

3）对首批物资或样品物资的检测、试验费用。

4）常设机构办公场地、办公用品及人员工资的支出。

（3）缺货成本　企业仓库的缺货成本是指由于库存缺货所造成的一系列损失。从供应方面看，包括由于生产物资的缺货造成生产中断、机器闲置、设备关闭所带来的停工损失及高价紧急采购缺货物资所带来的损失。从生产方面看，包括因在制品或半成品的缺货，使得各零部件生产工序不能连续进行，生产进度不能平衡，不能同步进入总装带来的损失。从销售方面看，当产成品或备件库存缺货时，客户就会购买竞争对手的产品，企业就会失去客户，丧失市场，损失利润。

（4）在途成本　企业物资的在途成本是指物资在运输途中所产生的成本，主要有资金占用成本和物资安全风险成本。从物资类别来看，在途成本包括供应采购物资的在途成本和销售产品、备品的在途成本。

1）供应采购物资的在途成本。从财务角度来看，只要对所购物资已付款，所购物资所有权便转移至需方，即使物资在运输途中还未入库，资金占用成本和物资在运输过程中的安全风险成本也已转移至需方了。

2）销售产品、备品的在途成本。企业从发出产品、备品到货款回收这段时间，仍然会占用资金，即产生资金占用成本。另外，在货物到达客户指定地点之前的运输途中，也存在物资运输安全风险，因而又有安全风险成本。

问：企业库存成本过高的原因有哪些？

答：企业的库存成本无疑要摊入企业输入阶段的原材料成本，企业的原材料成本过高将严重影响企业的运营效益。所以，企业要提高经济效益，就必须控制库存成本，分析成本过高的原因。从对库存成本结构的分析可看出，库存成本过高存在以下原因：

（1）库存物资过高，资金占用过大　由于种种原因，企业的库存物资经常过高。库存物资高必然导致资金占用大，而资金占用大，所付出的利息自然也会增多，流动资金滞呆时间会更长，投资其他项目的机会就会减少，获得投资回报的机会也会减少，因而机会成本就会增高。所以说，库存物资高、资金占用大是库存成本过高的主要原因之一。

（2）资产利用率低，折旧分摊居高　企业库房的设施设备，作为固定资产折旧要分摊到库存物资当中，并计入生产成本。许多企业库房设施、设备投资较大，物资存放布局不合理，仓容和设备利用率低，分摊到库存物资当中的固定资产折旧就高，从而致使物资库存成本居高不下。

（3）物资管理不善，养护费用增加　企业库存物资在储存期间，常会因为储存条件不足、人为养护不当或安全保卫工作不力而受损或失盗，另外部分物资的价值还会随着储存时间的延长和市场的变化而降低。这些物资的损失和贬值都增加了库存成本。

（4）库存物资缺货，运营成本提高　企业常会由于库存结构、生产调整或市场预测等问题而造成缺货，这使得从采购输入到销售输出的各个环节费用都会增加。如供应材料缺货，企业往往会不惜高价紧急采购急需物资，以确保生产继续进行。

（5）在途时间过长，资金占用过久　在企业的供应和销售环节都存在物资在途的情况。在途物资过多，资金占用亦多；在途时间过长，资金占用时间亦长。流动资金过高会严重影响资金的有效利用，这是企业成本上升的又一重要原因。

**试题选解：**企业库存成本大体可分为（　　）。
A. 库存持货成本　B. 订货成本　C. 缺货成本　D. 在途成本

解：企业库存成本大体可分为四个部分，即库存持货成本、订货成本、缺货成本和在途成本。因此，正确答案是 ABCD。

## 鉴定要求 2　能对库存成本提出控制和优化方案

问：库存成本控制的策略有哪些？

答：库存成本是企业运营中的一个重要指标，它直接左右着企业的经济效益。所以，如何提高企业的运营质量，将库存成本控制在一个合理的范围内，是摆在企业面前一个非常现实的操作问题。常见的控制策略有：

（1）严格控制库存物资　要降低库存成本，首先必须减少库存物资，而减少库存物资又必须认真分析高库存的原因及其影响因素，从而从源头上杜绝不合理的库存，将库存物资控制在一个合理的范围内。

（2）合理投资设施、设备　企业盲目地投资仓库设施、设备，是导致库存成本上升的又一原因。因此，企业要对仓库设施、设备投资进行合理性分析。所投的设施、设备利用率有多大，固定资产折旧分摊有多少，增加的成本能否消化，等等，都应分析。绝对不能贪大求洋而致使设施、设备成为摆设，而要使投入的钱产生相应的效益，而不是成为企业的包袱。

（3）加强仓储物资管理　管理不善常会导致库存物资毁损、失盗，而对市场预测不准会使得购回的物资贬值，使库存成本失控。因此，要使库存成本得到有效控制，就必须加强对物资的管理，了解物资属性和储存条件，对物资进行有针对性的养护，将物资的自然损毁减到最少。另外，还须适当采取安全防患设施，加强安全保卫，防止物资被盗。同时要提高企业对市场的预测能力，根据物资的市场行情，对库存物资进行及时的处理，确保在库物资的价值。

（4）确保物资供给　物资缺货无论是对生产成本还是对销售市场都将产生极大的影响。恰到好处的库存是保障企业正常运营的基本条件，因此生产中最需要什么，市场上最缺少什么，等等，企业都必须确切地掌握。仓库必须确保供给，从而减少因紧急采购和销售缺货带来的直接利润损失，只有这样，企业成本才能得到控制，企业运营才能顺畅。

（5）加强在途物资管理　长期的在途物资同样会占用资金，损失资金利息，从而导致产品成本上升。加强对在途物资的控制，减少在途、消除在途是控制库存成本的另一重要途径。在途物资的情况不一，原因各异，企业应进行逐项分析，分别制订应对措施，切切实实管理好在途、控制好在途，从而使库存成本也得到有效控制。

> **试题选解**：简述库存成本控制的策略。
>
> 解：常见的库存成本控制策略有：①严格控制库存物资；②合理投资设施、设备；③加强仓储物资管理；④确保物资供给；⑤加强在途物资管理。

# 鉴定范围 3

# 运输管理

## 鉴定点 1　运输方案设计与规划

### 鉴定要求 1　能依据企业（或客户企业）生产，制定运输规划

**问**：运用表上作业法求解运输规划问题，确定初始方案的方法有哪些？其基本思想是什么？

**答**：运用表上作业法求解运输规划问题，确定初始方案的方法较多，常见的有左上角法（又称为西北角法或阶梯法）、最小元素法、最大差额法（又称为 Vogel 法）等。

左上角法的基本思想是：先给作业表中左上角所在格安排运量，然后划去该格所在行或列，依此重复进行，直到求出初始方案为止。

最小元素法的基本思想是"运价小者优先供应"，即先给运价表中最小运价那格安排运量，然后划去该运价所在行或列；接下去继续这样做，每次总在表中剩余运价的最小元素那格确定运量，直到求出初始方案为止。

最大差额法的基本思想是：对于运价差额最大处，应该优先按最小运价进行调运。

**试题选解**：某航运公司承担六个港口城市 A、B、C、D、E、F 的四条固定航线的货物运输任务。已知各条航线的起点、终点城市及每天航班数见表 2-3-1。假定各条航线使用相同型号的船只，各城市间的航班天数见表 2-3-2。每条船只每次装卸货的时间各需 1 天。该航运公司至少应配备多少条船才能满足所有航线的运货需求？

表 2-3-1　各条航线的起点、终点城市及每天航班数

| 航　线 | 起点城市 | 终点城市 | 每天航班数 |
| --- | --- | --- | --- |
| 1 | E | D | 3 |
| 2 | B | C | 2 |
| 3 | A | F | 1 |
| 4 | D | B | 1 |

表 2-3-2  各城市间的航班天数                                    单位：天

| 港口城市 | A | B | C | D | E | F |
|---|---|---|---|---|---|---|
| A | 0 | 1 | 2 | 14 | 7 | 7 |
| B | 1 | 0 | 3 | 13 | 8 | 8 |
| C | 2 | 3 | 0 | 15 | 5 | 5 |
| D | 14 | 13 | 15 | 0 | 17 | 20 |
| E | 7 | 8 | 5 | 17 | 0 | 3 |
| F | 7 | 8 | 5 | 20 | 3 | 0 |

解：该公司所需配备船只分为两个部分，即载货航程需要周转船只数和各港口间调度所需船只数。对于航线 1，在 E 港口装货 1 天，E→D 航程 17 天，在 D 卸货 1 天，总计 19 天，每天 3 班，故需 57 条船周转。依此类推，各航线所需船只数见表 2-3-3，累计共需周转船只 91 条。

表 2-3-3  各航线所需船只数

| 航线 | 装货天数 | 航程天数 | 卸货天数 | 小计天数 | 航班数 | 所需周转船只数 |
|---|---|---|---|---|---|---|
| 1 | 1 | 17 | 1 | 19 | 3 | 57 |
| 2 | 1 | 3 | 1 | 5 | 2 | 10 |
| 3 | 1 | 7 | 1 | 9 | 1 | 9 |
| 4 | 1 | 13 | 1 | 15 | 1 | 15 |

各港口每天余缺船只数见表 2-3-4，由表可见，C、D、F 港口每天到达船只数多于所需船只数，A、B、E 港口每天到达船只数少于所需船只数。

表 2-3-4  各港口每天余缺船只数

| 港口城市 | 每天到达船只数 | 每天所需船只数 | 余缺数 | 港口城市 | 每天到达船只数 | 每天所需船只数 | 余缺数 |
|---|---|---|---|---|---|---|---|
| A | 0 | 1 | −1 | D | 3 | 1 | 2 |
| B | 1 | 2 | −1 | E | 0 | 3 | −3 |
| C | 2 | 0 | 2 | F | 1 | 0 | 1 |

为了使配备船只数最少，应做到在各港口间调度的船只数最少，因此建立以下运输问题：产量为每天多余船只数，销量为每天缺少船只数，单位运价为相应港口之间的船只航程天数。产销平衡表见表 2-3-5。

表 2-3-5  产销平衡表

| | A | B | E | 每天多余船只数 |
|---|---|---|---|---|
| C | 2 | 3 | 5 | 2 |
| D | 14 | 13 | 17 | 2 |
| F | 7 | 8 | 3 | 1 |
| 每天缺少船只数 | 1 | 1 | 3 | 5 |

这是一个产销平衡运输问题，用表上作业法求出空船的最优调度方案，见表 2-3-6。

表 2-3-6　最优调度方案

|  | A | B | E | 每天多余船只数 |
|---|---|---|---|---|
| C | 1 |  | 1 | 2 |
| D |  | 1 | 1 | 2 |
| F |  |  | 1 | 1 |
| 每天缺少船只数 | 1 | 1 | 3 | 5 |

由表 2-3-6 知，最少需周转的空船数为 40 条，这样在不考虑维修、储备等情况下，该公司至少应配备 131（91+40）条船。

## 鉴定要求 2　能设计和组织联合运输

问：什么是联合运输？

答：联合运输是指货物通过两种或两种以上运输方式，或需要同种运输方式中两次以上的运输。联合运输实行一次托运、一次收费、一票到底、全程负责。它是综合运输思想在运输组织领域的体现，是综合性的运输组织工作。这种综合组织是在一个完整的货物、旅客运输过程中，不同运输企业、不同运输区段、不同运输方式和不同运输环节之间的衔接和协调组织。

联合运输的产生打破了传统的不同运输方式、不同运输企业独立经营、独立组织运输的局面，把不同运输方式的运输线路、运输枢纽及各种运输企业、运输服务企业连成了一个不可分割的整体。

问：联合运输有哪些特征？

答：联合运输与传统的单一方式单程运输是有很大区别的，其基本特征主要是：

（1）全过程性　联运是两种以上运输方式或单一方式两程以上的连续运输组织，联运经营人或联运管理机构要负责从接受货物托运、各区段运输、各区段运输衔接，直到货物交付期间的全部运输业务及相关服务业务。无论全程运输过程中包含几个区段，使用几种运输方式，经过几次中转换装，均要对运输的全程负责。联运合同是从起运到运输目的地的全程运输合同。

（2）简便性　联运实行"一次托运、一份合同、一次结算费用、一票到底"的全程负责制。货主只要与联运经营人订立一份运输合同（联运合同），办理一次托运，一次结算全程费用，通过一张运输单据就可以实现货物的全程运输。与传统的分段运输比较，货主需要办理的手续简化了很多，大大节约了货方的人力与时间，从而提高了社会综合经济效益。

（3）通用性　由于联运涉及不同的运输方式或一种方式、两程以上运输的衔接配合，以及产、供、运、销企业之间的运输协作，因此它与单一方式运输、单程运输或某一行业的运输业务都不同。联运中所使用的商务活动的模式与规则，运输所依据的国际、国内法规，合同的性质及作用，使用的单证文件等都必须具有通用性，使之能适应不同运输方式、不同企业及其衔接的工作需要。

（4）代理性　联运的特征是指联运企业的业务活动的性质具有运输代理企业的特点。这主要是指运输企业（运输经营人）尽管与货方订立全程运输合同，对全程运输负有责任，但在实际运输过程中，它不拥有任何一种运输工具或不拥有全程运输的所有种类的运输工具（只拥有其中一种或两种）。因此，它一般并不实际完成所有运输区段（或其中的某些区段）的运输，而是通过分别与其他运输企业（一般称为实际承运人）订立分区段运输合同（一般称为分运合同或分包合同），借助其他运输企业的力量完成各段的运输。它的全程运输组织工作的内容仍只限于运输服务范畴，主要是提供服务与组织衔接，这与运输代理企业的业务内容相似。但联运企业在其业务活动中的身份和性质与传统意义上的运输代理企业（指接受委托人的委托，在委托人授权的范围内以委托人的身份工作，并收取佣金）是有很大区别的。由于联运企业要与货方订立运输合同（联运合同），它是该运输合同的当事人，对货方而言，是对运输全程负责的承运人。但又由于要通过与各实际承运人订立各区段运输合同完成全程运输，对各实际承运人来讲，它又是货方（发货人或收货人）。联运经营人在业务活动中的这种双重身份与纯代理人身份性质是完全不同的。因此，理解联运的代理性特征时要注意不能把两者身份和性质混为一谈。

（5）协同性　搞好联合运输要依赖于生产、供应、运输、销售、金融、通信等部门及集、装、运、转、卸、疏等环节上的紧密协作与配合。这种协同性不仅体现在运输组织和管理上协调一致，而且也体现在技术装备的协调发展和同步建设方面，必须使站、库、场、集疏运系统相互配套，实现运输设备和设施的协调性。这种协调性是联运的必要条件和关键。

问：联合运输有哪些形式？

答：（1）疏散型　在干支枢纽地设有联办，但在支线的各县尚没有联运企业的情况下，由联办与干线运输企业签订疏运合同，与支线各县的货主签订送达合同，负责代办铁、江、海等干线的到达港、站物资，并为货主代办向公路、水路等支线的运输企业托运、送货到家。

（2）集散型　在干支枢纽地设有联运企业或联办，但在支线经济吸引范围内各地尚未建立联运企业的情况下，由支线枢纽城市的联运企业或联办负责为货主代办公、水等支线运来的货物，并向铁、江、河等干线托运；也代办铁、江、海等干线到达港站的货物向公、水等支线托运、送货上门。

（3）线条型　在干支线枢纽城市设有联运企业或联办，同时在经济吸引腹地内支线上的一部分县（市）也有联运企业或联办的情况下，各联运企业相互沟通联运业务，形成一条联运线。这种线条型比上述疏散型和集散型已向前跨了一步，枢纽地联运企业已不只是对联运签订合同，还与支线运输企业和干支的各联运企业联合办理联运业务。

（4）网络型  在干支线枢纽城市有联运企业，并在其经济吸引范围支线上的县（市）普遍设联运企业，联运企业之间相互沟通联运渠道，组成联运服务网络，称为网络型。在这样的网络中，不管经过几程联运，通过各联运企业之间的组织，相互办理中转运输业务，对货主来说，可实现"一次托运、一次结算、上门取货、全程负责"，在承运企业间实行"代办托运、分别起票、分段计费、相互清算"等方法。

问：设计和组织联合运输有哪些要点？

答：我国在货物联运中，按照运送凭证通用性程度的不同以及组织联运方法的不同，通常又分为干线联运和干支线联运。

干线联运是指按照铁道部、交通部联合颁发的《铁路和水路货物联运规则》办理的铁水联运，是大宗物资联运的主要通路，它具有批量大、运距长等特点，全国有统一的规则、统一的运价，通过统一的联运运单，衔接各运输环节，可做到一次托运、一次收费、一票到底、负责全程运输。

干支线联运是指铁水干线与地方公路、水路之间的联运。由于地方公路、水路管理体制比较复杂，各省、市、自治区的运价不一样，所以全国还没有统一的比较具体的联运规则，联运的运送凭证只能在全程运输中的局部区段内或地方运输企业、联运企业间通用，或通过联运企业中转换装业务来组织实现。

（1）货物联运作业程序

货物联运作业程序应遵循"优质服务、方便货主"的原则，做到手续简便、形式多样、上门服务、函电受理，提高服务质量。其作业程序包括：

1）货主（发货人）通过函电提出发货委托书或亲自登门办理货物托运手续，填写"联运货物托运单"。

2）联运企业根据货主委托书规定的时间、地点，派车取货或由货主亲自送货。

3）联运货物在仓库集结。

4）联运企业办理货物票据手续及核收运杂费。

5）根据货主规定的发货日期（或对到货日期的要求）向运输企业托运、组织货物始发装运，除货主有特殊要求并支付相应的运输费用外，运输工具的选择和运输径路的安排应由联运企业按照合理运输的原则负责办理。

6）在不同运输方式的衔接地点办理中转业务。

7）办理货物到达票据手续和到达运杂费的结算。

8）根据货主（发货人）指定的时间，派车送货上门或由货主自取。

（2）货物中转站承办的中转业务　联运货物在两程或两程以上运输的中间环节，办理货物的交接、装卸、存放、配套等中转工作，需要在货物的集结点或各种运输方式的换装点设置货物中转站，承办联运货物中转业务。

（3）联运货物的事故处理　在货物运输过程中，应贯彻"预防为主、安全第一"的方针，杜绝货损、货差等事故的发生。发生事故后，应积极采取有力措施，防止事故蔓延和扩大。处理事故要本着实事求是的原则，采取"三不放过"的办法（即发生事故的原因未查清不放过，事故的责任未分清、教训未吸取不放过，没有防范措施不放过），认真分析研究，划分责任，正确及时理赔。

（4）货物运输代理制　所谓货物运输代理制（或称为代办制），是指在整个运输经营过程中，作为货物所有者（货主）的实际托运人同拥有运输工具的实际承运人之间不直接见面，而以各种不同的形式，分别通过其代理人（或称代办人）进行运输业务活动的经营方式。这种现代运输经营方式是随着市场经济的发展、生产的社会化和专业化、专业化规模的扩大，为适应扩大商品流通和运输业务范围的需要而发展起来的。货物运输代理制的经营方式主要有以下几种：

1）按地域划分为国际货运代理和国内货运代理。

2）按授权（区域或业务）划分为总代理、分代理。

3）按权限划分为独家代理、多家代理。

4）按委托项目性质划分为货运进（出）口代理、转运代理、货物报关代理、集装箱代理、揽货式代理、航线代理、拼箱货代理。

5）按提供的服务划分为一般货运代理、运输组织者综合货运代理。国内外的实践证明，货物运输代理制是发展社会主义市场经济和运输生产现代化的必然产物。推行货物运输代理制有利于综合利用各种运输工具，挖掘运输潜力，加速商品流通；有利于促进运输业的专业化分工的发展，提高运输效率和社会效率。

### 鉴定要求3　能制订运输优化方案

问：甲公司要从位于S市的工厂直接装运500台电视机送往位于T市的一个批发中心。这批货物价值为150万元。T市的批发中心确定这批货物的标准运输时间为2.5天，如果超出标准时间，每台电视机每天的机会成本是30元。甲公司的物流经理设计了下述三个物流方案，请从成本角度评价这些运输方案的优劣。

1）A公司是一家长途货物运输企业，可以按照优惠费率0.05元/（台·千米）来运送这批电视机，装卸费为0.10元/台。已知S市到T市的公路运输里程为1 100千米，估计需要3天的时间才可以运到（因为货物装卸也需要时间）。

2）B 公司是一家水运企业，可以提供水陆联运服务，即先用汽车从甲公司的仓库将货物运至 S 市的码头（20 千米），再用船运至 T 市的码头（1 200 千米），然后再用汽车从码头运至批发中心（17 千米）。由于中转的过程中需要多次装卸，因此整个运输时间大约为 5 天。询价后得知，陆运运费为 0.06 元/（台·千米），装卸费为 0.10 元/台，水运运费为 0.6 元/百台。

3）C 公司是一家物流企业，可以提供全方位的物流服务，报价为 22 800 元。它承诺在标准时间内运到，但是准点的百分率为 80%。

答：

方案一：成本=（0.05×1 100+0.1×2）×500 元+30×500×0.5 元=27 600 元+7 500 元=35 100 元。

方案二：成本=（0.05×37+0.1×6+0.006×1 200+30×2.5）×500 元=42 325 元。

方案三：成本=22 800 元，可能追加成本=（2.5/0.8−2.5）×30×500 元=9 375 元，最高成本为 32 175 元。

因此，最佳方案为方案三，因为该方案的成本最低。

## 鉴定点 2　运输调度

### 鉴定要求 1　能进行运输工具配载

问：运输工具配载的方法有哪些？

答：配载是指充分利用运输工具（如货车、轮船等）的载重量和容积，采用先进的装载方法，合理安排货物的装载。在运输与配送作业中安排配载，把多个用户的货物或同一用户的多种货物满载于同一辆车上，不但能降低送货成本，提高企业的经济效益，还可以减少交通流量，改善交通拥挤状况。

（1）简单的配载方法　配送的主要特点就是所送的货物品种多，总的数量较大，但是每一种货物数量一般都不大，常常要安排许多车辆才能满足对用户的配送。因此，充分利用车辆的容积和载重量，同时考虑卸货的先后，做到满载满装，是降低企业成本的重要手段。

所运货物种类繁多，不仅表现为包装形态、储运性能不一，而且表现在容重方面，往往相差很远。容重大的货物往往是达到了满载量，但是容积空余很大；容重小的货物则反之，看起来装得满满的，但是实际上并未达到车辆的载重量。两者实际上都造成了浪费。因此，实行容重大小不同的货物来搭配装车，不仅可以有效利用车辆的容量，在载重方面又达到了满载，取得最优效果。

简单的配载可以用手工计算。例如，需配送两种货物，货物 A 的容重是 $A_容$，

单件货物的体积是 $A_体$；货物 B 的容重是 $B_容$，单件货物的体积是 $B_体$。车辆的载重量是 $K$（单位为 t），最大容积是 $V$（单位为 m³），计算最佳的配载方案。

考虑到货物 A 和 B 的尺寸组合与车辆内部尺寸的不完全对等等客观因素，设车辆的有效容积是 $V \times 90\%$。

设装入数量 $x_A$ 的货物 A 和数量 $y_B$ 的货物 B 后，既可以满载也可以达到有效容积，建立等式如下：

$$x_A A_体 + y_B B_体 = V \times 90\%$$
$$x_A A_体 A_容 + y_B B_体 B_容 = K$$

取求得的 $x_A$ 和 $y_B$ 的整数值即为配载的数量，然后考虑卸货的先后，合理安排货物的装载。

（2）配载的动态规划法 当配货的货物品种比较多时，一般使用计算机采用动态规划的方法进行配装。

设货车的装载量上限是 $w$，用于运送 $n$ 种不同的货物，物品的重量分别是 $w_1$，$w_2$，…，$w_n$。每一种货物对应有一个价值系数，分别用 $p_1$，$p_2$，…，$p_n$ 表示，它可以代表价值、运费或重量等。设 $x_i$ 表示第 $i$ 种货物的装入数量，则配装的问题可以表述为

$$\max f(w) = \sum_{i=1}^{n} p_i x_i$$

$$\sum_{i=1}^{n} p_i x_i \leq w$$

式中，$x_i \geq 0$ 且是整数，$i=1$，2，…，$n$。

可以把装入一件货物作为一个阶段，把问题转化为相应的动态规划问题，有：$w$ 为状态变量，表示用于装入第 1 种货物至第 $n$ 种物品的总重量；$x_i$ 为决策变量，表示装入第 $i$ 种货物的件数。则状态转移方程为 $w = w - w_i x_i$。

决策的集合为 $D_i(w) = \{x_i | 0 \leq x_i \leq [w/w_i]\}$，方括号表示取整数。

该问题的求解是从最后一个阶段开始依次向前推进。其计算过程如下：

第 1 步，装入第 $n$ 种货物 $x_n$ 件，其最大价值是

$$f_n(w) = \max p_n x_n$$

式中，$0 \leq x_n \leq [w/w_n]$。

第 2 步，装入第 $n-1$ 种货物 $x_{n-1}$ 件，其最大价值是

$$f_{n-1}(w) = \max \{p_{n-1} x_{n-1} + f_n(w - w_{n-1} x_{n-1})\}$$

式中，$0 \leq x_{n-1} \leq [w/w_{n-1}]$。

第 3 步，装入第 $n-2$ 种货物 $x_{n-2}$ 件，其最大价值是

$$f_{n-2}(w) = \max \{p_{n-2} x_{n-2} + f_{n-1}(w - w_{n-2} x_{n-2})\}$$

式中，$0 \leq x_{n-2} \leq [w/w_{n-2}]$。

……

第 $n-1$ 步，装入第 2 种货物 $x_2$ 件，其最大价值是

$$f_2(w)=\max\{p_2x_2+f_3(w-w_2x_2)\}$$

式中，$0 \leq x_2 \leq [w/w_2]$。

第 $n$ 步，装入第 1 种货物 $x_1$ 件，其最大价值是

$$f_1(w)=\max\{p_1x_1+f_2(w-w_1x_1)\}$$

式中，$0 \leq x_1 \leq [w/w_1]$。

**试题选解**：载重量为 8 吨的载重汽车，运输 4 种机电产品，其重量分别为 3 吨、3 吨、4 吨、5 吨，见表 2-3-7。其中的价值系数即货物重量值。如何配装才能充分利用货车的运载能力？

表 2-3-7　4 种货物的重量和价值系数

| 货物编号 | 重量/吨 | 价值系数 |
| --- | --- | --- |
| 1 | 3 | 3 |
| 2 | 3 | 3 |
| 3 | 4 | 4 |
| 4 | 5 | 5 |

**解**：可运用动态规划法求解此问题。把装入一件货物作为一个阶段，把装货问题化为动态规划问题。动态规划问题的求解过程是从最后一个阶段开始由后向前推进。

按此方法，将上述问题分成 4 个阶段进行计算，计算结果列成 4 个表格，见表 2-3-8～表 2-3-11。

表 2-3-8　第 1 阶段计算表

| $w$ | 0 | 1 | 2 | 3 | 4 | 5 | 6 | 7 | 8 |
| --- | --- | --- | --- | --- | --- | --- | --- | --- | --- |
| $x_4$ | 0 | 0 | 0 | 0 | 0 | 1 | 1 | 1 | 1 |
| $f_4(w)$ | 0 | 0 | 0 | 0 | 0 | 5 | 5 | 5 | 5 |

表 2-3-9　第 2 阶段计算表

| $w$ | $x_3$ | $w-w_3x_3$ | $p_3x_3+f_4(w-w_3x_3)$ | $f_3(w)$ |
| --- | --- | --- | --- | --- |
| 0 | 0 | 0 | 0+0=0 | 0 |
| 1 | 0 | 1 | 0+0=0 | 0 |
| 2 | 0 | 2 | 0+0=0 | 0 |
| 3 | 0 | 3 | 0+0=0 | 0 |
| 4 | 0 | 4 | 0+0=0 | 4 |
| 4 | 1 | 4 | 4+0=4 | |
| 5 | 0 | 5 | 0+5=5 | 5 |
| 5 | 1 | 4 | 4+0=4 | |

| $w$ | $x_3$ | $w-w_3x_3$ | $p_3x_3+f_4(w-w_3x_3)$ | $f_3(w)$ |
|---|---|---|---|---|
| 6 | 0 | 6 | 0+5=5 | 5 |
| 6 | 1 | 2 | 4+0=4 | |
| 7 | 0 | 7 | 0+5=5 | 5 |
| 7 | 1 | 3 | 4+0=4 | |
| 8 | 0 | 8 | 0+5=5 | |
| 8 | 1 | 4 | 4+0=4 | 5 |
| 8 | 2 | 0 | 8+0=8 | |

表 2-3-10　第 3 阶段计算表

| $w$ | $x_2$ | $w-w_2x_2$ | $p_2x_2+f_3(w-w_2x_2)$ | $f_2(w)$ |
|---|---|---|---|---|
| 0 | 0 | 0 | 0+0=0 | 0 |
| 1 | 0 | 1 | 0+0=0 | 0 |
| 2 | 0 | 2 | 0+0=0 | 0 |
| 3 | 0 | 3 | 0+0=0 | 3 |
| 3 | 1 | 0 | 3+0=3 | |
| 4 | 0 | 4 | 0+4=4 | 4 |
| 4 | 1 | 1 | 3+0=3 | |
| 5 | 0 | 5 | 0+5=5 | 5 |
| 5 | 1 | 2 | 3+0=3 | |
| 6 | 0 | 6 | 0+5=5 | 6 |
| 6 | 1 | 3 | 3+0=3 | |
| 6 | 2 | 0 | 6+0=6 | |
| 7 | 0 | 7 | 0+5=5 | 7 |
| 7 | 1 | 4 | 3+4=7 | |
| 7 | 2 | 1 | 6+0=6 | |
| 8 | 0 | 8 | 0+8=8 | 8 |
| 8 | 1 | 5 | 3+5=8 | |
| 8 | 2 | 2 | 6+0=6 | |

表 2-3-11　第 4 阶段计算表

| $w$ | $x_1$ | $w-w_1x_1$ | $p_1x_1+f_2(w-w_1x_1)$ | $f_1(w)$ |
|---|---|---|---|---|
| 8 | 0 | 8 | 0+8=8 | 8 |
| 8 | 1 | 5 | 3+5=8 | |
| 8 | 2 | 2 | 6+0=6 | |

寻找最优解方案的次序与计算顺序相反，由第 4 阶段向第 1 阶段进行。在第 4 阶段计算表中，价值（本题为载重量）最大值 $f_1(w)=8$，对应两组数据，一组中 $x_1=0$，另一组中 $x_1=1$。当 $x_1=1$ 时，即第 1 种货物装入 1 件，表中第 3 列数字表示其余种类货物的装载量。当 $x_1=1$ 时，其他 3 种货

物装载量为 5。按相反方向，在第 3 阶段计算表中，查 $w=5$ 时得价值最大值 $f_2(w)=5$，此时对应的 $x_2=0$。查表 2-3-10 中第 3 列数字，当 $w=5$ 时，其余两类货物装入重量为 5。在第 2 阶段计算表中，查 $w=5$ 时，得到价值最大值是 $f_3(w)=5$，此时对应的 $x_3=0$。再查表 2-3-9 中的第 3 列数字，当 $w=5$，$x_3=0$ 时，剩余货物的装入量为 5。查第 1 阶段计算表，当 $w=5$，$x_3=0$ 时，对应的 $x_4=1$。因此，得到的最优解是：$x_1=1$，$x_2=0$，$x_3=0$，$x_4=1$，价值最大值为 $f(w)=1×3+1×5=8$。

同时，当 $x_1=0$ 时，按照同样的查找步骤逐步进行，可以得到另外两组最优解是：

$x_1=0$，$x_2=0$，$x_3=2$，$x_4=0$，价值最大值为 $f(w)=2×4=8$。

$x_1=0$，$x_2=1$，$x_3=0$，$x_4=1$，价值最大值为 $f(w)=1×3+1×5=8$。

这 3 组解都使装载重量达到该型汽车的最大载重量。

## 鉴定要求 2　能优化运输路线

问：如何利用 Dijkstra 方法计算运输最短路？

答：计算最短路经常采用的是 Dijkstra 方法。Dijkstra 方法的基本思想是从 $v_s$ 出发，逐步向外探寻最短路。执行过程中，与每个点对应，记录下一个数（称为这个点的标号），它或者表示从 $v_s$ 到该点的最短路的权（称为P标号），或者是从 $v_s$ 到该点的最短路的权的上界（称为 T 标号）。该方法的每一步是去修改 T 标号，并且把某一个 T 标号的点改变为 P 标号的点，从而使网络中具有 P 标号的顶点数多一个，这样，至多经过 $p-1$ 步（$p$ 为网络中点的总数），就可以求出从 $v_s$ 到各点的最短路。

Dijkstra 方法的具体步骤如下：

设 $P$、$T$ 分别表示某个点的 P 标号、T 标号，$S_i$ 表示第 $i$ 步时 P 标号点的集合，表示从 $s$ 到各点的最短路。算法终止时，如果 $\lambda(v)=M$，表示从 $v_s$ 到 $v$ 的最短路上，$v$ 的前一个点是 $v_M$；如果 $\lambda(v)\neq M$，则表示有向图中不含从 $v_s$ 到 $v$ 的路；$\lambda(v)=0$ 表示 $v=v_s$。

步骤 1：开始（$i=0$）令 $S_0=\{v_s\}$, $P(v_s)=0, \lambda(v_s)=0$，对每一个 $v\neq v_s$，令 $T(v)=+\infty$，$\lambda(v)=M$，$k=s$。如果 $S_i=V$，算法终止。这时，对每个 $v\in S_i$，$d(v_s,v)=P(v)$；否则转入下一步骤。

步骤 2：考察每个使 $(v_k,v_j)\in A$ 且 $v_j\notin S_i$ 的点 $v_j$。如果 $T(v)>P(v)+w_{kj}$，则把 $T(v_j)$ 修改为 $P(v_k)+w_{kj}$，把 $\lambda(v_j)$ 修改为 $k$；否则转入下一步骤。

步骤 3：令 $T(v_{ji})=\min\{T(v_i)\}$，如果 $T(v_i)<+\infty$，则把 $v_{ji}$ 的 T 标号变为 P 标号，$P(v_{ji})=T(v_{ji})$，令 $S_{i+1}=S_i\bigcup\{v_{ji}\}, k=j$，把 $i$ 变成 $i+1$，转入步骤 1；否则终止。这时，对每一个 $v\in S_i, d(v_s,v)=P(v)$，而对每一个 $v\notin S_i$，

$d(v_s, v) = T(v)$。

问：图 2-3-1 所示是某公路网络的一部分，并显示了每两点之间的行程时间（以分钟计算）。为了提供最好的客户服务，你会把一个仓库定位在哪儿？如果设定最大时间限度为 15 分钟，那么需要多少个仓库？

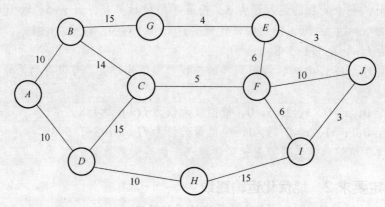

图 2-3-1  某公路网络图

答：通过计算，可以确定每个城镇的最大时间限制并确定最佳的地点，然后找出服务时间少于 15 分钟的城镇。这可以借助许多软件解决网络问题，结果见表 2-3-12 和表 2-3-13。

表　2-3-12

|   | A | B | C | D | E | F | G | H | I | J |
|---|---|---|---|---|---|---|---|---|---|---|
| A | 0 | 10 | 24 | 10 | 29 | 29 | 25 | 20 | 35 | 32 |
| B | 10 | 0 | 14 | 20 | 19 | 19 | 15 | 30 | 25 | 22 |
| C | 24 | 14 | 0 | 15 | 11 | 5 | 15 | 30 | 25 | 22 |
| D | 10 | 20 | 15 | 0 | 26 | 20 | 30 | 10 | 25 | 29 |
| E | 29 | 19 | 11 | 26 | 0 | 6 | 4 | 23 | 8 | 3 |
| F | 29 | 19 | 5 | 20 | 6 | 0 | 10 | 21 | 6 | 10 |
| G | 25 | 15 | 15 | 30 | 4 | 10 | 0 | 27 | 12 | 7 |
| H | 20 | 30 | 25 | 10 | 23 | 21 | 27 | 0 | 15 | 20 |
| I | 35 | 25 | 11 | 25 | 8 | 6 | 12 | 15 | 0 | 5 |
| J | 32 | 22 | 14 | 29 | 3 | 10 | 7 | 20 | 5 | 0 |
| 最大 | 35 | 30 | 25 | 30 | 29 | 29 | 30 | 30 | 35 | 32 |

表　2-3-13

|   | A | B | C | D | E | F | G | H | I | J |
|---|---|---|---|---|---|---|---|---|---|---|
| 单一 |   |   | C |   |   |   |   |   |   |   |
| 最大 |   |   | 25 |   |   |   |   |   |   |   |
| 双位 |   |   | A | I |   |   |   |   |   |   |

(续)

|   | A | B | C | D | E | F | G | H | I | J |
|---|---|---|---|---|---|---|---|---|---|---|
| A | 0 |   |   |   |   |   |   |   |   |   |
| B | 10 |   |   |   |   |   |   |   |   |   |
| C |   |   | 11 |   |   |   |   |   |   |   |
| D | 10 |   |   |   |   |   |   |   |   |   |
| E |   |   | 8 |   |   |   |   |   |   |   |
| F |   |   | 6 |   |   |   |   |   |   |   |
| G |   |   | 12 |   |   |   |   |   |   |   |
| H |   |   | 15 |   |   |   |   |   |   |   |
| I |   |   | 0 |   |   |   |   |   |   |   |
| J |   |   | 5 |   |   |   |   |   |   |   |
| 最大 |   |   | 10 | 15 |   |   |   |   |   |   |

由计算结果知，如果需要一个单一的位置，将可推荐城镇 $C$，其最大行程为25分钟。如果设定最大行程为15分钟，则需再在 $A$ 和 $I$ 修建两处设施。

**试题选解：** 已知如图 2-3-2 所示的单行线交通网，每弧旁的数字表示通过这条单行线所需要的费用。现在要从 $v_1$ 出发，通过这个交通网到 $v_8$ 去，求使总费用最小的运输路线。

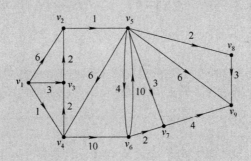

图 2-3-2 单行线交通网

**解：** 现在用 Dijkstra 方法求图 2-3-2 中从 $v_1$ 到各个顶点的最短路，这时 $s=1$。

（1）$i=0$

1）$S_0=\{v_1\}, P(v_1)=0, \lambda(v_1)=0, T(v_i)=+\infty, \lambda(v_i)=M$ $(i=2,3,\cdots,9)$ 以及 $k=1$。

2）因 $(v_1,v_2)\in A, v_2\in \bar{S}_0, P(v_1)+w_{12}<T(v_2)$，故把 $T(v_2)$ 修改为 $P(v_1)+w_{12}=6, \lambda(v_2)$ 修改为 1。

同理，把 $T(v_3)$ 修改为 $P(v_1)+w_{13}=3, \lambda(v_3)$ 修改为 1；$T(v_4)$ 修改为 $P(v_1)+w_{14}=1, \lambda(v_4)$ 修改为 1。

3）在所有的 T 标号中 $T(v_4)=1$ 最小，于是令 $P(v_4)=1$，令 $S_i=S_0\cup\{v_4\}=$

$\{v_1, v_4\}, k = 4$。

（2） $i = 1$

1） 把 $T(v_6)$ 修改为 $P(v_4) + w_{46} = 11$，$\lambda(v_6)$ 修改为 4。

2） 在所有 T 标号中，$T(v_3) = 3$ 最小，于是令 $P(v_5) = 3$，令 $S_2 = \{v_1, v_4, v_3\}$，$k = 3$。

（3） $i = 2$

1） 因 $(v_3, v_2) \in A, v_2 \notin S_2, T(v_2) > P(v_3) + w_{32}$，把 $T(v_2)$ 修改为 $P(v_3) + w_{32} = 5$，$\lambda(v_2)$ 修改为 3。

2） 在所有 T 标号中，$T(v_2) = 5$ 最小，于是令 $P(v_2) = 5$，$S_3 = \{v_1, v_4, v_3, v_2\}$，$k = 2$。

（4） $i = 3$

1） 把 $T(v_5)$ 修改为 $P(v_2) + w_{25} = 6$，$\lambda(v_5)$ 修改为 2。

2） 在所有 T 标号中，$T(v_5) = 6$ 最小，于是令 $P(v_5) = 6$，$S_4 = \{v_1, v_4, v_3, v_2, v_5\}$，$k = 5$。

（5） $i = 4$

1） 把 $T(v_6)$、$T(v_7)$、$T(v_8)$ 分别修改为 10、9、12，把 $\lambda(v_6)$、$\lambda(v_7)$、$\lambda(v_8)$ 都修改为 5。

2） 在所有 T 标号中，$T(v_7) = 9$ 最小，于是令 $P(v_7) = 9$，$S_5 = \{v_1, v_4, v_3, v_2, v_5, v_7\}, k = 7$。

（6） $i = 5$

1） $(v_7, v_8) \in A, v_8 \notin S_5$，但因 $T(v_8) < P(v_7) + w_{73}$，故 $T(v_8)$ 不变。

2） 在所有 T 标号中，$T(v_6) = 10$ 最小，令 $P(v_6) = 10$，$S_6 = \{v_1, v_4, v_3, v_2, v_5, v_7, v_6\}, k = 6$。

（7） $i = 6$

1） 从 $v_6$ 出发没有弧指向不属于 $S_6$ 的点，故直接转入下一步。

2） 在所有 T 标号中，$T(v_8) = 12$ 最小，令 $P(v_8) = 12$，$S_7 = \{v_1, v_4, v_3, v_2, v_5, v_7, v_6, v_8\}, k = 8$。

（8） $i = 7$ 这时，仅有的 T 标号点为 $v_9$，$T(v_9) = +\infty$，算法终止。

算法终止时，$P(v_1) = 0, P(v_4) = 1, P(v_3) = 3, P(v_2) = 5, P(v_5) = 6, P(v_7) = 9$，$P(v_6) = 10$，$P(v_8) = 12, T(v_9) = +\infty$，而 $\lambda(v_1) = 0, \lambda(v_4) = 1, \lambda(v_3) = 1, \lambda(v_2) = 3$，$\lambda(v_5) = 2, \lambda(v_7) = 5, \lambda(v_6) = 5$，$\lambda(v_8) = 5, \lambda(v_9) = M$。这表示对于 $i = 1, 2, \cdots, 8$，$d(v_1, v_i) = P(v_i)$，而从 $v_1$ 到 $v_9$ 不存在路，根据 $\lambda$ 值可以求出从 $v_1$ 到 $v_i$ 的最短路 $(i = 1, 2, \cdots, 8)$。例如为了求从 $v_1$ 到 $v_8$ 的最短路，考察 $\lambda(v_8) = 5$，因 $\lambda(v_5) = 5$，故最短路包含弧 $(v_5, v_8)$；再考察 $\lambda(v_5)$，因 $\lambda(v_5) = 2$，故最短路包含弧 $(v_2, v_5)$。依此类推，$\lambda(v_2) = 3$，$\lambda(v_3) = 1$，于是最短路包含

$(v_3, v_2)$ 及 $(v_1, v_3)$，这样从 $v_1$ 到 $v_8$ 的最短路是 $(v_1, v_3, v_2, v_5, v_8)$。

### 鉴定要求3　能选择合理的运输方式

问：简述各种运输方式的技术经济特点。

答：各种运输方式的技术经济特点如下：

（1）铁路运输　铁路能提供长距离范围内大宗商品的低成本运输，其运输的经济里程一般在200千米以上。

（2）公路运输　公路运输能提供更为灵活和更为多样的服务，多用于价高量小货物的门对门服务，其经济半径一般在200千米以内。

（3）水路运输　水路通常表现为沿海运输、近海运输、远洋运输、内河运输四种形式。

（4）航空运输　航空运输常被看作是其他运输方式不能运用时，用于紧急服务的一种极为保险的方式。空运一般用于以下作业：高附加值、低质量小体积物品的运输；快捷运输；邮政运输。

（5）管道运输　它是近几十年发展起来的一种新型运输方式。管道运输的运输形式是靠物体在管道内顺着压力方向顺序移动实现的。它和其他运输方式的重要区别在于管道设备是静止不动的。

问：选择不同运输方式的基本原则是什么？

答：运输方式的选择是物流系统决策中的一个重要环节，是物流合理化的重要内容。在选择运输手段时，要考虑运输物品的种类、运输量、运输距离、运输时间、运输费用。

当然，运输方式的选择不仅仅限于单一的运输手段，而是通过多种数运输手段的合理组合来实现物流的合理化，可以在不同运输方式间自由变换，也即"联运"。它是运输性质不断改变的一个反映，标志着物流管理者将两种或更多种运输方式的优势集中在一起，并天衣无缝地加以融合，从而为客户提供更快、风险更小的服务。其组合方式有：铁路运输和公路运输；铁路运输和水路运输；铁路运输和航空运输；铁路运输和管道运输；公路运输与航空运输；公路运输和水路运输；公路运输和管道运输；水路运输和管道运输；水路运输和航空运输；航空运输和管道运输等。

目前，大多数运输会涉及一种运输方式以上的服务，物流管理者面临的挑战就在于多种运输模式的均衡必须在整体物流系统的更大框架下完成。物流运输系统的目标是实现物品迅速完全和低成本的运输，而运输时间和运输成本则是不同运输方式相互竞争的重要条件，运输时间与运输成本的变化必然带来所选择的运输方式的改变。

物流管理者要对各种运输的基本方式进行优化匹配。优化匹配运输方式有利于物流运输合理化,有利于作好物流系统决策。而设计出合理的物流系统,做好运输管理工作,精确地维持运输成本和服务质量之间的平衡,是保证高质量物流服务的主要环节。

> **试题选解**:运输方式的选择不仅指单一的一种运输手段,而是指通过多数运输手段的合理组合实现物流的合理化。判断正误(  )。
>
> 解:运输方式的选择不仅仅限于单一的运输手段,而是通过多数运输手段的合理组合来实现物流的合理化。它可以在不同运输方式间自由变换,以将两种或更多种运输方式的优势集中在一起,从而为客户提供更快、风险更小的服务。所以,正确答案应是(√)。

## 鉴定点3 运输运营管理

### 鉴定要求1 能进行运输市场开发

问:运输市场管理有哪些手段?

答:运输市场管理的特征表明,运输市场管理活动的实施有行政、经济和法律三种手段。这三种手段各有特点,必须综合使用。行政手段是指各级运输市场管理部门依靠政府所赋予的权力,通过命令、指示、规定、制度及指令性计划等形式,实施运输市场管理所使用的手段;经济手段是指政府运用经济杠杆、产业政策等调节、引导和控制道路运输经济活动所使用的手段;法律手段是指通过法律、规章等形式,规范运输经营行为所使用的管理手段。

问:市场开发的道路有哪些?

答:市场开发常见的三种道路包括空中拉动式、堡垒推进式和由点及面式。

(1)第一条道路:空中拉动式  这是一种最常见的市场开发路径。它的好处在于可以通过强势的广告拉动,吸引全国各地的经销商进货,快速构筑起粗放型的销售网络,将其产品迅速铺向全国市场,迅速上架销售,引起消费者试购,缩短入市期。但是,这种市场开发路径具有明显的粗放管理特征,使其对各地分销商依赖严重,对各个区域的市场难以有效管理,不仅容易导致串货倒货,使产品飘在渠道上,而且在进入零售场所后,也容易被竞争者在终端截客,消减其广告效应;对于可能发生的市场危机,也难以及时得到信息,作出恰当的反应和处理。

选择空中拉动式的品牌,必须拥有强有力的、持续的广告支持。而且在依赖广告的招商效应,初步完成全国市场的初步开发后,必须有计划、有重点地向市场的精细化管理转型，通过设立省级销售公司办事处或者联合经营部的形式，加大对区域市场的深度开发和必需的助销服务、管理和监控，只有这样，才不会陷入"成也广告，败也广告"的怪圈。

（2）第二条道路：堡垒推进式　相对自然化开发特征鲜明的广告拉动式市场开发，堡垒推进式道路是一种更为积极主动的计划性开发路径。开发哪个区域市场？在什么时候开发？必须具备怎样的条件后开发？开发的目标是什么？这是选择堡垒推进式道路的品牌经营者在实际运作前必须思考清楚的基本问题。作为一种计划性的市场开发路径，堡垒推进式的优点在于它是一种更为安全和稳健的市场开发选择，它可以根据产品的特性、品牌发展的需求和市场竞争环境的差异等影响因素排定目标市场开发时间表，有效地控制市场开发的节奏，提供系统的区域市场助销服务和管理，对区域市场进行深度开发，做深做透，夯实市场基础，提升与经销商的砍价能力，防止破坏性开发，从而使品牌形象也得到良好的维护。

选择堡垒推进式的市场开发路径，意味着高管选择了降低市场开发风险、保证持续发展的经营思路，接受较长时间内建立起全国性的销售网络的策略安排。值得注意的是，堡垒推进式的市场开发道路并不适合产品创新性极强但"保鲜期"极短、容易很快丧失其产品领先优势的产品类型。

（3）第三条道路：由点及面式　空中拉动式的市场开发道路虽然快速但风险较大，容易欲速而不达，堡垒推进式的市场开发道路虽然安全稳健但速度较慢，而且还受到产品类型等多方面因素的影响和制约。有没有第三条道路选择呢？由点及面式的市场开发模式则整合了前两条道路的优势。由点及面式市场开发模式的主要做法是：先选择一个或两个具有广泛代表性的区域市场进行开发试验，一者在于可以从中检出推广计划中存在的瑕疵，校正推广计划，为全国性市场开发提供优良的运作系统，二者可以通过集中资源对部分区域进行试验性开发，可以打造出颇具吸引力的市场样板，从而为后继的全国市场开发提供一个鲜活的业绩证明，提高目标品牌对各地分销商的吸引力和自己在商务谈判时的砍价能力。

与广告拉动式的开发模式相比，由点及面式的市场开发道路更为安全；与堡垒推进式的开发模式相比，由点及面式的市场开发道路更为快速。对于一些受推广预算限制而产品本身具有一定创新性，需要较为快速地实现全国性销售的品牌而言，由点及面式的市场开发道路是一种合适的、实效的选择。

需要说明的是，对于资源有限的弱势品牌来说，集中有限的资源，采用大分销、深度分销和终端建设三管齐下的方法打造样板市场，获得区域领先，建立起自己的市场根据地，也不失为现实主义的选择。这里所谓的区域领先，是指新创品牌将有限的资源集中到某一区域市场，通过资源的集中利用在分销网络建设、终端管理控制和广告促销投入等方面的运作，深化客户关系，提高市场响应速度和客户忠诚度,形成相对竞争优势,获得市场领先地位,建立起牢固的市场根据地的竞争策略。这里的"区域",可指称一个市(如大连),一个地区(如辽南),一个省(如辽宁),一个大区(如东北),等等。

问:区域市场开发运作流程有哪些?

答:有计划的区域市场开发运作流程,包括以下运作步骤:

(1)选择市场与目标设定 在品牌经营者进行市场选择时,通常会从市场潜力、区域影响力和市场进入障碍等要素进行综合评测,并进而展开实地市场考察,从而排定区域市场优先开发时间表。其中,市场潜力要素会从市场规模、市场成长阶段、市场成长速度、细分市场有效性和产品的区域适销性等指标予以测定。区域影响力是基于品牌发展需要的判定,是对各区域市场在推动品牌成长过程中可能担当的角色(如产出型市场、形象型市场和辐射型市场等)的判定和预设。通过对区域市场影响力的分析,可以更为有效地优化区域市场开发次序,使其更为符合品牌发展的需要。市场进入障碍的评测主要包括市场集中度、主要竞争者优势、卖场进入门槛、区域性特别管治和管理成本等评价指标。面对进入障碍过多、过强的区域性市场,有的品牌敬而远之,有的品牌则会全力以赴。在开发意向明确后,就应对目标市场进行实地考察,更为审慎者还会进一步委托第三方展开区域市场研究档案,以备未来管理回溯。

开发任一区域市场都会有一个阶段性的开发目标和达标时间表,其中开发目标的设定既包括市场销售额、市场净利润和投入产出比等财务性指标,又包括总体铺市率、战略性终端铺市率、品牌知名度、品牌认知度等品牌资源和资产指标。均衡的目标指标体系的设置是区域市场健康成长的基本保证。

(2)设立区域经销商 确定区域市场开发目标后,接下来的运作就是寻找和设立区域经销商,包括制定选择标准、制作商洽工具箱、征召与商洽、签署合约等。

一份标准的区域经销商选择标准,包括资金实力、行业商誉、分销网络、配送能力和管理水平五类标准。完整规范的商洽工具箱使品牌优势可视化,品牌形象得以维护,提高对目标经销商的吸引力,其具体构成为产品型录、分销政策、标准合约、推广资料集和商洽行为准则等。在制定合约时,同样需要设置与市场开发目标一致的分销合作目标,并特别注意设置市场考察期和终止条款,防止市场开发成效不佳时受到恶意破坏。区域经销商的征召和商洽包括广告招商、会议招商和定向拜访等运作方式,结合使用的效果最佳。分销合约的签署意味着区域经销商的正式设立,之后可以进入分销网络的建设、管理与促进,以及零售网络的建设、管理与促进等后继运作程序。

问:运输市场开发有哪些策略?

答:运输市场开发的策略是指预测运输市场潜力,选择开发市场的手段,一般有密集型开发和发散型开发两种主要方式。

(1) 密集型开发策略　密集型开发策略是指当市场具有进一步开发的潜力时，通过增加销售额、改进产品性能、开辟新的销售市场等形式开发市场的策略。

(2) 发散型开发策略　发散型开发策略即多样性发展，主要有核心发散、水平发散和整体发散等形式。核心发散是以运输服务原有产品特点为核心，开发相似的服务项目。水平发散是指利用原有的市场优势，开发技术、属性完全不同的运输产品。整体发散是指运输企业充分利用内部资源，将经营业务扩展到与其原来业务、市场、产品毫无联系的行业中去，开发更大的市场。

问：市场开发运作有哪些禁忌？

答：在市场开发策略制定和执行中应该避免的基本禁忌有：

(1) 遍地开花，广种薄收　在既定的产品资源和广告投入的前提下，许多品牌经营者在年度业绩指标的压力下，希望通过对全国市场虽然粗放但却不乏覆盖面的开发，获得集腋成裘的收益，提升总体销售量和利润。在这样的市场开发思路指导下，就会无视品牌发展阶段的制约和品牌资源的限制，抛弃市场开发计划，一有分销机会就入市，遍地开花，在热闹的表面、繁荣的假象背后，是由于资源配置不当和市场支持不力带来的市场收益的贫瘠。更为严重的后果是，由于市场跨度远远超越其实际管理能力，使其难以控制分销商的破坏性行为，造成市场的损伤和品牌形象的损伤，严重者不得不全面退出。

(2) 龟缩一角，失去先机　在同等的资源条件下，在同一时间点上，由于品牌经营者对于风险和收益的不同取向，也使得他们在后来的市场实践中的表现截然不同。在特定行业的发展过程中，必然存在一个跳跃性的发展机会，而这一机会是稍纵即逝的，如果品牌经营者的触觉迟钝，在市场开发决策和执行过程中过于求稳求全，就很容易与市场机会擦肩而过，失去发展先机。在主要竞争对手大肆跑马圈地时，兢兢业业于某一区域市场稳扎稳打，精耕细作，虽然看似安全，实则使整个品牌失去了跳跃式发展的最佳起跳点。

(3) 游击战法，没有根据地　在一个强势品牌的背后，是一个又一个牢固的市场根据地，而弱势品牌的经营者却常常因为缺乏市场开发的计划性安排和过分逐利而行，习惯于采用游击战法，在产品开发上无主题追求，在市场开发上同样无主题变奏，今天在这个市场试探一下，明天在那个市场挖掘一番，其结果是在多年之后，虽然总体市场投入异常可观，但依然没能建立起自己的市场，自己的品牌依然挣扎在主流市场的边缘，强势品牌之梦愈发迷离而遥远。

(4) 看重当前，缩手缩脚　对于新进入者而言，具体的区域市场开发必然会经历投入期、成长期和成熟期，品牌经营者必须根据这一基本规律，作出合理的投入预算和回报预期。但许多品牌经营者在进行区域市场的开发时，往往过分看重当前市场产出，将市场投入期误作市场成长期或成熟期，卡死市场投入期必需的开发预算，这样的经营管理导向使得实际运作者在市场开发时缩手缩脚，不能根据市场开发的需要编制运作计划，不仅将市场进入期人为地拉长，而且容易导致市场消费倦怠，失去高速成长的可能性。

（5）大鸣大放，空中飘动　选择空中拉动式开发道路的品牌经营者，最为忌讳的就是空中拉动效力难以安全落地转化为实际的市场产出，致使其市场开发目标也被空置。为了更为有效地利用广告投入效应，防止广告费用被浪费，品牌经营者一般采取三种变通的方式：一是先拉后推，先行拉动分销商，通过利用优秀的分销商的资源进行市场深度开发；二是先推后拉，通过前期大量的地面运作，将自己的产品先送上货架，然后再展开面向消费者的广告和促销运作；三是边推边拉，依照拉动分销商—推动零售商人—拉动消费者—推动终端消费的脉络展开运作。

（6）封闭开发，不假外求　在制定市场开发策略时，有一些品牌经营者常常夸大自主开发的好处，如拥有更为宽裕的利润空间，销售政策可以保持全面贯彻，品牌形象容易维护，可以掌握市场主动权，可以提高市场反应速度等。在这样的运作思路指导下，以及一些特殊时间点上特殊产品领域的品牌成功的刺激，使得不少经营者偏好于选择自建销售队伍进行封闭性的市场开发和管理，百分之百不假外求。在对于封闭开发前景的美好想象的另一面，则可能是由于市场的隔膜和经验不足导致区域市场开发成本高昂，也可能是产品的不匹配带来的销售成本的大幅上扬，还可能是明星产品进入衰退期或者偶然的公关危机来临时整个自有销售网络的崩盘。

（7）依赖他人，受制于人　市场供应关系的变化，产品导向向市场导向的转型，都要求品牌经营者们的市场开发运作更为积极主动，但一些企业高管依然停留在生产线一开工就可以就地收银的美好回忆中，他们依然迷信过去那种简单、懒惰而直效的分销模式，依赖各个专业市场里的坐商进行多层次分销，不讲求主动的市场开发，不讲求市场服务，在越来越多的品牌制造商致力于渠道重组和对终端的建设和把控时，这样的因循守旧的市场开发和管理模式明显缺乏竞争力，即使是过去已经积累的看似庞大的分销网络，也在环境的变化和习惯性的应对中被逐渐侵蚀和失效，成长空间狭窄化，市场安全性变得可疑。

> **试题选解：**市场开发常见的三种道路包括（　　）。
> 　　A. 空中拉动式　　B. 堡垒推进式　　C. 由点及面式　　D. 由面到点式
> 　　解：市场开发常见的三种道路包括空中拉动式、堡垒推进式和由点及面式。因此，正确答案是ABC。

### 鉴定要求2　能进行运输项目开发与合同谈判

问：如何进行运输项目开发？

答：运输项目开发包括客户开发、运输投标、需求调研、方案设计等。

（1）客户开发　目前，运输企业常见的客户开发途径包括广告开发、通过电话/传真开发、基于互联网开发、品牌开发、展会开发、竞标开发和产业联盟开发等。其中,基于互联网的客户开发方式是成本最低的一种。而通过电话/传真方式进行客户开发是最具时效、最有针对性的一种,业务员可以通过这种方式第一时间了解客户的需求,以进行应变和需求挖掘。广告式的客户开发具有一定的延时性,而且初期投入成本也比较大,但其具有受众面广的开发效果。由此可见,运输企业在选择何种客户开发途径时,要根据自身运输产品特点、市场占有率、市场知名度等多方面进行分析,确定合适的客户开发策略。

(2) 运输投标　企业运输投标的主要内容一般应包括提案的基本目标、企业运输的资源和优势的介绍、运输服务的模式、运输信息服务模式以及服务报价等。在做运输投标时,要明确运输投标并不是最终的运输方案。运输方案的设计是在合同签订之后,在对客户现有的运输量、运输绩效等数据进行调研的基础上设计出详细的解决方案,而运输投标更多的是一种结果性描述。

(3) 需求调研　当运输供应方与需求方达成合作协议,明确客户是大范围、大批量运输还是小批量、小范围的配送之后,应对客户进行进一步调研。调研内容主要包括运输需求调研、运作流程调研。

1) 运输需求调研:

① 货物的配送范围。

② 客户期望的运输时效。

③ 对配送车辆的具体要求。

④ 各个仓库每月的平均发货量、最高发货量及最低发货量。

⑤ 各个仓库覆盖范围内的买方客户分布,每个买方客户每月的平均订货量、最高订货量及最低订货量。

⑥ 各条运输或配送线路的路况。

⑦ 配送或运输成本。

⑧ 各仓库之间是否有调货,满足异地买方客户需求的调货方式是先调至异地买方客户所在地仓库,然后由该仓库负责配送,还是采用调货直发方式直接送至异地买方客户。

⑨ 运输产品的属性如何。

⑩ 现有运输的包装方式,如何跟踪包装后的货物。

⑪ 客户信息系统能否与物流信息系统实现对接,保证数据及时准确地传输。

2) 运作流程调研。运作流程调研主要针对运输作业程序及时效,提出具体的作业标准,双方依照标准执行。运作流程调研的内容包括运输时效、服务费、运输安全与事故处理等。运输供应与需求双方应共同商定每月的结账日期以及遇到节假日时的处理方法,结账附带的单据以及结账的支付方式。

(4) 方案设计　客户信息调研成功之后,就要对各种物流运输进行报价。

为在服务及价格上取得竞争优势,要对运输进行方案设计,内容包括:

1)运输调研。运输调研包含的内容主要包括物流需求方的客户地址、各条线路的路况、各条线路的配送量及配送频率等。

2)运输设计。运输设计的内容包括运输时效、运输路径、运输时间和运输工具。

① 运输时效:根据客户对配送时效的要求以及物流供应方自身的运输能力,双方共同协商运输时效的最终结果。

② 运输路径:为保证运输时效并节约成本,物流供应方要根据调查的各运输线路的路况,选择合适的运输/配送路径,以最短的时间、最低的成本完成运输任务。

③ 运输时间:在全部物流运作时间中,运输时间占绝大部分,尤其是远距离运输。因此,运输时间的缩短对整个流通时间的缩短起决定性作用。

④ 运输工具:运输工具的选择需要考虑货品属性、货品的种类、运输时效、货品数量和路况等重要因素。

3)运输费用计算。运输费用在全部物流费用中占很大的比例,运输费用的高低在很大程度上决定了整个物流系统的竞争能力。实际上,运费的相对高低,无论对货主还是对物流企业都是运输是否合理的一个重要标志。由于运输线路、货品数量、货品属性等的不同,其货品的单位运输费用也不相同。为帮助客户节省运输成本,避免当地物流中心因缺货而产生异地物流中心调货运输,可提供调货直发模式,通过这种方式减少运输环节,节省运输成本。

4)报价。根据运输费用的计算结果,在增加一定比例利润的情况下,对客户进行报价。

问:运输合同谈判的内容有哪些?

答:货物运输合同谈判的当事人是承运人和托运人,双方应就以下内容进行磋商,并达成一致协议,订立合同。

(1)托运人的义务

1)向承运人支付规定的运输费用。货物的运输价格按不同运输条件分别计算,并可按国家规定,实行加成或减成运价。征费办法除有规定的以外,由双方当事人通过谈判协商确定。托运人或收货人如无正当理由迟交运输费用,应按规定向承运人支付运杂费迟交金或滞纳金。

2)将托运的货物及有关办理审批、检验等手续的文件提交给承运人。托运人应准备好托运的货物,并按货物运输合同约定的时间、地点和要求将托运的货物交给承运人。托运的货物必须与货物运单记载的品名、重量和体积等内容相符。

对需要办理审批、检验等手续运输的货物,托运人应当将办理完有关手续的文件交给承运人。这些文件主要包括运送长大笨重货物、危险品和国家限运物品等特殊货物的准运证明以及有关检疫、商检、海关、公安、监理等的证明文件。这些文件一般与托运物品同时提交，且托运人应对提交文件的真实性负责。

3）按规定方式包装货物。托运人包装货物，必须按国家有关主管部门规定的标准包装，没有统一规定包装标准的，应根据托运货物的性质，在保证货物运输安全的原则下进行包装，并附有必要的包装储运指定标志。如果由于包装缺陷产生货物破损，致使其他货物、运输工具或机械设备被污染、腐蚀、损坏的，托运人应负责赔偿。

4）向承运人准确表明所托运货物的必要情况。托运人有义务向承运人准确表明收货人的名称、姓名或者指定的收货人，货物的名称、性质、重量、数量，收货地点等有关货物运输的必要情况，特别是危险货物和需要特殊照料的货物要向承运人说明清楚。由于托运人故意隐瞒，没有正确说明危险物品性质，使承运人或第三人遭受人身或财产损失的，托运人应承担赔偿责任。

（2）承运人的义务

1）将承运的货物运达约定的地点并及时交给收货人。承运人应当按照约定的时间，将货物运达指定的地点，完成货物交付义务。收货人确认无误，没有异议，并在承运人所持的运费结算凭证上签字后，即认为货物运输合同履行完毕。

承运人无法交付的货物，应当认真清点、登记、保管，不得动用。性质不宜长期保管的货物，保管期一般为3个月。满3个月，报请有关主管部门审批后，即可将货物移交当地相关部门作价处理。

2）保证货物运输质量。承运人应当对托运的货物安全运输，妥善保管，保证运输质量。由于承运人的过错，在运输过程中使货物发生损毁、丧失、短缺、变质、污染，承运人应向托运人或收货人赔偿货物的实际损失以及运杂费、包装费等。

3）及时通知收货人提货。承运人应按约定的时间及地点向收货人发出提货的通知，因迟发或错发提货通知，导致收货人不能如期提取货物的，承运人应承担赔偿损失的责任。

（3）货物的验收　货物的验收是货物运输合同中的一个重要条款。货物从一个当事人手中转移到另一个当事人手中，如果不进行验收，对于货物的数量、质量、重量以及是否存在瑕疵问题就无法得知，一旦发生纠纷也无从解决，故验收货物是确定当事人权利义务关系的基本保证。所以，承运人接收托运人交付的货物时应当验收，收货人收取货物时也应当验收。谈判双方应对验收期限作出明确规定并约定在合同中。

（4）运费　运费条款是货物运输合同的必备条款。《民法典》规定，运输的费用由托运人承担。谈判双方应就不同运输方式的运输费用作出明确规定。按照运输方式的不同，运费可以分为整车运价、零担运价、整批运价及计时运价四种。运费的计算较为复杂，在谈判过程中，双方应相互协商，凡有国家规定的计费办法的，双方应严格执行有关标准，没有规定的，由双方协商加以确定。

（5）运输货物保险　货物在运输途中，可能会发生各种风险，为了避免损失，需要对货物进行保险。双方当事人应具体明确办理保险手续、支付保险费用和保险责任的承担者。由于商品及运输方式的不同，货物保险的险别、投保方式、投保金额也不一样，因此，谈判双方必须通过磋商加以明确，以保证双方按约定有效地履行合同。

（6）损害赔偿责任及数额　在签订货物运输合同时，托运人和承运人应分别承担不同的责任。明确各自应承担的损害赔偿责任有利于谈判双方严格履行合同。

1）托运人的损害赔偿责任及数额

① 按规定支付违约金。托运人未按合同约定的时间、地点和要求提供托运的货物，应按合同约定，向承运人支付违约金。违约金的数额与托运人违约责任的大小相适应，且应在谈判签约时准确议定。

② 按规定支付赔偿金。由于托运人在货物中夹带、匿报危险物品，错报笨重货物的重量，货物包装有缺陷，由托运人组织装车（船）而其加固材料不符合规定条件或违反装载规定，以及由于押运人的过错，造成他人货物、运输工具、机械设备被污染、腐蚀、损坏等，托运人都应承担赔偿责任。

2）承运人的损害赔偿责任及金额

① 按规定支付违约金。承运人不按货物运输合同的约定配备运输工具，应向托运人支付违约金。承运人如果将货物运至错误地点或错交收货人，而使货物逾期到达，承运人应按合同约定，向收货人支付逾期交货违约金。

② 按规定支付赔偿金。从承运货物时起，到货物交付收货人或依照有关规定将货物处理完毕时止，承运人对承运货物的灭失、短少、变质、污染、损坏负责，并赔偿货物的实际损失。

对于已投保货物运输保险的货物，在运输过程中遭受损失的，铁路、公路和水路承运人应同保险公司按规定赔偿，实行保险与负责运输相结合的补偿制度。不属于承运人过错而属于保险责任范围的损失，由保险公司按照实际损失，在保险金额内给予赔偿。

如果托运人或收货人能证明损失的发生确属承运人故意造成，则承运人除按规定赔偿实际损失外，由合同管理机关按照造成损失部分的 10%～50%对承运人处以罚款。

当然，并不是承运货物的一切损失都由承运人赔偿。通常认为，由于下列原因之一造成货物的灭失、短少、变质、污染、损坏的，承运人不承担赔偿责任：①不可抗力；②国家主管部门规定的合理损耗、自然减量或货物性质的变化；③托运人、收货人或押运人的过错。

在水路货物运输合同中，对于标记错制、漏制、不清而引起的损失，对于动植物的疾病、死亡、枯萎、减重，非责任性海损事故的货物损失，免责范围内的甲板货物损失，水路货物承运人也不承担赔偿责任。

> **试题选解：** 目前，运输企业常见的客户开发途径包括（    ）。
> A. 广告开发　　　　　B. 通过电话/传真开发
> C. 基于互联网开发　　D. 产业联盟开发
> 解：目前，运输企业常见的客户开发途径包括广告开发、通过电话/传真开发、基于互联网开发、品牌开发、展会开发、竞标开发和产业联盟开发等。因此，正确答案是 ABCD。

# 鉴定范围 4　成本与绩效管理

## 鉴定点 1　物流运作成本管理

### 鉴定要求 1　能核算设备设施、人力资源、业务管理等物流运作成本

问：物流成本核算存在的主要问题有哪些？

答：当前，物流成本核算常见的问题有：

1）物流会计核算的范围、内容不全面，只涉及部分物流费用。目前，企业日常物流会计核算的范围着重于采购物流、销售物流环节，忽视了其他物流环节的核算。按照现代物流的内涵，物流应包括供应物流、生产物流、销售物流等，与此相应的物流费用包括供应物流费、生产物流费、销售物流费等。

从核算内容看，相当一部分企业只把支付给外部运输、仓储企业的费用列入专项成本，而企业内部发生的物流费用由于常常和企业的生产费用、销售费用、管理费用等混在一起，因而容易被忽视，甚至没被列入成本核算，因此影响了会计信息的真实性，不利于相关利益者及企业内部管理者的决策。

2）物流会计信息的披露与其他成本费用的披露混杂。从物流会计信息的披露看，由于物流活动贯穿于企业经营活动的始终，因而对于相关物流费用的核算基本上并入产品成本核算之中，与其他成本费用混合计入相关科目。例如，对于因取得存货而发生的运输费、装卸费、包装费、仓储费、运输途中的合理损耗、入库前的挑选整理费等，作为存货的实际成本核算，进而作为销售成本的一部分从总销售收入中扣除以得到总利润。物流会计信息与其他信息的混杂，致使有关物流的数据信息需从相关会计信息中归纳，过程复杂且数据的时效性差，不利于物流管理和绩效的评价。

3）部分物流费用是企业间接费用的一部分，其分配方法依然沿用传统会计方法。随着物流费用对企业利润贡献的加大，传统会计方法中间接费用依据生产过程中的直接人工工时或机器工时的分配不仅歪曲了产品、服务成本，不利于生产业绩的考核、评价，而且高级管理人员基于这些数据所作的决策也是不正确的。

问：什么是物流成本的核算对象？

答：物流成本的核算对象是指企业物流管理部门或成本管理部门为核算物流成本而确定的、以一定期间和空间范围为条件而存在的成本计算实体。物流成本核算对象的选择是物流成本核算的前提。物流成本的核算对象不同，物流成本核算的结果也就不同，从而对物流系统的评价结果也不同，进而导致不同的物流管理决策。因此，正确选择物流成本核算对象，对科学的物流成本核算与物流成本管理具有重要意义。

问：物流成本核算对象的基本构成要素有哪些？

答：物流成本核算对象的基本构成要素有：

（1）**成本费用承担实体**　成本费用承担实体是指产生成本费用并应合理承担各项成本费用的特定经营成果的表现形式，包括有形的各种产品和无形的各种服务作业。对物流成本核算而言，成本费用承担实体主要是各种类型的物流活动或物流作业。

（2）**成本计算期**　成本计算期是指汇集生产经营费用、计算生产经营成本的时间范围。从理论上讲，物流成本计算期是指某一物流活动从开始到完成的这一周期。但是，在企业物流活动连续进行的情况下，难以对某一项物流活动确定经营期和单独计算成本。因此，一般根据权责发生制原则，以月份作为物流成本计算期，但对于一些特殊的物流活动，也可以经营周期作为成本计算期。

（3）**成本计算范围**　成本计算范围是指成本费用发生并能组织企业成本计算的地点或区域（部门、单位、生产或劳务作业环节等）。例如，工业企业的成本计算范围可按全厂、车间、分厂、某个生产环节划分；服务性企业可以按部门、分支机构或班组等单位来确定各个成本计算范围。物流成本计算范围一般按物流活动范围、物流功能范围，以及物流成本控制的重点进行划分、确定。

1）物流活动范围的确定。物流活动范围的确定就是对物流活动的起点与终点，以及起点与终点间物流活动过程的选取、确定。对每个物流成本计算对象来说，都存在着物流活动起止点的确定问题。起止点不同，物流成本的核算结果也就不同。显然，对于某一物流部门来说，其物流成本核算对象的物流起止点一旦确定，就不能任意改变，以符合成本核算的可比性原则和一贯性原则。

2）物流功能范围的确定。物流功能范围的确定是指在运输、储存、装卸、包装、流通加工、配送和物流信息处理等物流功能中，选取哪些功能作为物流成本核算对象。显然，将所有物流功能作为物流成本核算的范围，与只将其中部分功能作为物流成本核算的范围相比，其成本核算结果是完全不同的。

3）物流成本控制的重点。除以上两种方法外，还可以按物流成本控制的重点确定物流成本核算的对象。例如，可以将物流成本责任单位、物流成本支出比重较大的部门或作业活动，以及新开发的物流作业项目等作为物流成本核算的对象。

问：物流成本核算有哪些特点？

答：(1) 核算目的是为管理活动提供支持　核算本身不是目的，而是为了加强企业经营管理，特别是为物流成本的控制和优化等管理活动提供数据支持，进而为企业的成本、利润预测和生产经营决策提供数据。核算的意义主要是提高对物流重要性的认识，发现物流经营活动中出现的问题，促进物流管理水平的提高。否则，就会陷入一种不计算、不了解、不重视、不控制的恶性循环之中，不利于企业降低物流成本、增加赢利水平。

(2) 核算数据不精确　由于物流成本的隐蔽性、分散性等特点，在核算过程中不可能将每个细节都分析清楚，也没必要如此细致，能达到核算的目的即可。另外，核算的资料不仅包括会计核算提供的实际经营费用，还包括有关的统计数据、技术测算数据等，特别是隐性成本的资料来源几乎不可能从现存会计资料中获得，必须经过行业统计测算，制定有关标准，再由企业有关人员根据企业自身的具体情况作适当调整，以此为标准核算隐性成本，所以其结果往往不精确。

由于不同企业的经营项目不同、物流模式不同，因而成本项目也不同，核算的内容和方法可以由企业根据实际需要和具体条件自行确定，目的都是为了削减物流总成本，提高企业经济效益。而目前又没有形成统一的行业或部门核算标准，特别是对隐性成本的测算，每个企业的标准并不一致，所以即使是同一类型或同一规模的企业，其物流成本也会相距甚远，因此企业之间的物流成本可比性不强。

(3) 核算对象复杂　企业物流成本核算的对象不是单一的产品成本，而是适应企业经营管理需要的各种不同成本，以产品为核心的成本核算方法是现代会计制度的基础。在该方法下，企业物流成本被分散在各个职能部门之中，所以物流成本核算的对象不仅仅是单品成本，还有阶段、订单或批量等成本。

(4) 核算成本高　由于企业物流成本范围大、环节多、涉及的部门多，而现行会计制度通常将一些应计入企业物流成本的费用（如仓储保管费用、仓储办公费用等）计入企业的经营管理费用，将物资采购中的物资运输费用、装卸费用等计入了物资采购成本等，物流成本被混杂在其他会计成本中。因此，许多已经发生的物流费用在具体分解时在操作上存在很大的困难，还存在一个制度规范的问题，所以成本比较高。

问：物流成本核算的类型有哪些？

答：根据对物流成本核算对象三个基本构成要素的分析，结合企业物流成本管理的需求，通常有以下几种类型的物流成本核算：

(1) 形态别物流成本核算　形态别物流成本核算是指以物流费用的支付形式为成本核算对象而进行的物流成本核算，具体包括：

1）企业内部物流费用核算，即汇总、归集企业自己进行各项物流活动所发生的物流费用，具体包括材料费核算、人工费核算、水电费核算、维护费核算、物流利息核算和其他费用核算等。

2）委托或外购物流费核算，即汇总、归集企业委托外单位进行运输、储存、装卸、包装、流通加工、配送等物流活动所支付的各项费用。

3）外单位支付物流费核算，即汇总、归集采购供应阶段或销售阶段外单位支付的物流费用。

形态别物流成本核算是企业物流成本核算的基础。通过形态别物流成本核算，可以为制定物流成本控制标准和编制物流成本计划提供资料，同时，也可为企业进行有关决策提供依据。例如，企业是否将全部或部分物流活动委托外单位进行，以及企业应该采用何种交货方式采购物料或销售产品等决策，都要以形态别物流成本核算为基础。

(2) 功能别物流成本核算　功能别物流成本核算是指以物流活动的功能为成本核算对象而进行的物流成本核算，即企业将一定时期内发生的物流费用按其发生用途不同进行分类、计算，具体包括运输或配送费核算、保管（储存）费核算、包装费核算、装卸费核算、流通加工费核算和物流管理费核算等。

通过功能别物流成本核算，可以了解物流成本的功能别构成，便于物流管理部门更好地协调各物流环节的关系。功能别物流成本核算可通过各功能的成本核算表进行，并在此基础上进一步汇总各功能的成本核算表，编制整个企业的物流成本汇总表。

(3) 范围别物流成本核算　范围别物流成本核算是指以物流活动的范围为成本核算对象而进行的物流成本核算，即对企业一定时期的物流费用按其发生的物流阶段进行汇总、计算，具体包括采购供应物流费核算、生产物流费核算、销售物流费核算、退货回收物流费核算和废弃物流费核算等。

范围别物流成本核算有利于发现不同阶段物流活动所存在的问题，分清有关部门对此应负的责任，并为不同阶段物流活动的协调、控制提供依据。在进行范围别物流成本核算时，凡是发生在某一物流阶段的物流费用都必须计入该阶段的物流成本中，以便据此考核其负责部门的工作绩效。范围别物流成本核算可通过各物流阶段的物流费用汇总表进行，并可在此基础上进一步编制企业物流成本汇总表。

(4) 适用对象别物流成本核算　适用对象别物流成本核算是指按不同的适用对象所进行的物流成本核算，具体包括产品别物流成本核算、地区别物流成本核算和客户或经营单位别物流成本核算。适用对象别物流成本核算，有利于把握企业物流成本的产品构成、地区构成、客户或经营单位构成情况，从而有利于对物流成本进行个别控制与重点管理。

问：物流成本核算的原则有哪些？

答：物流企业在进行成本核算过程中必须遵循一定的原则，以确保物流成本信息的可靠性和相关性。一般来说，成本核算的原则包括合规性原则、实际成本原则、分期核算原则、权责发生制原则、配比原则、重要性原则、一贯性原则等。针对物流企业的营运特点，这里重点讨论合规性原则、权责发生制原则和配比原则。其中，合规性原则是指计入第三方物流企业物流业务成本的各项支出，都必须符合国家法律法规和制度的规定，不符合规定的支出不能计入物流业务成本。权责发生制原则是指收入和费用应该按实际发生的期间进行认定和归属，并与有关资产或债务一起记录为该期间的经济业务，而不论与该项收入和费用有关的现款是在什么期间收到或支付的。根据这一原则，凡是按收入实现原则应记本期的收入和按配比原则应记本期的费用，不论其是否已收到和支付现款，也不论其何时收到和支付现款，都确认为本期的收入和费用；凡不属于本期的收入和费用，即使在本期已收到和支付现款，也不能确认为本期的收入和费用。配比原则强调某一会计期间收入与成本的配比，以正确计算该会计期间的利润。配比原则的依据是受益原则，即谁受益，费用归谁负担。

问：物流成本的核算方法有哪些？

答：（1）按支付形态划分并核算物流成本 即把物流成本分别按运费、保管费、包装材料费、自家配送费（企业内部配送费）、人事费、物流管理费、物流利息等支付形态记账，从中可以了解物流成本总额，也可以了解哪项经费项目花费最多。此方法对认识物流成本合理化的重要性，以及考虑在物流成本管理中应以什么为重点，十分有效。

（2）按功能划分并核算物流成本 即分别按包装、配送、保管、搬运、信息、物流管理等功能来核算物流费用。通过这种方法可以看出哪种功能更耗费成本，比按形态计算成本的方法能更进一步找出实现物流合理化的症结。而且此方法可以计算出标准物流成本（单位个数、质量、容器的成本），方便进行作业管理及设定合理化目标。

（3）按适用对象划分并核算物流成本的方法 按适用对象核算物流成本，可以分析出物流成本都用在了哪些对象上，例如可以分别把商品、地区、客户或营业单位作为适用对象来进行计算。其中，按支店或营业所核算物流成本，是要算出各营业单位物流成本与销售金额或毛收入的对比，用来了解各营业单位物流成本中存在的问题，以加强管理。按客户核算物流成本的方法，又可分为按标准单价计算和按实际单价计算两种计算方式。按客户计算物流成本，可作为选定客户、确定物流服务水平等制定客户战略的参考。按商品核算物流成本是指通过把按功能计算出来的物流费，用以各自不同的基准，分配到各类商品的方法计算出来的物流成本。这种方法可以用来分析各类商品的盈亏，在实际运用时,要考虑进货和出货差额的毛收入与商品周转率之积的交叉比率。

(4) 采用作业成本法(ABC)核算物流成本  以活动为基础的成本分析法是被人为确定和控制物流费用最有前途的方法。作业成本法是指以作业为基础,把企业消耗的资源按资源动因分配到作业,以及把作业收集的作业成本按作业动因分配到成本对象的核算方法。其理论基础是:生产导致作业的发生,作业消耗资源并导致成本的发生,产品消耗作业。因此,作业成本法下成本计算程序就是把各种资源库成本分配给各作业,再将各作业成本库的成本分配给最终产品或劳务。

以作业为中心,不仅能提供相对准确的成本信息,而且还能提供改善作业的非财务信息。以作业为纽带,能把成本信息和非财务信息很好地结合起来,即以作业为基础分配成本,同时以作业为基础进行成本分析和管理。应用作业成本法核算企业物流并进行管理可分为如下四个步骤:

1)界定企业物流系统中涉及的各个作业。作业是工作的各个单位,作业的类型和数量会随着企业的不同而不同。例如,在一个客户服务部门,作业包括处理客户订单、解决产品问题以及提供客户报告三项作业。

2)确认企业物流系统中涉及的资源。资源是成本的源泉,一个企业的资源包括直接人工、直接材料、生产维持成本(如采购人员的工资成本)、间接制造费用以及生产过程以外的成本(如广告费用)。资源的界定是在作业界定的基础上进行的,包括每项作业以及涉及的相关的资源,与作业无关的资源应从物流核算中剔除。

3)确认资源动因,将资源分配到作业。作业决定着资源的耗用量,这种关系称作资源动因。资源动因联系着资源和作业,它把总分类账上的资源成本分配到作业。

4)确认成本动因,将作业成本分配到产品或服务中。作业动因反映了成本对象对作业消耗的逻辑关系,例如,问题最多的产品会产生最多客户服务的电话,故按照电话数的多少(此处的作业动因)把解决客户问题的作业成本分配到相应的产品中去。

问:物流成本核算的程序有哪些?

答:在进行物流成本核算时,需要经过以下程序:

(1) 核算范围的界定  要核算企业物流成本,首先必须界定清楚核算的范围,范围不同,成本的差别就很大。企业对物流成本的核算主要包括以下三个部分:①库存费用,包括仓储、合理损耗、人力费用、保险和税收以及库存占压资金的比例;②运输成本,包括汽车运输、铁路运输、航空运输、水上运输、管道运输等发生的费用以及装卸搬运费等;③物流管理费用,以库存费用和运输费用的和乘一个固定比例得出,该比例是按照美国的历史情况由专家确定的。

当然,每个企业都要根据自身的实际情况确定核算范围,如物流模式的改变、经营范围的扩大、信息系统的建设等都极大地影响了核算的范围,企业应根据实际情况作相应调整。本书对企业物流成本的核算范围界定在订单的履行总流程,即从订单输入到订单执行完毕的全过程。

(2)核算标准的确定　按照不同的标准核算物流成本其结果当然不一样。一般企业按三种不同的方式规定了企业物流成本的核算标准:按物流范围划分,将企业物流费用分为供应物流费用、生产物流费用、销售物流费用、退货物流费用和废弃物物流费用五种类型;按支付形式划分,其物流费用分为材料费、人工费、公益费、维护费、一般经费、特别经费和委托物流费用等;按物流的功能划分,包括运输费、保管费、包装费、装卸费、信息费和物流管理费。我国对企业物流成本核算还没有形成统一的标准。

(3)核算方法的选择　选择不同的核算方法,对企业物流成本的影响很大,特别是对隐性物流成本的影响。由于目前理论界还没有一个统一的、被普遍接受的核算方法,所以就不断有新的核算方法出现,如作业成本法、任务成本法、M-A 模型法等,不同的方法会站在不同的层面研究成本问题,关注的重点也不一样,所以差别很大。

总之,这三个方面的因素决定着物流成本的大小,企业在核算物流成本时,应根据自己的实际情况,选择使上述三个方面趋于一致的成本核算体系,使核算的结果更接近企业的实际情况。

**试题选解:**某生产性企业产销 A、B 两种产品。这两种产品的生产工艺过程基本相同,两者的区别主要表现在所提供的物流服务上:A 产品实行的是大批量低频率的物流配送服务,每批数量为 4 000 件;B 产品实行多频率小额配送服务,每批数量为 10 件。该企业采用作业成本法计算产品的物流成本,所涉及的作业主要有七项:①订单处理;②挑选包装;③包装设备调整;④运输装卸;⑤质量检验;⑥传票管理;⑦一般管理。其他有关资料具体如下:

1)本月该企业共销售 A 产品 5 批,共计 20 000 件,B 产品 140 批,共计 1 400 件。

2)订单处理作业全月的处理能力为 1 008 份订单。本月实际处理订单 800 份,其中 A 产品订单 500 份,B 产品订单 300 份。

3)包装机共 4 台,全月总共可使用机器 640 小时,但不能全部用于包装,因为机器调整会耗用一定时间。包装机每包装一批新产品时,则需要调整一次。在连续包装同一批产品件数达到 1 000 件时也需要进行一次调整。每台包装机调整一次需要 24 分钟。包装机如果用于包装 A 产品,每件需 1.5 小时,如果用于包装 B 产品,每件则需 2 分钟。

4)运输装卸作业全月总共能够提供 840 工作小时的生产能力,其中用于 A 产品运输装卸,每批需 120 小时;用于 B 产品运输装卸,每批则需

0.4小时。

5）质量检验：A、B两种产品的检验过程完全相同。该企业全月有能力检验800件产品。对于A产品，每批需要随机取样10件进行检验；对于B产品，每批需要随机取样3件进行检验。

6）该企业的传票管理作业是由计算机辅助设计系统来完成的。该系统全月总共能提供840个机时。本月用于A产品传票管理的机时数为168，用于B产品传票管理的机时数为420。

7）一般管理：本月人员及设施等利用程度为75%。

8）A产品每件耗用直接材料1.5元，B产品每件耗用直接材料1.8元。

请采用作业成本法计算上述两种产品的物流成本。

解：（1）确认和计量企业本月所提供的各类资源价值　即将资源耗费价值归集到各资源库中，本月该厂所提供的各类资源价值情况见表2-4-1。

表2-4-1　企业所提供的各类资源价值　　　单位：元

| 资源项目 | 工资 | 电力 | 折旧 | 办公费 |
|---|---|---|---|---|
| 资源价值 | 23 400 | 4 800 | 24 400 | 8 500 |

（2）确认各种主要作业，建立作业成本库　主要作业有订单处理、挑选包装、包装设备调整、运输装卸、质量检验、传票管理、一般管理七项。为每项作业分别设立作业成本库，用于归集各项作业实际耗用的资源。对于包装设备调整作业和挑选包装作业，首先将两者合并，一起计算各项资源耗用量，然后再按机器调整所耗用的机器小时数与可用于包装产品的机器小时数之间的比例进行分配。

（3）确认动因，归依成本　即确认各项资源动因，将各资源库中所汇集的资源价值分配到各作业成本库中。

1）工资费用的分配。工资费用耗用的动因在于各项作业"运用职工"，因此，应根据完成各项作业的职工人数和工资标准对工资费用进行分配，分配结果见表2-4-2。

表2-4-2　工资费用的分配

| | 订单处理 | 包装及设备调整 | 运输装卸 | 质量检验 | 传票管理 | 一般管理 | 合计 |
|---|---|---|---|---|---|---|---|
| 职工人数/人 | 2 | 4 | 5 | 4 | 4 | 3 | |
| 每人月工资额/元 | 800 | 1 200 | 1 000 | 1 250 | 1 000 | 1 000 | |
| 各项作业月工资额/元 | 1 600 | 4 800 | 5 000 | 5 000 | 4 000 | 3 000 | 23 400 |

2）电力资源价值的分配。电力资源耗用的原因在于"用电"，其数量

多少可以由用电度数来衡量。已知每度电的价格为 0.5 元。具体分配结果见表 2-4-3。

表 2-4-3　电力资源的分配

|  | 订单处理 | 包装及设备调整 | 运输装卸 | 质量检验 | 传票管理 | 一般管理 | 合计 |
|---|---|---|---|---|---|---|---|
| 用电度数/度 | 400 | 3 200 | 2 500 | 2 800 | 360 | 340 | 9 600 |
| 金额/元 | 200 | 1 600 | 1 250 | 1 400 | 180 | 170 | 4 800 |

3）折旧费与办公费的分配。折旧费用发生的原因在于各项作业运用了有关的固定资产。因此，可根据各项作业固定资产运用情况来分配折旧费用。这种运用通常具有"专属性"，即特定固定资产由特定作业所运用。各项办公费也具有"专属性"，其分配方法与折旧费的分配方法大体相同。有关分配结果见表 2-4-4。

表 2-4-4　固定资产折旧费及办公费的分配　　　单位：元

|  | 订单处理 | 包装及设备调整 | 运输装卸 | 质量检验 | 传票管理 | 一般管理 | 合计 |
|---|---|---|---|---|---|---|---|
| 折旧 | 2 500 | 5 600 | 4 000 | 7 700 | 2 400 | 2 200 | 24 400 |
| 办公费 | 1 200 | 1 400 | 600 | 1 900 | 1 600 | 1 800 | 8 500 |

为了将包装机调整与包装两项作业所耗用资源价值分开，需要计算包装机调整所耗用的机器小时数。包装机调整次数：A 产品需要 20 次，B 产品需要 140 次。总调整次数为 160 次，需要耗用机器小时数共计 160×24/60 小时=64 小时，占包装机总机器小时数的 10%。包装机可用于包装的机器小时数为（640－64）小时 = 576 小时，占包装机总机器小时数的 90%。将上述"包装及设备调整"栏目中的数字乘以 10%即得到包装设备调整所耗用的资源价值量，其余 90%即为包装作业所耗用的资源价值量。将上述有关结果汇总，即得表 2-4-5。

表 2-4-5　资源向各作业间的分配　　　单位：元

| 作业 | 订单处理 | 包装调整 | 包装 | 运输装卸 | 质量检验 | 传票管理 | 一般管理 |
|---|---|---|---|---|---|---|---|
| 工资 | 1 600 | 480 | 4 320 | 5 000 | 5 000 | 4 000 | 3 000 |
| 电力 | 200 | 160 | 1 440 | 1 250 | 1 400 | 180 | 170 |
| 固定资产折旧 | 2 500 | 560 | 5 040 | 4 000 | 7 700 | 2 400 | 2 200 |
| 办公费 | 1 200 | 140 | 1 260 | 600 | 1 900 | 1 600 | 1 800 |

（4）确定各项作业的成本动因　有关结果见表 2-4-6。

表2-4-6　各项作业成本动因

| 作业 | 作业成本动因 |
|---|---|
| 订单处理 | 订单处理份数 |
| 包装设备调整 | 包装调整次数 |
| 包装 | 开动机器小时数 |
| 运输装卸 | 工作小时数 |
| 质量检验 | 检验件数 |
| 传票管理 | 计算机机时数 |

对于"一般管理"这项作业，其成本动因比较复杂，因此在计算 A、B 两种产品耗用该项资源成本时，予以另行处理。

（5）计算有关作业成本动因分配率　计算结果见表2-4-7。

表2-4-7　作业成本动因分配率的计算结果

| 作业 | 订单处理 | 包装设备调整 | 包装 | 运输装卸 | 质量检验 | 传票管理 |
|---|---|---|---|---|---|---|
| 作业成本/元 | 5 500 | 1 340 | 12 060 | 10 850 | 16 000 | 8 180 |
| 提供的作业量/工作小时 | 1 008 | 160 | 576 | 840 | 800 | 840 |
| 作业动因分配率（%） | 5.46 | 8.38 | 20.94 | 12.92 | 20.00 | 9.74 |

（6）计算 A、B 两种产品实际耗用的资源价值　本月运输装卸作业实际耗用工作小时为 656，其中运输装卸 A 产品耗用 5×120 工作小时=600 工作小时，运输装卸 B 产品耗用 140×0.4 工作小时=56 工作小时。

本月包装机实际耗用机器小时数为 546.67，其中包装 A 产品耗用 20 000×1.5/60 机器小时=500 机器小时，包装 B 产品耗用 1 400×2/60 机器小时=46.67 机器小时。本月检验产品总数 470 件，其中对 A 产品取样 5×10 件=50 件，对 B 产品取样 140×3 件=420 件。

根据上述有关结果即可求出 A、B 两种产品实际耗用的资源价值。计算结果见表2-4-8。

表2-4-8　A、B 两种产品实际耗用的资源价值

| 作业 | 作业分配率（%） | 实际耗用作业成本动因数 | | | 实际耗用资源/元 | |
|---|---|---|---|---|---|---|
| | | A 产品 | B 产品 | 合计 | A 产品 | B 产品 |
| 订单处理 | 5.46 | 500 | 300 | 800 | 2 730 | 1 638 |
| 包装设备调整 | 8.38 | 20 | 140 | 160 | 168 | 1 173 |

(续)

| 作业 | 作业分配率（%） | 实际耗用作业成本动因数 | | | 实际耗用资源/元 | |
|---|---|---|---|---|---|---|
| | | A产品 | B产品 | 合计 | A产品 | B产品 |
| 包装 | 20.94 | 500 | 47 | 547 | 10 470 | 984 |
| 运输装卸 | 12.92 | 600 | 56 | 656 | 7 752 | 724 |
| 质量检验 | 20.00 | 50 | 420 | 470 | 1 000 | 8 400 |
| 传票管理 | 9.74 | 168 | 420 | 588 | 1 636 | 4 090 |
| 一般管理 | 0.13 | 23 756 | 17 009 | 40 765 | 3 088 | 2 211 |
| 合计 | | | | | 26 844 | 19 220 |

注：1. 该表中数字的小数部分（除作业分配率外）均作了四舍五入处理。

2. 一般管理作业的数据参见下面的计算过程。

A、B两种产品所耗用的"一般管理"作业成本的计算过程如下：

A、B两种产品实际耗用的"一般管理"作业成本之和为7 170×75%元=5 377.5元，可按A、B两种产品其他各项作业所耗用的资源成本之和的比例分配。

A产品耗用其他各项作业成本之和为2 730元+ 7 752元 + 168元+ 10 470元+1 000元 +1 636元 =23 756元。

B产品耗用其他各项作业成本之和为1 638元+ 724元+1 173元+ 984元+ 8 400元+4 090元= 17 009元。

"一般管理"作业成本分配率=5 377.5/（23 756+ 17 009）× 100%= 13%。

A产品实际耗用的一般管理作业资源成本=23 756×0.13 元≈3 088 元。

B产品实际耗用的一般管理作业资源成本=17 009×0.13 元≈2 211 元。

（7）计算A、B两种产品的物流总成本及单位成本

A产品直接材料= 20 000×1.5 元= 30 000 元。

B产品直接材料= 1 400×1.8 元= 2 520 元。

A产品物流总成本= 30 000 元+26 844 元= = 56 844 元。

B产品物流总成本= 2 520 元+ 19 220 元= 21 740 元。

（8）计算未耗用资源 计算过程及有关结果见表2-4-9。

表2-4-9 未耗用资源

| 作业 | 分配率（%） | 未耗用作业动因数 | 未耗用资源成本/元 |
|---|---|---|---|
| 订单处理 | 5.46 | 1 008-800=208 | 1 136 |
| 包装设备调整 | 8.38 | 0 | 0 |
| 包装 | 20.94 | 576-547=29 | 607 |
| 运输装卸 | 12.92 | 840-656=184 | 2 377 |
| 质量检验 | 20.00 | 800-470=330 | 6 600 |
| 传票管理 | 9.74 | 840-588=252 | 2 454 |
| 一般管理 | | | 1 793 |
| 合计 | | | 14 967 |

（9）结果汇总　将上述有关结果汇总即得 A、B 两种产品物流成本计算单，见表 2-4-10。

表 2-4-10　A、B 两种产品物流成本计算单　　　　　　单位：元

| | 资源提供量 | A 产品 | | B 产品 | | 未耗用资源成本 |
|---|---|---|---|---|---|---|
| | | 单位成本 | 总成本 | 单位成本 | 总成本 | |
| 直接材料 | 32 520 | 1.50 | 30 000 | 1.80 | 2 520 | 0 |
| 订单处理 | 5 500 | 0.14 | 2 730 | 1.17 | 1 638 | 1 136 |
| 包装设备调整 | 1 340 | 0.01 | 168 | 0.84 | 1 173 | 0 |
| 包装 | 12 060 | 0.52 | 10 470 | 0.70 | 984 | 607 |
| 运输装卸 | 10 850 | 0.39 | 7 752 | 0.52 | 724 | 2 377 |
| 质量检验 | 16 000 | 0.05 | 1 000 | 6.00 | 8 400 | 6 600 |
| 传票管理 | 8 180 | 0.08 | 1 636 | 2.92 | 4 090 | 2 454 |
| 一般管理 | 7 170 | 0.15 | 3 088 | 1.58 | 2 211 | 1 793 |
| 合计 | 93 620 | 2.84 | 56 844 | 15.53 | 21 740 | 14 967 |

注：由于计算过程中采用了四舍五入，所以使 "A 产品总成本""B 产品总成本"及"未耗用资源成本"三栏数字之和与"资源提供量"一栏数字不完全相等。

### 鉴定要求 2　能设计并实施物流中心成本 KPI 体系

问：如何设计与实施物流中心的 KPI 体系？

答：KPI 是通过对组织内部某一流程的输入端、输出端的关键参数进行设置、取样、计算、分析，衡量流程绩效的一种目标式量化管理指标，是把企业的战略目标分解为可运作的远景目标的工具，是企业绩效管理系统的基础，是现代企业中受到普遍重视的业绩考评方法。KPI 可以使部门主管明确部门的主要责任，并以此为基础，明确部门人员的业绩衡量指标，使业绩考评建立在量化的基础之上。

物流中心运作过程中的任何一项作业都会发生一定的费用，不同的企业、不同的作业方式和设施设备、不同的管理方法，所发生的费用也大不相同。掌握物流成本的分析与控制方法，是合理组织物流、进行各层次物流系统决策分析的基础。因此，物流中心在运作过程中的绩效管理是至关重要的。

（1）建立 KPI 体系的原则　建立明确、切实可行的 KPI 体系，是做好绩效管理的关键，并需要坚持如下几项原则：

1）简单性原则。KPI 体系要以最直接、定量、公开的手段来达到最优化管理的目的，烦琐的信息收集程序和评价手段会增加工作量，且并不一定能达到好的效果。所以，选择适当的指标、简单可量化的评价体系是 KPI 体系所追求的。

2）科学性原则。定量与定性相结合，建立科学、适用、规范的评价体系

及标准,避免主观臆断是 KPI 体系的关键。以客观的立场、公平的态度、合理的方法对物流运作的各个环节及表现进行评价才能够达到评价的目的。

3) 责、权、利相结合的原则。物流中心的 KPI 要体现责、权、利相结合的原则,指标的相关责任要与其控制人相联系,避免责任和权利脱离的现象发生。

4) 激励原则。物流中心绩效评价体系的设计目标和激励是必不可少的。目标的实现是很重要的激励机制;另一方面,以报酬作为激励也是现代化物流中心不可缺少的有效管理机制。

5) 比较原则。评价绩效,数据是最佳的衡量工具,但是如果没有比较的基准数据,再及时的评价也是徒劳的。因此,物流中心的盈余或亏损,须同过去的记录、预算目标、同行业水准、国际水平等进行比较,才能鉴别其优劣。

6) 稳定性原则。物流中心绩效评价的建立要有一定的稳定性,避免设定指标的大起大落和指标定义的变动。

7) 制度化原则。物流中心必须明确评价的原则、程序、方法、内容及标准,制定科学合理的绩效评价制度,将正式评价与非正式评价相结合,形成评价经常化和制度化。

(2) 物流中心的 KPI

1) 运输系统的 KPI。对运输而言,无论是外包运输还是物流中心自备车辆运输,以下的指标都可以用来作为衡量运输管理效益高低的标准。

评价客户服务水平的 KPI:

① 准时送货率=(准时送货次数/送货总次数)×100%。

② 服务水平=(满足要求次数/客户要求次数)×100%。

评价运输管理水平的 KPI:

① 运输费用率=(运输费用总额/商品纯销售总额)×100%。

② 车辆满载率=(车辆实际载重量/车辆装载能力)×100%。

③ 车辆里程利用率=(报告期内车辆重车行驶里程/报告期内车辆总行驶里程)×100%。

④ 吨公里成本=报告期内运输总成本/报告期内货物总周转量($t·km$)。

评价运输车辆管理水平的 KPI:

① 车辆完好率=(报告期内完好车日/报告期总车日)×100%。

② 车公里维修成本=车辆维修费用/行驶公里数。

③ 万公里事故率=报告期内事故次数/(报告期内总行驶公里/10 000)。

④ 百公里油耗=(报告期内油耗/报告期内行驶里程)×100。

2) 仓储系统的 KPI。

评价库存管理水平的 KPI:

① 仓容利用率=(储存商品实际数量或容积/设计库存数量或容积)×100%。

② 仓库面积利用率=(库房、货场等占地面积总和/仓库总面积)×100%。

③ 库存商品缺损率=（某批商品缺损量/该批商品总量）×100%。

评价库房工作效率的 KPI：

① 仓库吞吐能力实现率=（期内实际吞吐量/仓库设计吞吐量）×100%。

② 平均出入库时间=（每日出入库作业时间之和）/每日工作时数。

③ 储存吨成本（元/吨）=储存费用/库存量。

④ 批量拣货时间=（每日拣货时数×工作天数）/拣货分批次数。

3）存货控制系统的 KPI：

① 库存周转率=出货量/平均库存量×100%=营业额/平均库存金额×100%。

② 缺货率=接单缺货数/出货量×100%。

③ 订单延迟率=延迟交货订单数/订单总数量×100%。

问：物流中心绩效评价体系的设计要求有哪些？

答：（1）及时　只有及时获取有价值的信息，才能及时评价，及时分析，迟到的信息会使评价失真或无效。因此，何时计量及以什么样的速度将计量结果予以报告，就是物流中心绩效评价体系的关键。

（2）准确　要想使评价结果具有准确性，与绩效相关的信息必须准确。在评价过程中，计量什么，如何计量，都必须十分清楚，才能使量化值准确。

（3）可理解　能够被用户理解的信息才是有价值的信息。难以理解的信息会导致各种各样的错误，所以确保信息的清晰度是设计物流中心绩效评价体系的一个重要方面。

（4）可接受　物流中心的绩效评价体系，只有有人利用才能发挥其作用，若不被人们所接受或者被不情愿地接受下来，就称不上是有价值的体系。即使勉强被接受，但其信息可能是不准确、不及时、不客观的信息。所以，在绩效评价体系设计时必须考虑满足使用者的需求。

（5）目标一致性　有效的物流中心绩效评价体系，其评价指标与企业的战略目标应该是一致的。

（6）可控性与激励性　对管理者的评价必须限制在其可控范围之内，只有这样，他才能接受，对管理者也公平。即使某项指标与战略目标非常相关，只要评价对象无法实施控制，他就没有能力对该项指标的完成情况进行负责，故非可控指标应尽量避免。另外，指标水平应具有一定的先进性、挑战性，这样才能激发其工作潜能。

（7）应变性　良好的绩效评价体系应对物流中心的战略调整及内外部的变化非常敏感，并且体系自身能够作出较快的相应调整，以适应变化的要求。

（8）反映企业的特性　有效的物流中心绩效评价系统，必须能够反映企业独有的特性。从控制的观点出发，绩效评价的焦点一般是集中在评价公司及经理，以确定被评价的物流中心的业绩及效益。

> **试题选解**：建立KPI体系应遵循哪些原则？
> 解：建立明确、切实可行的KPI体系，是作好绩效管理的关键，应遵循的原则有：①简单性原则；②科学性原则；③责、权、利相结合的原则；④激励原则；⑤比较原则；⑥稳定性原则；⑦制度化原则。

## 鉴定点2　运营绩效考核

### 鉴定要求1　能描述绩效考核的目的和主要内容

问：绩效考核的目的是什么？

答：绩效考核的目的主要在于两个方面：评价和开发。评价的目的在于正确估计员工的行为和绩效，以便适时给予奖励和惩罚。开发的目的在于提高员工的素质，如更新员工的知识结构与技能、激发创造力等，最终提高员工以及组织的绩效。

问：绩效考核的内容有哪些？

答：绩效考核的主要内容如下：

（1）业绩考核　通过设定KPI，定期衡量各岗位员工重要工作的完成情况。此类考核主要在管理人员中进行，其中部门经理在季度考核和年度考核的指标是不同的。经理以下其他管理人员只需在年度进行考核。考核指标一般分为硬指标（即定量指标）与软指标（即定性指标）两类。

（2）计划考核　计划考核即计划完成情况的考核，在每个月度和季度动态衡量岗位员工的努力程度和工作效果。在部门经理的考核中，季度和年度计划完成情况的考核又称为"部门业绩考核"。

（3）能力态度考核　能力态度考核用于衡量各岗位员工完成本职工作具备的各项能力，对待工作的态度、思想意识和工作作风，每年度进行一次。

（4）部门满意度考核　部门满意度考核主要考核公司各部门在日常工作中的配合和协调情况与效果，每季度进行一次。

> **试题选解**：绩效考核的内容有（　　）。
> A．业绩考核　B．计划考核　C．能力态度考核　D．部门满意度考核
> 解：绩效考核的主要内容包括业绩考核、计划考核、能力态度考核、部门满意度考核。因此，正确答案是ABCD。

### 鉴定要求2　能制定物流绩效考核指标体系和考核制度

问：制定物流绩效考核体系的步骤有哪些？

答：物流企业在制定绩效考核体系时需要遵守以下八个基本的步骤：①工

作分析；②列出绩效指标库；③设定目标值要求；④找出品行指标；⑤设计绩效考核表；⑥薪酬与绩效相结合；⑦形成绩效考核制度；⑧推行绩效考核。

各个步骤在落实的过程中需要根据物流企业的实际经营情况和战略目标来定，在实际落实过程中可能会增加或者减少某一部分，但是其宗旨和总体工作目标是一致的，都是确保组织机构的绩效管理工作实现更快更好的发展和进步，为组织机构的发展和经营利益的获得提供有效的依据和证据。

问：如何构建配套的物流绩效考核制度？

答：制定科学和专业的绩效管理制度，是避免企业少走弯路，同时也是在目前现状基础上提升企业管理水平的最佳方案。在物流绩效考核制度方面，企业需要把握的要点有：

1）把全面绩效管理上升为企业的一项战略。建议企业设立"绩效管理年"，在这一年当中，把绩效管理和绩效考核作为企业的工作重心，作为每个月工作检讨会的重要内容之一。在考核内容设置时，把绩效考核的执行程度纳入考核的"应时重点"事项。所谓"应时重点"，就是全公司今年主要的经营侧重点是什么工作，它和薪酬利益和绩效系数挂钩，这有助于推动绩效管理的开展和推行。"绩效管理年"的工作重点就是抓绩效管理，抓绩效提升。

2）制定绩效管理和绩效考核的规章制度。企业要针对绩效考核进行广泛宣传和思想动员工作。很多大公司和集团在推行绩效管理时，由于制度拟定得太仓促就急于推行绩效管理，结果可想而知。这样的现象比较普遍。所以，企业在推行绩效管理前，一定要制定绩效管理和考核的相关制度，要组织主要骨干员工进行反复讨论、反复斟酌，做好充分的宣传推广和动员工作。

3）完善绩效管理和绩效考核规章制度。企业在考核试点部门3～6个月试行期的基础上，不断加以改进，逐步完善绩效管理的流程和制度体系。以季度或月度为阶段进行定期的检讨和改善活动，通过共同的讨论解决实际问题，防止绩效考核走入常见的误区，确保绩效考核方向正确。

4）建立绩效管理审计制度。绝大部分企业都有财务审计，但对于企业内的中高层管理干部对下属的绩效考核工作做得如何、到不到位，有没有进行审核，大部分企业没有这个环节。所以，绩效考核工作要由绩效管理委员会来定期进行审核。定期审核的频率通常是一年一次。如果考核的问题较大，员工申诉较多，矛盾激化严重，开始出现一些过激行为，绩效管理委员会就必须马上介入，进行绩效审核和调解，这样才能够确保中层管理者严格执行考核步骤和考核流程。

5）建立绩效考核执行效果的监督暗访和督察制度。绩效管理制度需要界定清楚、公开、透明、客观。监督制度的执行需要建立督察小组，领导要经常越级检查，督察小组要定时抽查，安排一些"便衣"督查人员深入基层，走群众路线，倾听最基层员工的声音，掌握一手信息和来自现场的真实声音。员工对考核有意见,也不一定会进行申诉,因为不想引起上级经理的反感,所以常常选择沉默和忍耐。只有我们深入去调查、倾听,才有可能听得到大家的心声。

6)严格执行督察制度,加强震慑力,增加执行者犯错误的机会成本。

7)接受广大员工的监督,实现有奖监督。如果有员工举报、提意见、反映考核的实际问题,一经查明属实,企业高层就要给予奖励。绩效考核制度的基本要求是:结果有标准,过程有规范,管人有制度,利益有相关,观察有计分,事实有依据。要建立这样的绩效考核制度才有可能保障绩效考核和绩效改善落到实处。

8)在绩效考核的制度里面,需要兼顾到人性。可靠的制度安排就是要想方设法扬弃人性的恶,激发出人性的善,合理设置相应的奖罚并严格执行,循序渐进,达到提升整体绩效的结果。

9)保持制度的权威和严肃性,持续改善,逐渐改善。绩效考核的结果涉及每位员工的切身利益,其敏感性不言而喻。如果绩效制度在某些方面不合理,并且有人指出来,那么这个制度还要不要执行呢?制度不合理需要执行吗?通常的做法是先执行后改进再补偿。假如制度不合理就不执行的话,那么更多的人会指出更多的不合理之处,制度的权威性就荡然无存了。如果员工确实不了解制度本身,我们就要对其进行持续的辅导。如果员工知道了制度而故意犯错误,那就按照制度处罚。这样做就保持了制度的权威和严肃性。

10)政策与制度不同。政策要指明奋斗目标、方向、步骤和措施,如方针、机制等;制度属于比较具体、注重细节、必须执行的行动安排,比较刚性。所有的制度都要真正落到实处,一定要跟奖罚挂钩,奖罚情况需要列出明细。把宽泛的政策转变为细化的制度,否则只有比较空泛的政策没有落地的制度,员工就无法执行;没有跟有关利益挂钩,没有具体的奖罚措施,这种政策就会形同虚设。

**试题选解**:简述制定物流绩效考核体系的步骤。

解:物流企业在制定绩效考核体系时需要遵守以下八个基本的步骤:①工作分析;②列出绩效指标库;③设定目标值要求;④找出品行指标;⑤设计绩效考核表;⑥薪酬与绩效相结合;⑦形成绩效考核制度;⑧推行绩效考核。

### 鉴定要求3 能组织实施绩效考核

问:什么是绩效考核标准?

答:绩效考核标准也称为绩效评判标准,是指在绩效考核过程中,对员工的业绩进行评价的标准和尺度,也就是说明在各个指标项目上分别应达到什么样的水平,给出数量标准和程度标准。绩效考核标准在整个考核过程中是非常重要的环节,它能帮助考核者克服考核中的主观随意性。但在实践中,由于绩效考核标准制定的复杂性和认识的模糊,而使人们常常忽略这一工作内容,从而给绩效考核工作的操作带来障碍。

问:制定绩效考核标准有哪些要求?

答:虽然每位绩效考核者对绩效考核标准的正确定义看法未必一致,但在选定绩效考核标准时,从合理的角度来看,绩效考核标准应使员工能有很多机会超过标准并得到上级的赏识,而未达到此标准的绩效是不能令人满意的。在制定绩效考核标准时应满足以下要求:

(1)标准应具体精确　标准要具体精确,不能让人感到模棱两可、不易操作,具体表现为两个方面:一是标准要尽量用数据来表示;二是属于现象和态度的部分,不能因为抽象而不具体。如有不少企业在设计绩效考核标准时,常常用"工作热情高""招募成本低"等语言来确定绩效考核标准。这种标准显然不精确、不具体。如果将"工作热情高"改为"工作认真、不闲聊,在工作需要时,能主动加班,不计报酬",将"招募成本低"改为"比通过职业介绍所寻找的费用低",就会具体精确得多。要做到标准具体精确,首先就要有统一、具体的定义标准,其次要以易于理解的方式对标准命名,最后标准之间不应重叠。

(2)标准应公正客观　标准应客观公正是指:标准应随客观条件的变化而改变;其次标准既不能定得过高也不能定得过低,应有助于对员工产生激励作用;再次,标准应基于工作而非工作者,不能掺杂个人好恶等感情因素;最后,标准要平衡衔接。

(3)标准应统一有效　标准不应经常变动,应保证考核结果的横向和纵向可比性和可信度;绩效考核标准还应吸收员工参与讨论,增加透明度,提高考核的效度;绩效标准应与组织目标和文化一致。

(4)标准应独立全面　标准应从绝对标准和相对标准两方面设定;重要的行为和结果应包括在同一个标准中;不重要的行为和结果在标准设定时不能忽略。

问:物流活动的绩效考核原则有哪些?

答:(1)整体性原则　随着物流活动各个流程的不断整合和发展,物流活动的绩效考核不能仅局限于对局部成本的考察和控制,还应该从整体上对物流活动的绩效进行评价。不少大型的跨国公司已经放弃了那种只局限于物流部门内部,通过对简单功能性指标进行分析来衡量物流活动绩效的评价方法。这些公司往往能够站在公司整体和供应链的角度,制定和部署物流战略,通过公司对渠道联盟的业绩来衡量物流活动的绩效。

(2)定量与定性相结合的原则　企业在综合评价物流活动的绩效时应该充分考虑影响企业物流活动绩效的定性和定量指标,因为物流活动的绩效考核涉及物流活动的风险和客户满意度等问题,而这两个问题往往很难进行量化,所以在进行绩效考核时除了要对物流活动的绩效进行量化外,还应当使用一些定性的指标对定量指标进行修正;同时,对定性的指标要明确其含义,并按照某种标准对其赋值,使其能够合理准确地反映指标的性质。

(3) 共性和个性相结合的原则　物流活动的绩效考核体系必须具有广泛的适用性,即能反映不同类别、不同行业的企业物流活动绩效的共性。此外,还必须具备个性,即能根据具体的行业和企业作出适当的调整,从而能够灵活应用。

(4) 可接受性原则　物流活动的绩效考核需要企业管理者和员工的积极参与和配合,因此,企业在设计物流活动绩效考核体系和指标的时候,要充分考虑到绩效考核的过程和结果要能被管理者和员工支持和接受。如果绩效考核体系脱离企业的实际情况或者纸上谈兵,得不到管理者的支持和员工的理解,这样的绩效考核就会遭到极大的阻力。一般而言,企业在设计评价体系之前应该广泛征求员工的意见,并把工作要求详细准确地告诉员工,就可大大提高评价体系的可接受性。

(5) 可比性原则　物流活动的绩效考核体系的建立不仅要考虑到数据在时间上纵向的可比性,还要考虑到与其他企业(包括国外企业)的物流活动绩效考核体系的兼容性和横向的可比性,要有利于企业与国内外竞争对手的比较,挖掘竞争潜力。因此,企业在建立物流活动的绩效考核体系时要积极参照国际和国内同行业的物流管理基准,提高评价的可比性。

(6) 经济性原则　物流活动的绩效考核还应该考虑到它在实际应用时的成本和收益。具体而言,建立的指标不能过多也不能过少,指标体系过少则评价结果不全面,过多则会由于需要采集的数据过多而导致成本上升和操作过程的复杂,结果得不偿失。因此,企业在进行绩效考核时要结合企业自身的实际情况,选择既能满足企业进行绩效考核又能使成本最低的评价体系。

问:物流活动的绩效考核有哪些步骤?

答:(1) 建立绩效考核组织机构　确定绩效考核工作的组织机构是进行绩效考核的前期准备工作。绩效考核组织机构直接组织和执行考核活动,并负责成立考核小组。一般来说,绩效考核组织机构还会从企业外聘请有关的专家和学者加入考核小组,提高绩效考核的科学性和客观性。

(2) 制定绩效考核的工作方案　这是整个绩效考核工作的核心部分,接下来的工作都以该工作方案为指导。一份科学完整的绩效考核工作方案一般包括:绩效考核的目标;绩效考核的对象;绩效考核的指标;绩效考核的标准;绩效考核报告的形式等。

(3) 收集和整理有关的信息　根据上一环节制定的绩效考核工作方案的要求,考核小组需要收集、整理和分析与绩效考核对象有关的信息,包括各项具体物流作业的基础数据。与此同时,考核小组还要收集其他同行企业的绩效考核方法和绩效考核标准，及时了解行业的绩效考核现状。本企业以前年度的绩效考核报告及相关信息也具有一定的参考价值，也是收集和整理的对象。

（4）进行绩效考核　这是绩效考核工作的关键步骤。考核小组根据绩效考核工作方案所确定的绩效考核方法，利用所收集到的相关信息计算绩效考核指标的实际数值。这个步骤要求考核小组成员能够客观地对绩效考核对象进行考核，以绩效考核标准作为唯一的考核依据。

（5）撰写绩效考核报告　物流活动的绩效考核报告是整个绩效考核过程的结论性文件。绩效考核的主体（评价人员）通过各个渠道来获得与绩效考核对象相关的信息，经过一定的加工和整理后得到绩效考核对象的绩效指标情况（包括定量和定性指标），再把这些指标和企业预先确定的绩效考核标准进行比较，通过差异分析，找出产生差异的原因及其责任，最后得出绩效考核对象业绩好坏的结论，撰写绩效考核报告。

（6）对绩效考核工作进行总结　绩效考核工作总结主要是指把绩效考核工作的背景、时间、地点，绩效考核过程中遇到的问题，措施和政策建议等形成书面材料，建立绩效考核工作档案，以备日后参考使用。

问：如何处理绩效考核申诉？

答：当发生某些情况时，有可能引发各类绩效考核申诉。在处理绩效考核申诉中，应注意以下三点：

（1）要尊重员工的申诉，找出问题的原因　如果是员工方面的问题，应当"以事实为依据，以考核标准为准绳"，对员工进行说服和帮助；如果是组织方面的问题，则必须对员工所提出的问题加以改正，并将处理结果告知员工，对其有所交代。

（2）把处理绩效考核申诉过程作为互动互进的过程　绩效考核是为了促进员工发展、完善企业人力资源政策和实现组织的经营目标，而不是企业用来管制员工的工具。因此，当员工提出绩效考核申诉时，组织应当把它当作一个完善绩效管理体系、促进员工提高绩效的机会，不能简单地认为员工申诉是"一些小问题"，甚至认为员工在"闹意见"。

（3）注重处理结果　如果所申诉的问题属于考核体系的问题，应当完善考核体系；如果是考核者方面的问题，应当将有关问题反馈给考核者，以使其改进；如果确实是员工个人的问题，就应当拿出使员工信服的证据，并要注意处理结果的合理性。

问：绩效考核应避免哪些误区？

答：（1）光环化倾向　是指在绩效考核中，将被考核者的某一优点或缺点扩大化，以偏概全，通常表现为要么全面肯定，要么全面否定。

（2）近期行为的偏见　考核人只依据临近考核期末下属的表现进行评价，而不是考察整个考核周期内下属的表现，使得考核结果出现"月晕效应"。

（3）标准宽容化、严格化　是指在绩效考核中怕承担责任，不敢认真负责，有意放宽或严格考核标准。表现为，要么评价过于宽松，所有人员的评分都很高；或者评价过分严格，使员工的积极性受到严重打击。

（4）结果中间化　是指绩效考核中不敢拉开档次，考核结果集中于中间档次或两头。其原因在于对绩效考核工作缺乏自信，缺乏进行绩效考核的相关事实和依据。

（5）考核工作随意化　不按人事考核制度的规范要求，依据个人意愿和个人的理解，随意地考核。

（6）依据人际关系好坏进行评价　把被考核者与自己关系的好坏作为考核的依据，或作为拉开考核成绩的重要因素，更有甚者把绩效考核作为打击报复的工具。

（7）"严于律己，宽以待人"　对自己擅长的工作，考核尺度就严；对自己不擅长的，考核标准就宽一些，不能依照确定的标准进行统一衡量和评价。

（8）先确定结果，倒推指标数值　事先为某人确定一个绩效考核分数，然后据此倒推计算考核体系中各子项目（评价指标）的具体分值。

（9）轮流坐庄　为应付公司制度的有关规定和保持部门内的平衡，将低分在部门内轮流分配。

（10）把绩效考核当成一件临时的额外工作对待　平时不关心下属，不关注绩效管理工作，不进行有效的绩效沟通和绩效辅导，临近考核期末，为应付上级而仓促上阵，凭主观印象进行绩效考核。

# 鉴定范围 5

# 供应链管理

## 鉴定点 1　供应链管理认知

**鉴定要求 1**　能描述供应链的构成和模式、供应链管理的特点和主要活动

问：供应链有哪些构成要素？

答：节点企业、物流、信息流、资金流是供应链中的四个基本组成要素，供应链管理是对它们的集成管理。其中，信息流、物流、资金流是供应链的三大命脉。供应链的行为与效率由供应链结构决定，节点企业之间的相互作用与相互依赖关系决定了供应链的结构。

问：简述供应链的结构。

答：尽管供应链网络在空间和时间等方面变得越来越复杂，但整体来说，典型的供应链由所有加盟的节点企业组成，其中一般有一个核心企业（可以是产品制造企业、大型零售企业或第三方物流企业），节点企业在需求信息的驱动下，通过供应链的职能分工与合作（生产、批发、零售等），以资金流、物流或/和服务流为媒介实现整个供应链的不断增值，如图 2-5-1 所示。

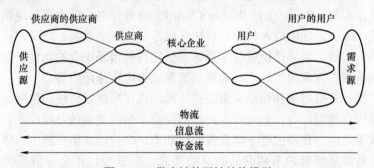

图 2-5-1　供应链的网链结构模型

问：供应链的常见类型有哪些？

答：供应链是一个网链结构，由围绕核心企业的供应商、供应商的供应商和用户、用户的用户组成。根据不同的划分标准，可以将供应链分为以下几种

类型:

(1) 稳定的供应链和动态的供应链　根据供应链存在的稳定性划分,可以将供应链分为稳定的供应链和动态的供应链。基于相对稳定、单一的市场需求而组成的供应链稳定性较强,而基于相对频繁变化、复杂的需求而组成的供应链动态性较高。在实际管理运作中,需要根据不断变化的需求,相应地改变供应链的组成。

(2) 平衡的供应链和倾斜的供应链　根据供应链容量与用户需求的关系可以将供应链划分为平衡的供应链和倾斜的供应链。一个供应链具有一定的、相对稳定的设备容量和生产能力(所有节点企业能力的综合,包括供应商、制造商、运输商、分销商、零售商等),但用户需求处于不断变化的过程中,当供应链的容量能满足用户需求时,供应链处于平衡状态;而当市场变化加剧,造成供应链成本增加、库存增加、浪费增加等现象时,企业不是在最优状态下运作,供应链则处于倾斜状态。平衡的供应链可以实现各主要职能(采购/低采购成本、生产/规模效益、分销/低运输成本、市场/产品多样化和财务/资金运转快)之间的均衡,如图2-5-2所示。

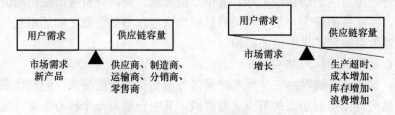

图2-5-2　平衡的供应链和倾斜的供应链

(3) 有效性供应链和反应性供应链　根据供应链的功能模式(物理功能和市场中介功能)可以把供应链划分为有效性供应链(Efficient Supply Chain)和反应性供应链(Responsive Supply Chain)。有效性供应链主要体现供应链的物理功能,即以最低的成本将原材料转化成零部件、半成品、产品,以及在供应链中的运输等。反应性供应链主要体现供应链的市场中介的功能,即把产品分配到满足用户需求的市场,对未预知的需求作出快速反应等。

(4) 推动式供应链和拉动式供应链　推动式供应链是传统的供应链模式,根据商品库存情况,有计划地向客户推销商品。当前更多的是拉动式供应链,在该模式下,客户是供应链一切业务的原动力。在拉动式供应链中,零售商通过POS系统采集客户所购商品的准确信息,数据经过汇总分析后传给制造商。这样制造商就可以为下一次向分销仓库补货提前作准备,同时调整交货计划和采购计划,更新生产计划。

问:什么是供应链模式?简述其流程。

答:供应链模式是指银行对核心企业供应链上的相关企业进行授信,

并由物流公司进行物流运作的金融物流模式。对于银行而言，通常称为供应链金融，是对核心企业的上游企业开展保理业务（即保付代理业务）、对下游企业开展保兑业务，中间由物流公司进行质物的监管。供应链模式的流程如下：

1）银行对核心企业的上游企业进行分别授信，开展保付代理业务。

2）上游供应商将原材料送到核心企业，验收合格后，形成应收账款。

3）银行以上游企业在核心企业的应收账款作为质押，按应收账款额度将贷款发放给上游供应商。

4）应收账款到期，核心企业将应收账款付给银行，用以偿还上游供应商的贷款。

5）银行给下游经销商授信。

6）银行将资金直接汇给上游核心企业。

7）核心企业组织生产。

8）银行向物流公司下达提货指令或者接货指令，由物流公司进行监管。

9）下游经销商偿还银行贷款。

10）银行向物流公司下达解押指令。

11）货物解除监管。

问：供应链设计的原则是什么？

答：在供应链的设计过程中，一般应遵循这样一些基本的原则，以保证供应链的设计和重建能满足供应链管理思想得以实施和贯彻的要求。

（1）自顶向下和自底向上相结合的设计原则　在系统建模设计方法中，存在两种设计方法，即自顶向下和自底向上的方法，供应链的设计是自顶向下和自底向上的综合。

（2）简洁性原则　简洁性是供应链的一个重要原则。为了能使供应链具有灵活快速响应市场的能力，供应链的每个节点都应是简洁的、具有活力的、能实现业务流程的快速组合。

（3）集优原则　集优原则也叫互补性原则。供应链各个节点的选择应遵循强强联合的原则，达到实现资源外用的目的。

（4）协调性原则　供应链业绩好坏取决于供应链合作伙伴关系是否和谐。因此，建立战略伙伴关系的合作企业关系模型是实现供应链最佳效能的保证。

（5）动态性原则　动态性原则也叫不确定性原则。不确定性在供应链中随处可见，许多学者在研究供应链运作效率时都提到不确定性问题。由于不确定性的存在，导致需求信息的扭曲。因此，要预见各种不确定因素对供应链运作的影响，减少信息传递过程中的信息延迟和失真。

（6）创新性原则　创新设计是系统设计的重要原则。没有创新性思维，就不可能有创新的管理模式，因此，在供应链的设计过程中，创新性是很重要的一个原则。

（7）战略性原则　供应链的建模应有战略性观点，通过战略性观点考虑减少不确定性的影响。从供应链战略管理的角度考虑，供应链建模的战略性原则还体现在供应链发展的长远规划和预见性方面，供应链的系统结构发展应和企业的战略规划保持一致，并在企业战略指导下进行。

问：供应链管理有哪些特点？

答：（1）以客户为中心　从某种意义上讲，供应链管理本身就是以客户为中心的"拉式"营销推动的结果，其出发点和落脚点都是为客户创造更多的价值，都是以市场需求的拉动为原动力。客户价值是供应链管理的核心，企业根据客户的需求来组织生产。以往供应链的起始动力来自制造环节，先生产产品，再推向市场，在消费者购买之前，是不会知道销售效果的。在这种"推式系统"里，存货不足和销售不佳的风险同时存在。现在，从产品设计开始，企业已经让客户参与，以使产品能真正符合客户的需求。这种"拉式系统"的供应链是以客户的需求为原动力的。

（2）强调企业的核心竞争力　在供应链管理中，一个重要的理念就是强调企业的核心业务和竞争力，并为其在供应链上定位，将非核心业务外包。由于企业的资源有限，企业要在各式各样的行业和领域都获得竞争优势是十分困难的，因此它必须集中资源在某个自己所专长的领域（即核心业务）上。企业在供应链上这样定位，方能成为供应链上一个不可替代的角色。

（3）相互协作的双赢理念　在传统的企业运营中，供销之间互不相干，是一种敌对争利的关系，系统协调性差。在供应链管理模式下，所有环节都被看作一个整体，链上的企业除了自身的利益外，还应该追求整体的竞争力和赢利能力。合作是供应链与供应链之间竞争的一个关键。

在供应链管理中，不但有双赢理念，更重要的是通过技术手段把理念形态落实到操作实务上。企业要特别注重战略伙伴关系管理，管理的重点是以面向供应商和用户取代面向产品，增加与主要供应商和用户的联系，增进相互之间的了解（在产品、工艺、组织、企业文化等方面），相互之间保持一定的一致性，实现信息共享。企业应通过为用户提供与竞争者不同的产品和服务或增值的信息而获利。供应商管理库存（VMI）和共同计划、预测与库存补充的应用就是企业转向改善、建立良好的合作伙伴关系的典型例子。通过建立良好的合作伙伴关系，企业就可以更好地与用户、供应商和服务提供商实现集成和合作，共同在预测、产品设计、生产运输计划和竞争策略等方面设计和控制整个供应链的运作。

（4）优化信息流程　信息流程是企业内员工、客户和供货商的沟通过程。利用电子商务、电子邮件甚至互联网进行信息交流，虽然手段不同，但内容并没有改变。而计算机信息系统的优势在于其自动化操作和处理大量数据的能力,使信息流通速度加快,同时减少失误。然而,信息系统只是支持业务过程的工具,企业本身的商业模式决定着信息系统的架构模式。

为了适应供应链管理的优化需求,必须从与生产产品有关的第一层供应商开始,环环相扣,直到货物到达最终用户手中,真正按链的特性改造企业业务流程,使各个节点企业都具有处理物流和信息流的自组织和自适应能力。要形成贯穿供应链的分布式数据库的信息集成,从而集中协调不同企业的关键数据,如订货预测、库存状态、缺货情况、生产计划、运输安排、在途物资等。为便于管理人员迅速、准确地获得各种信息,应该充分利用电子数据交换、互联网等技术手段,实现供应链的分布数据库信息集成,共享采购订单的电子接收与发送、多位置库存控制、批量和系列号跟踪、周期盘点等重要信息。

问:供应链管理主要有哪些活动?

答:供应链管理是核心企业进行内部和外部协同的过程,涉及内部各相关职能和上下游各相关成员,是一项复杂的系统工程。供应链管理的主要活动包括对供应链的战略、计划和运作的管理,对供应链的各相关职能和环节的关系管理,以及对供应链绩效的管理等方面,如图 2-5-3 所示。

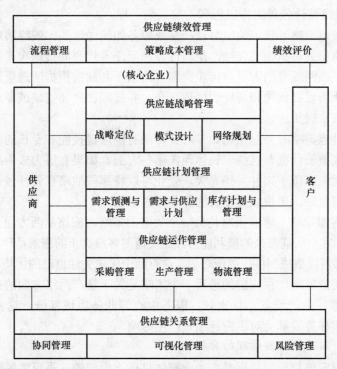

图 2-5-3 供应链管理的主要活动

**试题选解**:从某种意义上讲,供应链管理本身就是(    )的"拉式"营销推动的结果,其出发点和落脚点都是为客户创造更多的价值,都是以市场需求的拉动为原动力。

  A. 以客户为中心    B. 强调企业的核心竞争力
  C. 相互协作的双赢理念  D. 优化信息流程

  解：从某种意义上讲，供应链管理本身就是以客户为中心的"拉式"营销推动的结果，其出发点和落脚点都是为客户创造更多的价值，都是以市场需求的拉动为原动力。因此，正确答案是 A。

### 鉴定要求2　能描述所在组织的战略与供应链思想的关系，能描述所在组织供应链战略目标和模式

  问：供应链战略的策略有哪些？

  答：（1）运营策略　如何生产产品或提供服务取决于企业采用的运营策略：是选择按库存生产、按单生产还是按单装配，或是上述方式的组合；是选择将生产外包或者追求低成本的离岸生产，还是选择在生产工厂外完成最终的装配而更贴近客户。这些都是关键的决策，因为这将影响并构成整个供应链和投资结构。运营策略决定了供应链的人员构成、工厂运作、仓库情况以及订货处理——就像设计各种工作流程和信息系统一样。

  （2）渠道策略　渠道策略与让产品或服务如何送达买家或终端用户有关。其中涉及的相关决策主要包括：是通过分销商或零售商间接地卖产品给客户，还是通过互联网或直销人员直接卖给客户。由于利润率根据所选渠道的不同而有所差异，所以必须选择最优的渠道组合，并保证在产品短缺或需求旺盛的时候客户能够拿到货。

  （3）外包策略　外包策略始于对公司现有供应链技能和专长的分析：自己的公司到底擅长什么？这些专长体现在哪些方面？如果有潜力成为战略优势，这些优势就应该留下来并发扬光大。企业可以将那些战略重要性较低或者第三方可以做得更好、更快或更便宜的部分外包出去。

  （4）客服策略　客服策略是另一个关键的策略。应该从两方面来看客服策略：总量和客户所能带来的赢利能力，还要懂得客户真正的需求是什么。这两方面的知识都可以集成到供应链策略中，这有助于优先关注自己的优势和能力。

  （5）资产策略　供应链的最后一个策略是关于资产网络方面的决策，涉及工厂、仓库、生产设备、订货处、服务中心等业务组成部分。这些资产的位置、规模和任务等都会对供应链绩效产生影响。

  问：什么是供应链管理的目标？

  答：供应链管理的目标是在企业整体目标下形成的，不可能脱离企业整体目标而存在，所以有时候也常将供应链管理的目标看成企业的目标。当建立供应链管理的目标时，首先要考虑使用一个基于操作上的供应链绩效测量系统与运行标准，否则就无法确定目标。

问：供应链管理的一般目标有哪些？

答：供应管理的一般目标是指所有企业都具有的供应链管理的愿景，是指企业希望供应链管理能给企业带来的绩效，是所有企业通过有效管理的努力而希望达到的目标。一般来说，企业希望供应链能达到如下几点：

（1）供应链管理系统的总成本最小化 供应链管理系统的总成本涉及许多要素，包括采购成本、库存成本、运输成本、制造成本、资金成本、应用技术成本、人力资源成本等。各部分的成本组成了整个系统的成本，这就是供应链管理系统的总成本。如何使供应链管理系统的总成本最小化，这是企业面临的供应链管理的战略目标之一。在供应链再造和构建过程中，应该时时注意到总成本的各种要素，不断降低总成本，以达到总成本的最小化。这里所说的供应链管理系统总成本的最小化是一个相对的概念，是相对于一定水平的供应链绩效而言的。

（2）订单执行周期最小化 供应链上订单执行周期的长短代表了供应链的绩效。要提高供应链绩效，就必须缩短供应链上的订单执行周期，使之最小化。这是企业供应链管理系统的目标之一。在管理活动中，应该注意各种引起订单执行周期加长的情况，加强时间的管理，从而提高供应链的绩效水平。

（3）供应链柔性最大化 在整合的供应链模型中，供应链对市场可作出柔性的反应。如何使供应链产生柔性的反应，并使这种柔性化最大化，也是供应链管理系统的目标之一。如果不能达到柔性的市场反应，在竞争激烈的市场上，企业就很难得以生存和发展。如果企业在整合的供应链模型中，已经发展到了"同步"反应的水平，那么无论是信息流和物流都可以在供应链成员中同步反应，从而使供应链柔性最大化，这将大大增加企业的竞争力。

（4）供应链"知识资产"最大化 企业的知识资产是由市场结构资本、组织管理资本、知识产权资本组成的。企业供应链管理最大的战略目标是，形成供应链"知识资产"，并且使之最大化。企业可以通过供应链关系管理，不断扩展自己的供应链网络，形成很好的供应商关系、客户关系，使企业的供应链网络中具有忠诚度很高的上游供应商网络和下游客户网络，从而形成"市场结构资本""组织管理资本"和"知识产权资本"。企业的供应链网络一旦具有这些知识资产，其本身就具有很大的市场价值。

除了以上供应链管理的一般目标外，各种企业可能还有自己独特的供应链目标。每个企业应结合自己的实际状况确定自己的供应链目标。

**试题选解：** 供应链战略的策略包括（　　）。
A．运营策略　　B．渠道策略　　C．外包策略　　D．客服策略

解：供应链战略的策略有运营策略、渠道策略、外包策略、客服策略和资产策略。因此，正确答案是 ABCD。

**鉴定要求3　能对所在组织供应链管理提出改进建议**

问：谈谈供应链管理的改进策略。

答：供应链管理的改进策略有：

（1）在战略的高度上进行全程供应链管理　供应链的改进要求站在战略的高度，进行全程供应链管理。供应链管理已经是关系企业生死存亡的竞争战略。当前的市场环境是极具竞争性的，产品的技术含量低，相同产品之间的差异几乎为零，各品牌企业都试图保持其综合成本领先。但从企业内部的生产而言，产品的生产技术并不复杂，改进也不困难，各个企业生产成本基本相同，在多年的竞争中，几乎没有任何的调整空间，要想在竞争中生存取胜，必须联合上下游的供应商、分销商、零售商，在供应链各环节降低产品成本，在终端市场降低产品最终价格，从而取得市场优势的地位。全程供应链管理包括以下几个方面：

1）全程供应链管理涵盖供应链规划、执行和评估改进的整个过程。供应链规划阶段完成产址选择、产能设计、销售网络规划、物流规划、战略采购规划等全局性工作；执行以对需求的预测与计划为起点，以贯通全程的订单流为核心，以物流、资金流、商流、信息流的流转为实现方式，以产成品到达消费者手中消费为最终结果；评估改进要求利用绩效评估体系对既有的供应链运作进行评估，根据评估的结果确定供应链的改进方向和举措。

2）全程供应链管理是贯通供应链供应、产销、销售各环节的管理，不仅要实现这几个环节内，还要实现各环节之间业务流程的畅通。

3）全程供应链管理是对供应链体系内各组成成员的管理，管理的主体和对象不仅包括核心企业、供应商、经销商、零售商等渠道内成员，还要进一步扩展到物流服务商、金融服务商、研发服务提供商和供应链管理平台提供商。只有在战略高度确定全程供应链管理思想，才能按其模型改进供应链管理，增强行业竞争能力，最优化解决供应链管理各主要问题。

（2）渠道尤其是销售渠道的管理是关键突破点　供应链上的组成成员除了制造商、供应商、代理商、零售商等渠道成员之外，还包括金融服务提供商、物流服务商、研发服务提供商等，各个环节对最终客户价值最大化的贡献各不相同，贡献最大的是各渠道内成员，因此，渠道管理是供应链管理的核心范围。以销售为中心的行业销售渠道承担了向最终消费者传递产品、收回生产和投资收益的重任，因此，销售渠道管理又是渠道管理的核心内容。基于以上对供应链渠道管理的分析，销售渠道管理的重心应该放在这几个方面：

1）渠道组织管理。对渠道体系内众多代理商、分销商、零售商的存货能力、服务能力、销售能力、财务能力等基本信息建档，对销售商的信息情况进行管理，根据销售及市场情况对渠道体系内成员的数量、位置进行合理规划。

2）渠道产品管理。渠道有多个细分行业，每个细分行业又有产品线的多种产品，需要对产品分类、产品信息、产品价格等方面进行管理，针对不同的渠道成员提供不同价格的不同产品。

3）渠道订单管理。渠道订单管理是渠道管理最重要的方面，包括产品订购、产品询报价、销售退货等在内的订单流程管理，也包括市场需求计划的管理。

4）渠道库存管理。管理销售渠道中的产品、促销品、备品备件、回收包装物的库存，实现基于订单的收发货管理、自动补货管理和渠道库存调配管理，全面掌握产品、促销品、回收包装物在整个渠道中的分布情况。

5）渠道事件管理。渠道内冲货、压货现象严重，对这类渠道事件进行管理，使企业能够全面监控渠道成员的行为，实现渠道成员间的良好协同。

渠道尤其是销售渠道管理作为供应链管理核心范围的确立，对于最优化解决产品供应链协同、供应链订单响应、供应链渠道管理、供应链成本控制等主要问题是非常必要的。

(3) 供应链管理水平的渐进方式与持续提升　供应链管理是企业内部管理到外部管理的衍生，代表了很高的企业管理水平，即便在国外也是较先进的管理方式，这种管理方式从被接受到最终实现，都需要一定的时间和大量的实践，这就决定了供应链管理水平的提升只能是采用循序渐进的方式，绝不能一蹴而就。当前供应链上企业的管理、经营水平有很大差距，一个企业的经营管理水平也许可以在短期内有很大提升，但同一条供应链上的众多企业想要同时达到同等较高的水平，则几乎是不可能的，这就决定了供应链管理要采用渐进的方式进行，持续提升。

(4) 制定与细分行业特征相对应的供应链管理策略　有众多细分行业，这些细分行业的供应链管理既有共性也有个性，进行供应链管理时既要遵循一些共同的原则，也要针对所属细分行业的特征制定相对应的供应链管理策略。

> **试题选解**：简述供应链管理的改进策略。
> 
> 解：供应链管理的改进策略有：在战略的高度上进行全程供应链管理；渠道尤其是销售渠道的管理是关键突破点；供应链管理水平的渐进方式与持续提升；制定与细分行业特征相对应的供应链管理策略。

# 鉴定点 2　供应链物流网络管理

### 鉴定要求 1　能分析所在组织的物流网络节点并提出优化方案

问：已知某企业的两个物流中心 $F_1$ 和 $F_2$ 供应 4 个销售地 $P_1$、$P_2$、$P_3$、$P_4$，由于需求量不断增加，须再增设一个物流中心。可供选择的地点是 $F_3$ 和 $F_4$，试在其中选择一个作为最佳地址。根据已有资料（见表 2-5-1），分析得出各物流中心到各销售地的总费用。

表 2-5-1　各地供需量及物流费用（单位：元）表

| | | 销售地 | | | | 供应量/台 |
|---|---|---|---|---|---|---|
| | | $P_1$ | $P_2$ | $P_3$ | $P_4$ | |
| 物流中心 | $F_1$ | 8.00 | 7.80 | 7.70 | 7.80 | 7 000 |
| | $F_2$ | 7.65 | 7.50 | 7.35 | 7.15 | 5 500 |
| | $F_3$ | 7.15 | 7.05 | 7.18 | 7.65 | 12 500 |
| | $F_4$ | 7.08 | 7.20 | 7.50 | 7.45 | |
| 需求量/台 | | 4 000 | 8 000 | 7 000 | 6 000 | 25 000 |

答：若新建的物流中心在 $F_3$，则根据运输问题的解法，得供需量分配表（见表 2-5-2），全部费用至少为

$G = 6\,500 \times 7.70$ 元 $+ 500 \times 7.80$ 元 $+ 5\,500 \times 7.15$ 元 $+ 4\,000 \times 7.15$ 元 $+$
　　$8\,000 \times 7.05$ 元 $+ 500 \times 7.18$ 元
　　$= 181\,865$ 元

表 2-5-2　物流中心在 $F_3$ 处的供需量分配表

| | | 销售地 | | | | 供应量/台 |
|---|---|---|---|---|---|---|
| | | $P_1$ | $P_2$ | $P_3$ | $P_4$ | |
| 物流中心 | $F_1$ | 8.00 | 7.80 | ⑤ 7.70<br>6 500 | ⑥ 7.8<br>500 | 7 000 |
| | $F_2$ | 7.65 | 7.50 | 7.35 | ③ 7.15<br>5 500 | 5 500 |
| | $F_3$ | ② 7.15<br>4 000 | ① 7.05<br>8 000 | ④ 7.18<br>500 | 7.65 | 12 500 |
| 需求量/台 | | 4 000 | 8 000 | 7 000 | 6 000 | 25 000 |

若新建的物流中心在 $F_4$，则解法相同，结果见表 2-5-3，全部费用至少为
$G = 7\,000 \times 7.70$ 元 $+ 5\,500 \times 7.15$ 元 $+ 4\,000 \times 7.08$ 元 $+ 8\,000 \times 7.20$ 元 $+$
　　$500 \times 7.45$ 元
　　$= 182\,870$ 元

表 2-5-3　物流中心在 $F_4$ 处的供需量分配表

| | | 销售地 | | | | 供应量/台 |
|---|---|---|---|---|---|---|
| | | $P_1$ | $P_2$ | $P_3$ | $P_4$ | |
| 物流中心 | $F_1$ | 8.00 | 7.80 | ⑤ 7.70<br>7 000 | 7.8 | 7 000 |
| | $F_2$ | 7.65 | 7.50 | 7.35 | ② 7.15<br>5 500 | 5 500 |
| | $F_3$ | ① 7.08<br>4 000 | ① 7.20<br>8 000 | ④ 7.50<br>500 | ④ 7.45 | 12 500 |
| 需求量/台 | | 4 000 | 8 000 | 7 000 | 6 000 | 25 000 |

两方案比较，$F_4$ 的费用（182 870 元）大于 $F_3$ 的费用（181 865 元），故选择在 $F_3$ 设置物流中心。

### 鉴定要求 2　能进行物流网络的效率和成本分析

问：某公司是一家以机械制造为主的企业，该企业长期以来一直以满足客户需求为宗旨。为了保证供货，该公司在本土建立了 500 多个仓库，但是仓库管理成本一直居高不下，每年费用大约为 2 000 万元。所以该公司聘请一调查公司作了一项细致调查，结果为：以目前情况，如果减少 202 个仓库，则会使总仓库管理成本下降 200 万~300 万元，但是由于可能会造成供货紧张，销售收入会下降 18%。

1）如果你是企业总裁，你是否会依据调查公司的结果减少仓库？为什么？
2）如果不这样做，又该如何决策？

答：要点如下：

1）不会。

① 因为减少 202 个仓库只能节省 200 万~300 万元，却造成了 18% 销售收入的下降，得不偿失。

② 即使能节省大量费用，但因减少仓库而丧失销售收入也不是上策，因为这等于客户的丧失。在现代市场营销环境下，企业唯一的生存发展途径便是最大限度地满足用户需求。

2）不这样做后的决策：

① 可通过调查，依据目标市场细分的原理将全国市场细分为 10~15 个左右的大型区域，目的是在每个大型区域建立区域配送中心。

② 先通过合理的选址方法为每个区域配送中心选择合适的地理位置，然后在每个区域内选择 5 个左右的集中销售城市，建成城市配送中心。

③ 从基本作业、实用物流技术、物流设备、信息管理系统四个方面入手，真正意义上发挥配送中心降低物流成本、提高客户满意度的作用。

只有这样才能实现仓库大量减少、费用下降的目的，同时通过现代配送中心的作业提高客户满意度，一举两得。

## 鉴定点 3　物流外包管理

### 鉴定要求 1　能对物流外包进行分析并提出需求方案

问：某企业的产品要运往销售地，有两种方案可供选择，即自运和外运。如果自己运输，需要添置运输装卸设备，每年将增加设备固定成本 12 万元，此外，运输每件产品的直接成本为 40 元。如果外包，即委托社会专业运输公司运输，每件要支付 100 元。又知该产品运输量的概率分布见表 2-5-4。试分析该企业应选择何种运输方案。

表 2-5-4 产品运输量的概率分布

| 产品运输量 $X$ | 1 000 | 1 500 | 2 000 | 2 500 | 3 000 |
|---|---|---|---|---|---|
| 概率（%） | 20 | 25 | 30 | 15 | 10 |

答：设每年产品运输量为 $X$，则外包（方案 1）的总成本为

$$C_1 = 100X$$

自运（方案 2）的总成本为

$$C_2 = 40X + 120\ 000$$

令两者之差为零，求出平衡点：

$$X_0 = \frac{120\ 000}{100 - 40} = 2\ 000$$

当运输量 $X$ 大于 2 000 件时，宜采用方案 2；当运输量 $X$ 小于 2 000 件时，宜采用方案 1。

根据数理统计的原理，产品运输量的期望值为

$$\bar{X} = 1\ 000 \times 0.2 + 1\ 500 \times 0.25 + 2\ 000 \times 0.3 + 2\ 500 \times 0.15 + 3\ 000 \times 0.1$$
$$= 200 + 375 + 600 + 375 + 300 = 1\ 850$$

根据前面的选择原则，该企业应当采用方案 1，即运输外包。

**鉴定要求 2　能对物流服务商和服务产品进行选择**

问：在简单的供应链中，某单位在仓库里存有一周库存的货物。也就是说，该单位从供应商处购买足够的物品以保证满足一周内的需求。对 A 物品的需求一直稳定为每周 100 单位，但某一周最终客户的需求比平时多了 5 个单位，假设 A 物品的供应链是一个"生产商—地区批发商—当地批发商—零售商—客户"五级结构，并能保证配送及时，那么这对供应链将产生何种影响？

答：分析结果见表 2-5-5。

表 2-5-5　分析结果

| 周序 | | 一 | 二 | 三 | 四 | 五 | 六 |
|---|---|---|---|---|---|---|---|
| 客户 | 需求 | 100 | 105 | 100 | 100 | 100 | 100 |
| 零售商 | 需求 | 100 | 105 | 100 | 100 | 100 | 100 |
| | 期初存货 | 100 | 100 | 105 | 100 | 100 | 100 |
| | 最终存货 | 100 | 105 | 100 | 100 | 100 | 100 |
| | 购买 | 100 | 110 | 95 | 100 | 100 | 100 |

（续）

| 周序 | | 一 | 二 | 三 | 四 | 五 | 六 |
|---|---|---|---|---|---|---|---|
| 当地批发商 | 需求 | 100 | 110 | 95 | 100 | 100 | 100 |
| | 期初存货 | 100 | 100 | 110 | 95 | 100 | 100 |
| | 最终存货 | 100 | 110 | 95 | 100 | 100 | 100 |
| | 购买 | 100 | 120 | 80 | 105 | 100 | 100 |
| 地区批发商 | 需求 | 100 | 120 | 80 | 105 | 100 | 100 |
| | 期初存货 | 100 | 100 | 120 | 80 | 105 | 100 |
| | 最终存货 | 100 | 120 | 80 | 105 | 100 | 100 |
| | 购买 | 100 | 140 | 40 | 130 | 95 | 100 |
| 生产商 | 需求 | 100 | 140 | 40 | 130 | 95 | 100 |
| | 期初存货 | | 100 | 140 | 100 | 130 | 95 |
| | 最终存货 | | 140 | 100 | 130 | 95 | 100 |
| | 购买 | | 140 | 0 | 160 | 60 | 105 |

通过表 2-5-5 可以看出，每周对 A 物品的需求固定为 100 单位时，每一环节的情况为：

需求=下一环节客户购买的需求量一周开始时的期初库存=前一周的期末库存

一周末的期末库存=本周的需求

购买的单位数=需求+库存的变化量

购买量=净需求+（期初库存−期末库存）

第一周一切如故，供应链中每周 A 物品的物流量为 100 单位。到第二周，客户需求量增加到 105 单位，零售商必须购买 105 单位 A 产品才能满足客户需求，为了把期末库存增加 5 单位达到 105 单位，零售商就从当地批发商那里购买 110 单位。当地批发商不得不供应 110 单位，为了把期末库存提升到 110 单位，它则需额外增加 10 单位，因此需要从地区批发商那里购买 120 单位 A 产品。地区批发商不得不供应 120 单位，为了把期末库存提高到 120 单位而额外增加 20 单位，它从制造商那里购买 140 单位。到第三周，当客户重新回到起初 100 单位的购买量时，则会产生相反的效果。这时，零售商会把最终库存降低到 100 单位，所以它只需从当地批发商那里购买 95 单位。当地批发商把它的最终库存减少 15 单位，所以它只需从地区批发商那里购买 80 单位。地区批发商把最终库存减少 40 单位，所以它只需从制造商那里购买 40 单位。制造商为了把最终库存减少到 100 单位，它的生产需求只是 40 单位，所以它会停止生产，用库存来满足所有的需求。

可以看到，最终客户在某周 5 个单位的需求变化量使一周内生产量变化了 80 单位，而且这种变化将会持续几个星期。这就是所谓的供应链的需求放大效应。

### 鉴定要求3　能对物流外包进行投入产出分析

问：某制造企业拥有价值500万元的运输车辆规模，且车辆维护较好，另有司机10人。但企业仓库年久失修。企业的物流系统分成了运输子系统、仓储子系统、订单处理和信息子系统、客户服务子系统四个子功能模块。

在2001年企业采用的物流方式是自营，2002年采用了第三方物流，将本企业物流外包出去。这两年各项费用的比较见表2-5-6。试分析其效果。

表2-5-6　自营物流与第三方物流费用对比　　　　　　　　单位：万元

| | 总运输成本 $T$ | 库存维护费 $S$ | 批量成本 $L$ | 仓储固定费用 $F_w$ | 仓储可变费用 $V_w$ | 订单处理和信息费用 $P$ | 客户服务费 $C$ | 合计 |
|---|---|---|---|---|---|---|---|---|
| 2001年 | 150 | 100 | 90 | 27 | 30 | 10 | 20 | 427 |
| 2002年 | 120 | 70 | 60 | 27 | 15 | 16 | 15 | 323 |

答：对于运输子系统，由于该企业前期已在运输方面投入了500万，且车辆状况较好，另还有10名司机，所以，将运输服务外包后，并不能使企业的总运输成本明显降低。因此该企业不应该将运输功能外包，而应该采取自营。

对于仓储子系统，由于该企业的仓库年久失修，已不具备竞争力，将仓储功能外包，可明显降低仓储可变费用，因此仓储功能应采取第三方物流。

同理，根据该企业的实际情况，另外两个功能子系统也采取第三方物流服务。

# 鉴定范围 6

# 数字化与智能化

## 鉴定点 大数据与人工智能应用

### 鉴定要求 1 能描述数字经济对行业发展的影响

问:数字经济对物流行业产生了哪些影响?

答:随着物流信息化的进一步发展,新一轮技术革命和产业变革蓄势待发,物流行业发生深刻改变,产业链、供应链、价值链加速向形态更高级、功能更复杂、结构更合理的阶段演化,数字化物流的深入推进,将会为物流行业发展和结构调整增添新的动能。未来,创新、协同、开放、共享四大核心要素,将依然是智慧物流推动行业发展的主要趋势。

(1)持续创新发展 随着数字经济对物流行业的影响加深,企业间的竞争将成为行业竞争的关键点,物流数字生态的建立将吸引大量资本的进入,加速传统物流业的变革,并将推动企业从封闭竞争走向开放合作。物流数字生态建设将促进多个企业在一个生态系统中相互合作,创新已经超出了企业既有的边界。

(2)深入协同发展 物流组织已经从一体化走向平台化,平台化使得创新链中的各类创新主体深入协同,共同促进商业要素进入与市场变化同步的体系,更加高效地配给生态资源,形成协同发展的实践载体、制度安排和环境保障。

(3)坚持开放战略 智慧物流将更加开放,其解决的将不仅是资源的互联和开放,更多的是生态的开放,实现企业在生态中互利共赢的开放战略,发展更高层次的开放型物流数字经济,完善开放流通数据资产的法制营商环境,推动行业自律和政府监管,构建广泛的利益共同体。

(4)推动充分共享 智慧物流技术应用在构建企业商业能力上逐步深入,通过更高效的连接,不同商业的共享模式——云仓资源共享模式、物流设备共享模式、末端网点资源共享模式、物流众包共享模式、共同配送共享模式、运力整合共享模式等,都将在智慧物流的基础上更加丰富。

> **试题选解：** 简述数字经济对物流行业的影响。
>
> **解：** 随着数字经济在物流行业的深入渗透，数字经济将会为物流行业发展和结构调整增添新的动能。未来，创新、协同、开放、共享四大核心要素，将依然是智慧物流推动行业发展的主要趋势，体现在：①持续创新发展；②深入协同发展；③坚持开放战略；④推动充分共享。

## 鉴定要求2 能举例说明当前大数据、智能化对商业模式、业务流程和人才需求的影响

### 亚马逊：大数据引领的电商物流变革

#### 一、亚马逊全球物流体系的发展

亚马逊从成立至今经历了20多年的发展，同时也是引领电商仓储物流发展的20多年。记得贝佐斯曾经说过：你可以学会亚马逊的过去、学会亚马逊的现在，但你学不会亚马逊的未来。从20多年前贝佐斯的汽车房到今天的机器人库房、直升机配送，亚马逊开创了一整套以高科技为支撑的电商仓储物流的模式，在过去20多年快速稳健的发展中，亚马逊已经形成了成熟的覆盖全球的运营网络。

亚马逊已经搭建起通达全球的供应链运营网络，一头连接全球优质的供应商资源带来的丰富选品，一头连接亚马逊全球18大国际站点近3亿的活跃付费用户，通过其遍布全球的175个运营中心，可跨国配送至185个国家和地区的消费者。

亚马逊在业内率先使用了大数据、人工智能和云技术进行仓储物流的管理，创新地推出预测性调拨、跨区域配送、跨国境配送等服务，不断给全球电商和物流行业带来惊喜，也由此建立其全球跨境云仓、全球物流网络的优势。

#### 二、亚马逊引领电商仓储物流的技术和系统优势

亚马逊物流运营体系的强大之处在于：它已经把仓储中心打造成了全世界最灵活的商品运输网络，通过强大的智能系统和云技术将全球所有仓库（亚马逊称其为运营中心）联系在一起，可以做到快速响应，同时还能确保精细化的运营。

什么是精细化运营？精细化运营实则是物流质量上的提升。对于达到一定规模和量级的企业而言，仓储物流的运营能力和质量决定了一个电商企业能做多大。

##### 1. 智能入库

智能预约系统通过供应商预约送货，能提前获知供应商送货的物品，并相应调配好到货时间、人员支持以及存储空间。收货区将按照预约窗口进行有序作业，货物也将根据先进先出的原则按类别存放到不同区域。还可以根据历史

数据，对易损坏的商品进行预包装处理。

2. 智能存储

传统仓库将货品分门别类放置面临瓶颈。亚马逊开拓性地采用了"随机存储"的方式，打破了品类之间的界限，按照一定的规则和商品尺寸将不同品类的商品随机存放到同一个货位上，不仅提高了货物上架的效率，还最大限度地利用了存储空间。同一个货位里的商品琳琅满目，看似杂乱，实则乱中有序。这对系统和管理提出了巨大的挑战。在每个货位的每件商品，都有一个专属条码，如 GPS 一般，系统可以精确记录商品的位置，使所有商品各就其位。

3. 智能拣货与订单处理

在亚马逊的运营中心，员工拣货路径通过后台大数据的分析进行优化。系统会为其推荐下一个要拣的货在哪儿，确保员工永远不走回头路，而且其所走的路径是最少的。通过这种智能运算推荐优化路径，员工可以减少至少 60%的路程，以前一天可能要走 18 千米，但现在拣同样多的商品只需要走 6 千米。

4. 预测式调拨

亚马逊智能物流系统的先进性还体现在其可以分析客户的购买行为，然后后台系统会记录客户的浏览历史，提前对库存进行优化配置，将客户感兴趣的商品提前调拨到离客户最近的运营中心，即"客未下单，货已在途"，这便是亚马逊智能分仓的魅力。

5. 精准库存

库存的精准管理在仓储物流中是最大的难题之一。亚马逊高效物流系统还会通过自动持续校准来提升速度和精确度。它通过实现连续动态盘点，让企业客户实时了解库存状态。比如员工上架操作时需要扫描条码，如果出现错误，在扫描条码时即发出预警，提醒员工进行及时更正。也就是说，在亚马逊运营中心，从上架、拣货、分拣、包装到出库，流程中的每一步操作都是在对库存的准确性进行校准，这样实时的质量控制可以将库存精准率保持在 99.99%以上。亚马逊系统全年 365 天、每天 24 小时连续盘点的能力可以降低库存丢失风险，确保库存精准、安全。

6. 全程可视

做过物流的想必都知道，实现精细化物流管理的精髓是运营管理过程中的可视性。全程可视的难点在于确保产品在任何时间、任何状态下，包括在途中都是可视的。亚马逊物流的精细化管理正是要确保这一点。

三、亚马逊迎战高峰期物流大战

探讨电商物流能力的强弱，就不得不说其应对高峰的策略。电商物流的开创者亚马逊是多年美国"黑色星期五"购物节中的主力，不仅在全球物流体系布局上早有建树，在物流供应链的准备方面也早已领先一步。

1. "超强大脑"的神机妙算

应对高峰最关键的是要知道它什么时候来,有多高,是哪些品类。亚马逊智能系统就像一个"超强大脑",可以洞察到每小时、每一个品类,甚至每一件商品的单量变化,让单量预测的数据细分到全国各个运营中心、每一条运输线路和每一个配送站点,提前进行合理的人力、车辆和产能的安排。

2. 从仓储到末端配送,每一步都精打细算

物流的计划和准备要持续近半年的时间。准备工作的第一步从单量的预测和分析开始,在这方面,亚马逊的高科技系统发挥了重要作用。亚马逊供应链系统基于历史销售数据进行运算和分析,从管理、系统等方面严谨地分析仓储物流的每一个环节,让单量预测的数据细分到全国各个运营中心、每一条运输线路和每一个配送站点,提前进行合理的人力、车辆和产能的安排。

接下来亚马逊会从人员、设备、空间方面作具体安排。通常准备工作会精细到外界难以想象的程度。比如在运营中心的关键设备、关键岗位人员是否足够;每个库房里面是否有足够的停车位,确保供应商送货、装货有序进行。亚马逊还模拟高峰期货量进行压力测试和实战演练,这一切都是为了保证出现风险时及时应对,以确保在人员、设备和空间等方面均已作好了充分准备。

3. 精准才是核心生产力

送出只是第一步,准时、准确送到位才是最重要的。像"双 11"这样的高峰期,物流不仅要快,还要准确无误。面对成倍增长的订单量,人为管理往往很难杜绝错误的发生,导致发货错误、延误甚至丢失。可以说,运营操作的质量和准确性决定着消费者的体验。亚马逊智能系统具备全年 365 天,每天 24 小时连续自动盘点的能力。这意味着,从上架、拣货、分拣、包装到出库,系统在运营操作的每一步都可以及时发现错误,并能及时纠错。而这是国内大多数仓储运营尚无法具备的核心能力。

### 四、跨境物流先行者

跨境电商最大的痛点就是物流。不少消费者为了节省运费会选择时间最长的跨境配送方案;更有不少消费者面对心仪的产品,为了跨境运费而纠结。亚马逊 2016 年 10 月在中国推出的亚马逊 Prime 会员服务专为中国消费者量身定制,调动亚马逊全球的物流资源与部署解决这一痛点,为中国消费者提供跨境订单全年无限次免费配送的会员服务。同时,亚马逊 Prime 会员还可以享受快物流的服务:从美国到中国用户,从跨境物流、清关、商检、国内物流配送整套服务,直邮中国,其中 82 个城市的 Prime 会员预计可在平均 5~9 个工作日送达。

亚马逊跨境物流主要在于六大核心优势:四通八达的境外运营网络、1 小时订单处理发货、优先发运不等待、24 小时入境清关、国内网络无缝对接、跨境全程可追踪。在跨境物流的关键环节上,亚马逊力求夯实每一步,而这一切都是为了将物流速度提到最快,减少中转环节,保障商品安全。

1. 四通八达的境外运营网络，减少长途运输

目前，亚马逊在美国有超过 70 个运营中心。在运营网络中，交通的便利性是非常重要的因素，可以最大限度地节省运输时间。亚马逊在美国已构建了非常密集的运营中心网络，联结各大机场或港口，避免了远距离的长途运输，缩短运输时间。

2. "海外购"订单发货仅需 1 小时

消费者下单后的第一步首先是订单处理：商品在亚马逊运营中心经历拣货、包装、分拣，到最后的出库发货。亚马逊运营中心采用先进的智能机器人技术和大数据仓储管理，可以加速订单的处理效率，商品的存储和处理能力较之前显著提高 50%以上。以位于美国加州的亚马逊 Tracy 运营中心为例，每天可以处理几十万个包裹，这其中就包括众多从美国发送到中国客户手中的商品：来自中国的"海外购"订单只需 1 小时便可完成订单处理和发货。

3. 优先发运不等待

大量来自亚马逊美国各地仓库发往中国的商品被专门放在机场的空港仓库集中进行装箱，这样做的好处是一方面通过集约化配置资源，集中发货，减少等待时间；另一方面可以降低空仓率，最大限度地节省物流成本。

此外，由于货量大，亚马逊在欧美日等主要线路可以实现常态化包机和固定航班，提供稳定的、7×24 小时不间断的运力保障。无论是高峰期还是平时，都可以实现任何时段的优先发运，减少等待时间。同时，为了让 Prime 会员尽早拿到包裹，亚马逊也会安排 Prime 包裹优先装载发货，减少等待时间。

4. 国内物流网络无缝对接，快速出货和配送

包裹完成清关后，直接进入亚马逊中国的物流体系，在运营中心只需要 30 分钟加贴中文面单后就能直接出货。截至目前，亚马逊已在中国建立了 13 个运营中心，其中"海外购"直邮的订单主要通过亚马逊天津、上海、广州的运营中心入境，之后通过亚马逊全国 300 多条干线网络快速运往全国各地，为近 3 000 个城市区县的消费者提供优质的配送服务，其中在 1 400 多个区县提供当日达、次日达配送服务。

对于亚马逊 Prime 会员的跨境包裹，亚马逊在北京、天津、上海和广州四地的运营中心为其设立了单独交接区域和快速处理通道，将其优先发往各地的亚马逊配送站点，送达消费者手中。

5. 跨境物流全程可追踪

对消费者而言，跨境物流链条长，流程透明和商品安全是他们最关心的。亚马逊国际物流与国内物流体系可以直接对接，减少中间转手环节，也意味着更低的商品破损和遗失风险。亚马逊智能系统记录着每一辆载满包裹的货车应该在几点几分到达，几点几分取货离开，如果货车在某个区域不该停顿的位置停了 10 分钟，系统会立刻发出警报提示，并了解发生了什么问题。

# 附　录

# 附录 A

## 考核重点

| 职业功能 | 工作内容 | 技能要求 | 相关知识 |
| --- | --- | --- | --- |
| 物流市场开发与客服管理 | 物流合同编制与审批 | 1. 能描述合同的主要内容和谈判技巧<br>2. 能编写业务合同并解释主要的条款内容<br>3. 能按照流程进行合同的申报、审批、建档和查询 | 1. 物流合同的知识和编写规范<br>2. 物流合同管理流程<br>3. 商务谈判的知识和技巧 |
| | 项目分析 | 1. 能描述项目分析的主要内容、关键点和基本方法<br>2. 能召集项目分析会,并对项目运行存在的问题和风险提出应对策略<br>3. 能编写项目分析报告 | 1. 项目分析的知识和方法<br>2. 项目分析会议的流程和内容<br>3. 项目分析报告的编写规范 |
| | 客户赔偿处理 | 1. 能描述货损处理、保险理赔和法律诉讼的流程和所需提供的主要材料<br>2. 能编写保险事故报告、收集整理法律诉讼的证据材料并对相关档案进行归档管理 | 1. 货损处理的知识和流程<br>2. 保险理赔的知识和流程<br>3. 法律诉讼的知识和流程 |
| 仓储与库存管理 | 仓储运营管理 | 1. 能描述仓储人员管理的主要内容<br>2. 能制定并管理仓储服务合同<br>3. 能制定仓储质量管理的制度和管理指标 | 1. 人员管理的知识和方法<br>2. 仓储合同的知识和管理流程<br>3. 仓储质量管理的知识和指标体系<br>4. 仓储绩效评估的知识 |
| | 物流中心设计与规划 | 1. 能对物流中心的货物流动进行规划与分析,提出区域布局、设施设备、信息处理和人员组织的规划需求<br>2. 能设计物流中心作业流程和管理制度<br>3. 能对物流中心设计和规划进行投资与回收分析 | 1. 物流中心规划与布局设计的知识<br>2. EIQ 分析方法 |
| | 库存成本分析 | 1. 能对库存成本结构进行分析<br>2. 能对库存成本提出控制和优化方案 | 1. 库存成本的知识<br>2. 库存成本控制的方法和工具 |

（续）

| 职业功能 | 工作内容 | 技能要求 | 相关知识 |
|---|---|---|---|
| 运输管理 | 运输方案设计与规划 | 1. 能依据企业（或客户企业）生产，制定运输规划<br>2. 能设计和组织联合运输<br>3. 能制订运输优化方案 | 1. 运输的合理化管理及决策的知识<br>2. 运输优化方法 |
| 运输管理 | 运输调度 | 1. 能进行运输工具配载<br>2. 能优化运输路线<br>3. 能选择合理的运输方式 | 1. 运输计划知识<br>2. 运输合理化知识<br>3. 运输调度知识 |
| 运输管理 | 运输运营管理 | 1. 能进行运输市场开发<br>2. 能进行运输项目开发与合同谈判 | 1. 运输市场开发方法<br>2. 运输合同及管理的知识 |
| 成本与绩效管理 | 物流运作成本管理 | 1. 能核算设备设施、人力资源、业务管理等物流运作成本<br>2. 能设计并实施物流中心成本KPI体系 | 1. 物流运作成本的知识<br>2. 物流中心成本KPI设计、实施与优化的方法和工具 |
| 成本与绩效管理 | 运营绩效考核 | 1. 能描述绩效考核的目的和主要内容<br>2. 能制定物流绩效考核指标体系和考核制度<br>3. 能组织实施绩效考核 | 1. 绩效考核的知识和制度编制方法<br>2. 绩效考核流程和管理办法 |
| 供应链管理 | 供应链管理认知 | 1. 能描述供应链的构成和模式、供应链管理的特点和主要活动<br>2. 能描述所在组织的战略与供应链思想的关系，能描述所在组织供应链战略目标和模式<br>3. 能对所在组织供应链管理提出改进建议 | 1. 企业战略的知识<br>2. 供应链战略的知识<br>3. 供应链网络规划的知识和方法 |
| 供应链管理 | 供应链物流网络管理 | 1. 能分析所在组织的物流网络节点并提出优化方案<br>2. 能进行物流网络的效率和成本分析 | 物流网络节点规划和成本分析的知识 |
| 供应链管理 | 物流外包管理 | 1. 能对物流外包进行分析并提出需求方案<br>2. 能对物流服务商和服务产品进行选择<br>3. 能对物流外包进行投入产出分析 | 1. 物流外包的知识<br>2. 物流服务商和服务产品选择方法与工具<br>3. 物流外包投入产出分析的方法与工具 |
| 数字化与智能化 | 大数据与人工智能应用 | 1. 能描述数字经济对行业发展的影响<br>2. 能举例说明当前大数据、智能化对商业模式、业务流程和人才需求的影响 | 1. 数字经济的知识<br>2. 大数据、人工智能的知识<br>3. 行业发展模式与技术最新发展知识 |

# 附录 B

# 物流师（高级）职业技能鉴定国家题库模拟试卷

## 考试试卷

### 第一部分

**一、判断题**（每题0.5分，共20分）

1．物流状况对生产环境和生产秩序起着决定性的影响，一个企业的物料状况是最能体现其管理水平高低的标志。（　　）

2．互联网时代的到来，使得信息的传播、交流发生了巨大的变化，信息是物流系统的灵魂，互联网技术所推动的信息革命使得物流现代化的发展产生了巨大的飞跃。互联网时代物流呈现出物流信息处理的电子化和计算机化、物流信息传递的标准化和实时化、物流信息存储的数字化等特点。（　　）

3．当代社会需求的特点是多样化、个性化，生产类型向多品种、小批量方向发展，生产中的物流系统为了适应这种变化也趋向柔性化和自动化，计算机控制软件的研究开发成了物流技术发展的新标志。（　　）

4．由于物流管理活动具有平淡、琐碎、难以实施的特点，如果企业通过科学分析和认真实施，在物流管理活动方面确立了优势，就可以使得企业的成本大大降低，使企业具有独特的竞争优势，而且这种竞争优势是难以模仿的。（　　）

5．要求供应链最优化的客户（如沃尔玛）：这类客户对供应商的要求是最高的，要求合同履行零差错及到货时间100%可靠。（　　）

6．物流战略规划可以用物流决策三角形表示。这些领域虽然是互相独立的，但可作为整体进行规划。（　　）

7．企业为了能在动态条件下制定营销战略，常需要借助产品生命周期理论来建模。因此，物流服务必须与产品生命周期的动态状况相适应。（　　）

8．传统物流服务的主体功能主要是运输与仓储，其提供的服务目标和核心主要是保值。（　　）

9．要做到即时采购，一个很重要的方面是如何确立与上游供应商的关系。为与供应商建立稳固的长期交易关系，保证质量上的一致性，企业应与较多个供应商结成固定关系。（　　）

10．在运输方式的选择上，企业一般可以从货物品种、运输期限、运输成本、运输距离、运输批量、运输的安全性等几个具体的项目来考察。选择的首要条件是运输成本低。（　　）

11．对运输工具的选择，不能仅仅从费用的角度考虑，还必须综合考虑经济性、迅速性、安全性和便利性四个方面。（　　）

12．物流系统就是由若干个物流节点和运输链组成的网络。（　　）

13．物流网点主要进行物资的包装、装卸、存储保管、配送等物流活动，不发生物资的供销业务。（　　）

14．供应链就是一条连接供应商到用户的物料链。（　　）

15．供应链一般有一个核心企业，由于生产制造企业紧密连接上下游企业，所以核心企业就是生产制造企业。（　　）

16．供应链管理模式是以规模化需求和区域性的卖方市场为决策背景，通过规模效应降低成本，获得效益。（　　）

17．人们往往可以用社会物流成本占 GDP 的比重来衡量一个国家物流管理水平的高低。（　　）

18．物流成本管理是指在日常物流运营的每个作业环节，依据现代物流运营理论，采用先进的物流技术与方法，来降低整个物流成本的一系列措施。（　　）

19．物流成本管理的前提是物流成本计算。（　　）

20．集货、储存、分货及配货、配装送货这些都是物流分货中心的主要业务。（　　）

21．根据物流网点储放货品的多少，可分为单一物流网点和多个物流网点两类。（　　）

22．物流网络布局规划既包括空间设计问题，也包括时间设计问题，以满足客户的服务需要。（　　）

23．如果物流网点布局达到系统总成本最低的目标，则认为网点布局合理。（　　）

24．提高搬运活性是搬运系统分析方法之一，使之处于容易移动的状态。（　　）

25．现金流量是评价物流系统运营经济效益好坏的一个基础性指标。它包括现金流入量、现金流出量和现金净流量。（　　）

26．对投资项目进行评价时，主要采用非贴现指标和贴现指标。其中，非贴现指标是考虑了时间价值因素。常用的非贴现指标有投资回收期

和平均报酬率。 （　　）

27．平均报酬率和内含报酬率都是静态的投资评价方法，均未考虑资金的价值因素。 （　　）

28．只要获利指数小于 1，就表明其报酬率没有达到预定的贴现率，该投资项目就应该被拒绝。 （　　）

29．在企业运营的经济效益指标中，资本收益率是最综合的一个指标。 （　　）

30．对物流系统进行评价，通过企业财务部门对财务指标进行分析即可。 （　　）

31．物流系统运营过程中，物流系统的不同主体和不同活动之间可能在目标、运作上存在着冲突，在物流系统评价时要特别注意这种"效益悖反"现象。 （　　）

32．物流网络规划的目的是定位物流服务市场、提供物流发展策略、部署设施设备、构筑管理系统，并同时实现规划所描述的目标。 （　　）

33．在进行物流系统规划时，规划者所面临的一个重要问题就是必须在服务绩效与成本之间取得平衡。 （　　）

34．所谓业务流程是指为客户共同创造价值的相互衔接的一系列活动，又称为价值流，如订单、销售、客户服务等。 （　　）

35．在满足生产工艺流程的前提下，减少物料搬运工作量是工厂布置设计中最为重要的目标之一。 （　　）

36．SLP 是搬运系统分析的简称。其适用于一切物料搬运项目，是一种条理化的分析方法。 （　　）

37．通过在城乡接合部建立物流园区的方式可减轻物流对城市交通的压力。 （　　）

38．物流园区内设置海关、卫检、动植物检验检疫机构，为当地生产、加工基地或最终销售市场的制造商、分销商提供储存保管等服务。这是物流园区的配送功能。 （　　）

39．人们一般所指的供应链，是站在一个核心企业的角度来看的，实际的供应链在形式上可能是千差万别的，其主要特征也有很大的不同。 （　　）

40．物流系统设计是供应链设计中最主要的工作之一，因此供应链设计等同于物流系统设计。 （　　）

二、单项选择题（每题 0.5 分，共 20 分；每题只有一个正确答案）

41．为使物流服务与产品生命周期的动态状况相适应，可通过产品生命周期来考察物流需求的变化。当物流服务的重点已从不惜任何代价提供所需服务，转变为更趋平衡的服务与讲究成本绩效的时候，此时的物流服务进入到了（　　）。

A．导入阶段　　B．成长阶段　　C．成熟阶段　　D．衰退阶段

42．增值服务就是在（　　）的基础上对货主的服务需求细分再细分，对服务品种创新再创新的过程，也是对制造商的经营运作参与再参与的过程。

A．基本功能　　B．延伸功能　　C．创新功能　　D．服务功能

43．如果我们把各种琐碎的、数量众多的物流活动整合到一起，形成一个完整的、可以有效管理的整体，并对这个整体进行具有创造性的、精确的、系统的管理，物流管理可以在（　　）保持企业核心竞争力和发展能力。

A．战略层面　　B．战术层面　　C．宏观层面　　D．微观层面

44．一个企业的物流战略通常包含（　　）个关键部分，分别被组织在4个重要层次上，构成物流战略金字塔，它确立了企业设计物流战略的框架。

A．4　　　　　B．6　　　　　C．8　　　　　D．10

45．近年来，为了真正掌握客户的需求和行为，出现了一种对客户分类的新方法。这种方法可以使厂商对不同的客户进行更为深入、更有价值的分析和研究，即按照（　　）进行分类。

A．企业的产品特征　　　　　B．客户的不同服务目标
C．执行难易度　　　　　　　D．满足销售的需要

46．客户服务目标、设施选址战略、库存决策战略和运输战略四个方面是（　　）主要解决的问题。

A．物流战略规划　　　　　　B．配送中心规划
C．物流园区规划　　　　　　D．物流网络规划

47．（　　），是指不要对所有产品提供同样水平的客户服务，这是物流规划的一条基本原则。但这一战略否认了不同产品及其成本的内在差异，将导致过高的分拨成本。

A．总成本战略原则　　　　　B．混合战略
C．多种分拨战略　　　　　　D．推迟战略

48．当公司需要大量现金时，可采用低业务增长率和高市场份额的方法。因为高市场份额，利润和现金产生量相当高。而较低的业务增长率则意味着对现金的需求量低，于是就会产生大量的现金余额。这种企业物流战略被称为（　　）。

A．“明星”型　B．“现金牛”型　C．“瘦狗”型　D．“问题”型

49．（　　）是进行物流节点活动的位置和场所，同时也是线路活动的起点或终点。

A．物流网点　　B．物流网络　　C．物流系统　　D．物流系统网络

50．当进来的货物多系包装程度低，甚至完全不包装的小批量货物，然后按不同加工要求组合成较大的包装或进行储存的这种物流网点一般适合建成（　　）。

A．物流分货中心 B．物流加工中心
C．物流集货中心 D．物流储调中心
51．依据物流据点的布局不同，物流网络可分为（　　）两大类。
A．中央性与区域性物流网点 B．集货性与储存性物流网点
C．分货性与配货性物流网点 D．单一与多个物流网点
52．供应链管理强调的是（　　）与世界上最杰出的企业建立战略合作关系，委托这些企业完成一部分业务工作，自己则集中精力和各种资源，来提高本企业的竞争能力。
A．大型企业　　B．核心企业　　C．外资企业　　D．中外合资企业
53．企业物流管理最基本的课题是（　　）。
A．谋求最低的物流成本
B．提供最高水平的服务
C．以尽可能低的成本达到既定的服务水平
D．在最低成本的前提下提供相应的服务
54．物流成本管理系统是指在进行（　　）的基础上，运用专业的预测、计划、核算、分析和考核等经济管理方法来进行物流成本的管理。
A．物流成本调查 B．物流成本核算
C．物流成本分摊 D．物流成本预测
55．在我国，对物流成本的管理更多地停留在（　　）层次上。
A．物流成本核算层 B．物流成本管理层
C．成本效益评估层 D．物流成本预算层
56．物流企业的增值税及附加一般不包括（　　）。
A．增值税 B．消费税
C．城市维护建设税 D．教育费附加
57．评价一个投资项目是否可行时，必须事先计算的一个基础性指标是（　　）。
A．现金流入量 B．现金流量
C．现金净流量 D．现金流出量
58．投资项目完工投入使用之后，在其寿命周期内由于生产经营所带来的现金流入量和现金流出量，称为（　　）。
A．初始现金流量 B．销售现金流量
C．营业现金流量 D．终结现金流量
59．在企业运营的经济效益指标中，（　　）指标是最综合的一个指标，也是企业所有者最为关心的指标。
A．资本净利润率 B．资产报酬率
C．成本费用利润率 D．所有者权益收益率

60. 利用各种模型和资料,按照一定的价值标准,对各种方案进行比较分析,选择出最优方案的过程,称作(　　)。
　　A. 物流战略　　B. 系统评价　　C. 物流预算　　D. 系统构成

61. 资金周转率、配送及时率属于物流系统的评价指标体系的(　　)指标。
　　A. 稳定性　　B. 技术性　　C. 经济性　　D. 速度性

62. 物流系统的网络化是指将物流经营管理、物流业务、物流资源和物流信息等要素按照(　　)的方式在一定的市场区域进行规划、设计、实施,以实现物流系统快速反应和总成本最优等要求的过程。
　　A. 集合　　B. 系统　　C. 网络　　D. 联合

63. 在进行(　　)时,特别需要企业在客户服务要求和各项成本之间寻求平衡。这些成本包括:生产/采购成本;库存持有成本;设施成本(存储、搬运和固定成本)和运输成本。
　　A. 空间设计　　B. 时间设计　　C. 平面布置　　D. 各种设施规模

64. 确定最佳的物流网络结构是一项非常复杂的工作。然而,尽管这项工作极其复杂并具有挑战性,一些大型企业还是会定期地对其网络进行分析,以降低成本、提高客户服务水平。有研究表明,物流网络的改进一般可以使物流成本下降(　　)。
　　A. 15%～25%　　　　　　B. 10%～20%
　　C. 5%～15%　　　　　　D. 3%～12%

65. 在不同的地区进行物流网络规划时,由于其人口密度、消费习惯、交通状况、基础设施及经济发展水平都有所不同,这些会对物流设施设置的决策产生影响。这种影响因素称为(　　)。
　　A. 物流服务需求　　　　B. 地区市场差异
　　C. 行业竞争力　　　　　D. 物流技术发展

66. 先进的技术管理、完备的基础设施和独特的区位优势是(　　)应具备的三项基本条件。
　　A. 物流中心　　B. 物流系统　　C. 物流园区　　D. 物流网络

67. 供应链管理利用(　　)全面规划供应链中的商流、物流、信息流、资金流等,并进行计划、组织、协调与控制。
　　A. 微电子技术　　　　　B. 多媒体技术
　　C. 光纤和卫星通信技术　D. 计算机网络技术

68. 供应链涉及众多的成员和复杂的供求关系,因此,供应链业绩好坏取决于(　　)。
　　A. 链条成员的多少　　　B. 效率的高低
　　C. 供应链合作伙伴关系是否和谐　D. 合作伙伴的管理水平如何

附录B 物流师（高级）职业技能鉴定国家题库模拟试卷

69. 供应链在成员组成及相互关系方面虽然可以本着发展的原则进行动态的调整，但是无论如何，都应当自始至终地强调以（　　）为中心的供应链设计理念。
　　A. 效益　　　　B. 合作　　　　C. 竞争　　　　D. 客户

70. QR（快速反应）的着重点是对消费者需求作出快速响应，在降低供应链总库存和总成本的同时提高销售额。所以，成功的"快速反应"伙伴关系将提高供应链上（　　）的获利能力。
　　A. 所有伙伴　　B. 零售商　　　C. 供应商　　　D. 制造商

71. "牛鞭效应"产生的根本原因在于（　　）。
　　A. 需求变动　　　　　　　　B. 提前期长
　　C. 供应链的结构　　　　　　D. 上、下游企业间缺乏沟通和信任机制

72. BPR（业务流程重组）就是以（　　）为中心，打破传统的组织分工理论，提倡组织变通、员工授权、客户导向及正确地利用信息技术，建立企业新型的业务过程，保证通畅的信息流，达到适应快速变动的外部环境的目的。
　　A. 客户　　　　B. 产品　　　　C. 业务过程　　D. 信息技术

73. BPR关注的要点是（　　），并围绕其开展重组工作。
　　A. 客户　　　　B. 库存　　　　C. 需求　　　　D. 业务流程

74. （　　）是影响供应链总成本的重要因素之一。
　　A. 物料成本　　B. 劳动成本　　C. 运输成本　　D. 设备成本

75. 配送中心是基于物流合理化和发展市场两个需要而发展的，是以组织配送式销售和供应，执行（　　）为主要功能的流通型物流节点。
　　A. 实物配送　　B. 流通加工　　C. 拣选　　　　D. 分货

76. 配送中心的类别较多，按不同的分类标志，就有不同的分类方法。按（　　）分类，配送中心可分为供应型、销售型。
　　A. 配送中心的功能　　　　　B. 配送中心的设立者
　　C. 配送中心所处的位置　　　D. 配送货物的属性

77. 配送中心是一个系统工程，其系统规划包括许多方面的内容，设施布置设计、物流设备规划设计和作业方法设计应属于（　　）的内容。
　　A. 物流系统规划　　　　　　B. 信息系统规划
　　C. 运营系统规划　　　　　　D. 物流设施规划

78. 订货交货时间、货品缺货率、增值服务能力等指标是配送中心规划中的（　　）要素。
　　A. 物流交货时间　　　　　　B. 配送对象或客户
　　C. 物流服务水平　　　　　　D. 货品配送数量或库存量

79. 配送中心规划前，首先必须明确配送中心的（　　）。不同类型的配送中心其规划重点和方法会有很大区别。

A．物流通路策略　　　　　　B．位置网络策略
C．市场定位和客户群　　　　D．系统整合策略

80．配送中心从事货物的集货、加工、分货等作业，在这些作业中（　　）占的比例最大，是最耗费人力和时间的作业，也是配送中心的核心工序。

A．入库　　B．装卸搬运　　C．信息处理　　D．分拣配货

### 三、多项选择题（每题1分，共20分；每题至少有两个或两个以上的正确答案）

81．物流系统化问题就是把物流的各子系统联系起来看成一个物流大系统，实现整体物流合理化。为此，物流系统优化的目标应包括有效地利用面积、空间和（　　）等。

A．规模扩大化　　　B．快捷性　　　C．服务性
D．柔性化　　　　　E．库存控制

82．供应链是一个网链结构，节点企业和节点企业之间是一种需求与供应关系。因此，供应链主要具有（　　）等特征。

A．网络性　　　　　B．复杂性　　　C．动态性
D．面向用户需求　　E．交叉性

83．企业制定物流战略的意义主要体现在三个方面：（　　）。

A．降低成本　　　　B．提高企业竞争力　　C．提高利润水平
D．改进服务　　　　E．提高物流管理水平

84．在当前情况下，我国企业物流系统大多已经存在，需要经常做的工作是不断改善和优化现有网络。因此，需了解影响物流系统战略的要素，这些要素主要包括（　　）。

A．需求　　　　　　B．客户服务　　　C．产品特征
D．物流成本　　　　E．定价策略

85．企业的物流战略目标是在企业宗旨和战略分析结果的基础上形成的。企业的战略目标应满足（　　）等要求。

A．长远性　　　　　　　　B．可接受性和灵活性
C．可度量性和适应性　　　D．激励性和可实现性　　E．易理解性

86．在选择运输方式时，需考虑不同运输工具类型所提供的服务特征。运输方式的服务特征主要包括（　　），它们可作为运输方式选择的依据。

A．运输成本　　　　B．运输距离　　　C．运输速度
D．运输可靠性　　　E．运输时间

87．供应链管理是利用计算机网络技术全面规划供应链中的（　　）等，并进行计划、组织、协调与控制。

A．人流　　B．信息流　　C．物流　　D．商流　　E．资金流

88．传统"纵向一体化"的管理模式在新环境下存在不少弊端，因此，从 20 世纪 80 年代后期开始，出现"横向一体化"。关于"横向一体化"模式的说法，（　　）是正确的。

　　A．减轻企业的投资负担

　　B．不需要承担丧失市场机会的风险

　　C．企业在每个业务领域都直接面临众多的竞争对手

　　D．能突出企业的核心优势

　　E．能对市场需求作出敏捷的响应

89．供应链管理主要涉及的领域是（　　）。

　　A．需求　　B．生产计划　　C．营销　　D．供应　　E．物流

90．对投资项目进行评价时，一般可采用非贴现指标和贴现指标两类。（　　）属于贴现指标。

　　A．净现值　　　　B．获利指数　　　　C．内含报酬率

　　D．投资回收期　　E．平均报酬率

91．从物流成本管理和控制的角度，可把物流成本分成（　　）等几个方面。

　　A．仓储成本　　　　B．运输成本　　　　C．社会物流成本

　　D．货主企业的物流成本　　E．物流企业的物流成本

92．物流成本管理的相关理论学说有（　　）。

　　A．"物流冰山"说　　　　B．"黑大陆"说

　　C．"第二利润源"说　　　D．"第三利润源"说

　　E．"利润中心"说

93．为了保证供应链的设计能满足供应链思想的顺利实施，在供应链设计过程中应遵循（　　）。

　　A．创新性原则　　B．全局性原则　　C．综合性原则

　　D．客户中心原则　E．协调和互补原则

94．用投资回收期指标来评价物流投资项目时，其缺点是（　　）。

　　A．未充分考虑到资金的时间价值　　B．不容易被决策人所正确理解

　　C．没有考虑回收期满后的项目收益　D．计算方法比较复杂

　　E．决策人会优先考虑急功近利的项目

95．物流系统的评价指标应具备的三个必要条件是（　　）。

　　A．可查性　　　　B．可比性　　　　C．定量性

　　D．系统性　　　　E．客观性

96．属于物流系统安全性评价指标的有（　　）等。

　　A．运输货损货差率　　B．配送及时率　　C．产成品回收率

　　D．仓储货损货差率　　E．安全防护措施

97. 物流网络设计主要建立在（　　）等规划领域的基础上，必须从整体出发才能获得规划的最大利益。
   A. 费用水平　　　　B. 客户服务水平　　　C. 选址决策
   D. 库存决策　　　　E. 运输管理

98. 物流网络的基本组成部分除供应商、客户和运输服务外，还应包括（　　）。
   A. 运输线路　　　　B. 装卸设备　　　　　C. 产品
   D. 生产厂　　　　　E. 仓库/分拨中心

99. 物流系统具有一般系统所共有的特点，即整体性、目的性、环境适应性，同时还具有（　　）等大系统所具有的特征。
   A. 规模庞大　　　　B. 结构复杂　　　　　C. 体系繁多
   D. 目标众多　　　　E. 相关作用

100. 由于物流园区大多布局在市区边缘，一般交通条件好，用地充足。因此，它具有（　　）。
   A. 扩大效应　　　　B. 集散效应　　　　　C. 规模效应
   D. 系统效应　　　　E. 整合效应

# 第二部分

**一、论述题**（每题10分，共20分）

1. 为什么说北京举办2008年奥运会为我国物流发展提供了新的机遇？
2. 论述供应链环境下的物流管理特征。

**二、综合分析题**（每题15分，共30分）

1. 请用实际案例来分析"物流成本交替损益"观念对物流管理的意义。
2. 当今社会，为提高企业竞争力，提出了企业业务流程再造的问题，请分析研究企业业务流程再造理论的意义和企业业务流程再造的必要性及应遵循的主要原则。

**三、计算题**（每题10分，共20分）

1. 有一批货物要从 $A$ 城运往 $G$ 城，中间还需经过几个不同的城市，如图 B-1 所示，图中直线上的数据表示相应的行车距离（单位为千米）。请采用单一路径方法求出 $A$ 城到其他各城的最短运输路线及其相应的行车距离。（注：采用列表方法或图示方法均可，但需写出计算步骤）

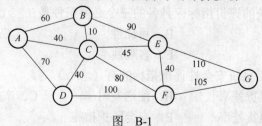

图 B-1

2. 某物流中心对其重点管理的货物采用永续盘存的方法来控制库存量。现有 G 货物的日平均需求量为 15 件，平均订货提前期为 5 天，安全库存量为 60 件，年平均需求量为 5 400 件，每件产品的仓储成本为 6 元，每年库存持有成本为库存价值的 10%，一次订购成本为 12 元。请计算 G 货物的订购点、订货批量及平均库存量。（注：请写出计算公式和计算步骤）

## 四、案例分析（共 20 分）

某公司在结束 1993 年财务年度的时候，销售额达到了 14 200 万元，而原材料存货价值超过了 2 200 万元。因为公司是按订单要求制作产品，即客户对公司十种主要的产品类别可选择上千种的不同设置，因此，公司是没有成品存货的。值得关注的是，随着销售额的上升，库存量也在不断增长，到 1994 年 3 月，公司的库存量价值已经快接近 2 400 万元了。

1994 年年初公司的生产经理采取了一些新措施，想一方面减少存货，另一方面提高订单的完成状况。公司生产所需要的零部件种类繁多，生产不同配置的产品需要不同的零部件。产品所需要的很多零部件需要至少提前 16 至 20 周订货。

从可靠的供应商处获得的零部件可以减少存货，而从不可靠的供应商处获得的零部件则需要增加存货。还有一些供应商觉得是生产能力及计划上的问题导致了很多订单无法履行。最终有人提出，很多时候仅仅因为生产所需的零部件缺货，而耽搁了订单的履行。公司高级管理人员逐渐了解到，由于对供应链中很多重要环节认识不够，没有人去了解不同的步骤之间的相互作用关系，也没有人对整个系统有一个完整的概念。因此，公司专门成立了项目小组，将他们的初步目标定为掌握供应链的整个流程，了解存货与订单履行之间的关系。对于以下几点，他们认为尤其重要：①订单预测过程；②订单处理过程；③生产计划过程；④采购过程。

另外，他们也希望能通过收集来自信息系统及整个生产周期中的数据，来对产品所需的特定零部件的库存水平进行调查。他们计划调查整个生产过程，希望能借此找到造成订单履行问题的根本原因，同时证明库存问题到底是不是一个关键因素。

请分析以下问题：

1. 该公司在解决存货与履行订单之间的矛盾时所关注的问题是否是问题的根本原因？为什么？

2. 应用供应链的理念，还可以采取哪些措施来解决库存与订单履行之间的矛盾？

# 参 考 答 案

## 第一部分

### 一、判断题

1. √  2. √  3. √  4. √  5. √
6. √  7. √  8. ×  9. √  10. ×
11. √  12. ×  13. ×  14. ×  15. √
16. ×  17. √  18. ×  19. √  20. ×
21. ×  22. √  23. √  24. √  25. ×
26. √  27. ×  28. √  29. √  30. ×
31. √  32. ×  33. √  34. √  35. √
36. ×  37. √  38. ×  39. √  40. ×

### 二、单项选择题

41. B  42. A  43. A  44. D  45. C
46. A  47. C  48. B  49. C  50. C
51. D  52. B  53. C  54. B  55. A
56. B  57. B  58. C  59. C  60. B
61. D  62. C  63. A  64. C  65. B
66. C  67. D  68. B  69. D  70. A
71. A  72. C  73. C  74. C  75. A
76. C  77. A  78. C  79. C  80. D

### 三、多项选择题

81. AE  82. BCDE  83. ACD  84. ABCDE  85. BCDE
86. AED  87. BCDE  88. ABCDE  89. ABDE  90. ABC
91. CDE  92. ABD  93. ABDE  94. ACE  95. ABC
96. ADE  97. BCDE  98. CDE  99. ABD  100. ACE

## 第二部分

### 一、论述题

1. 答：北京举办 2008 年奥运会，无疑是中国物流发展难逢的机会，因为从奥运设施建设到奥运会的召开，始终需要远比平常庞大、复杂的物流系统的支撑，在物流设施规划与建设、物流组织与管理、物流技术创新与应用等方面对主办国提出了很高的要求,这既给物流业带来巨大的挑战,同时也给物流业发展带来发展商机。北京 2008 年奥运会使中国物流业与国际物流业同场竞技,按国际标准和惯例提供服务,中国物流业只有与国际接轨,才能分享奥运物流市场这块大蛋糕。可以说,北京 2008 年奥运会在给中国物流业提供巨大市场空间的同时,也使中国物流业找到了高水准服务的参考指标,其示范作用将进一步加快中国物流的现代化进程。

2. 答:(要点)

供应链环境下的物流管理和传统的物流管理相比有许多不同的特征,这些特征反映了供应链管理思想的要求和企业竞争的新策略。供应链环境下的物流管理特征可以用如下几个术语简要概括:①信息共享;②过程同步;③合作互利;④交货准时;⑤响应敏捷;⑥服务满意。

二、综合分析题

1. 答:(要点)

(1)物流成本与服务水平的交替损益。

(2)物流功能之间的效益背反。

2. 答:在传统的管理模式下,企业以劳动分工和职能专业化为基础,组织内部的部门划分非常细,各部门的专业化程度较高。这种组织形式及与其相伴的业务流程适合于市场相对比较稳定的环境,而在当今市场需求突变、经营模式发生变化的情况下,则显现出很大的不适应性。在供应链管理的概念提出后,也发现传统的组织结构形式和业务流程在实施供应链管理的过程中显现出一定的不适应性,这说明在现代激烈的市场竞争中企业要寻求更大的发展,就必须建立适应供应链管理的企业组织结构和对企业业务流程进行再造。

企业业务流程再造一般应遵循如下几个原则:

(1)从职能管理到面向业务流程管理的转变。

(2)注重整体流程最优的系统思想。

(3)组织为流程而定。

(4)充分发挥每个人在整个业务流程中的作用。

(5)客户与供应商是企业整体流程的一部分。

(6)信息资源的一次性获取与共享使用。

三、计算题

1. 答:(要点)

初始条件 $P(A)=0$。现首先从 $A$ 城出发,$P(A)+60=60$,$T(B)=60$;$P(A)+40=40$,$T(C)=60$;$P(A)+70=70$,$T(D)=60$。

故令 $P(C)=T(C)=40$,$S_1=\{A,C\}$。

现从 $C$ 城出发,$P(C)+10=50$,$T(B)=50$;$P(C)+45=85$,$T(E)=85$;$P(C)+80=$

120，$T(F)=120$；$P(C)+40=80$。

故令 $P(B)=T(B)=50$，$S_1=\{A, C, B\}$。

现从 $B$ 城出发，$P(B)+90=140$。

故令 $P(D)=T(D)=60$，$S_1=\{A, C, B, D\}$。

现从 $D$ 城出发，$P(D)+100=160$。

故令 $P(E)=T(E)=85$，$S_1=\{A, C, B, D, E\}$。

现从 $E$ 城出发，$P(E)+110=195$，$T(G)=195$；$P(E)+40=125$。

故令 $P(F)=T(F)=120$，$S_1=\{A, C, B, D, E, F\}$。

最后令 $P(G)=T(G)=195$。即从 $A$ 城到 $G$ 城最短运输线路为 $A—C—E—G$，行车距离为 195 千米。

2. 答：订货点=订货提前期的需求量+安全库存

=单位时间的需求量×平均订货提前期+安全库存

= $R_d \bar{L} + S = 15 \times 5$ 件 $+60$ 件 $=135$ 件

订货批量 $Q = EOQ = \sqrt{\dfrac{2CD}{PF}} = \sqrt{2 \times 12 \times 5400/(6 \times 10\%)}$ 件 $\approx 464$ 件

平均库存量 $= Q/2 + S = 464/2$ 件 $+ 60$ 件 $= 292$ 件

因此，$G$ 货物的订货点为 135 件，订货批量为 464 件，平均库存量为 292 件。

**四、案例分析**

答：(要点)

1. 没有。该公司存货与履行订单之间矛盾的原因主要有以下几点：一是缺乏供应链的整体观念；二是交货状态数据不准确；三是信息传递系统低效率；四是缺乏与供应商的合作与协调；五是其产品的过程设计没有考虑供应链上库存的影响。

2. 该公司可采取下列措施来解决所面临的问题：一是可采用 VMI 管理系统，从而打破供应链上各节点企业各自为政的库存管理模式，实现集成化管理，以适应市场变化的要求；二是可引入联合库存管理的方法，保持供应链相邻的两个节点企业之间的库存管理者对需求的预期保持一致，以消除需求变异放大现象。

# 参 考 文 献

[1] 杨希锐,宋传平. 高级物流师国家职业资格证书取证问答[M]. 北京:机械工业出版社,2008.

[2] 陈兴霞,曹军. 物流单证与结算[M]. 2版. 北京:中国财富出版社,2015.

[3] 苏彩,高晓琛. 物流法律法规[M]. 北京:北京理工大学出版社,2013.

[4] 代桂勇. 商务谈判[M]. 北京:北京理工大学出版社,2014.

[5] 王海军,张建军. 仓储管理[M]. 武汉:华中科技大学出版社,2015.

[6] 樊建廷,干勤,等. 商务谈判[M]. 5版. 大连:东北财经大学出版社,2018.

[7] 秦效宏,李蕾. 项目管理[M]. 北京:清华大学出版社,2018.

[8] 马春礼,景立人. 项目分析与企业诊断[M]. 北京:中国城市出版社,1997.

[9] 王凤鸣,钱芳. 物流法律法规[M]. 北京:北京理工大学出版社,2018.

[10] 魏丽玲. 物流仓储与配送[M]. 北京:北京邮电大学出版社,2008.

[11] 许红. 仓储作业管理[M]. 北京:中国铁道出版社,2014.

[12] 刘智慧,徐斌华,彭光辉. 物流仓储管理实务[M]. 西安:西安交通大学出版社,2014.

[13] 杨思东,黄静. 仓储管理实务[M]. 北京:中国经济出版社,2010.

[14] 张晓青. 物流管理基础[M]. 广州:华南理工大学出版社,2006.

[15] 周凌云,赵钢. 物流中心规划与设计[M]. 2版. 北京:北京交通大学出版社,2014.

[16] 李超锋,缪兴锋,刘钧炎,等. 物流系统规划与设计[M]. 武汉:华中科技大学出版社,2012.

[17] 段延梅,王旭. 物流管理[M]. 北京:北京理工大学出版社,2017.

[18] 周亚蓉,冉安平. 物流管理基础与实务[M]. 北京:北京理工大学出版社,2018.

[19] 林慧丹,杨涛. 运输管理学[M]. 上海:上海财经大学出版社,2010.

[20] 徐文锋. 物流管理一日通[M]. 广州:广东经济出版社,2007.

[21] 周亚囡. 物流师国家职业资格考试教程:中册 物流师[M]. 天津:天津科学技术出版社,2007.

[22] 许淑君,尹君. 运输管理[M]. 上海:复旦大学出版社,2011.

[23] 孙济平. 商务谈判技术[M]. 北京:中国中医药出版社,2006.

[24] 李宁. 如何降低企业物流运作成本[J]. 河北企业,2013(6):40.

[25] 程延园. 绩效管理经典案例解析与操作实务全书:上卷[M]. 北京:中国经济出版社,2016.

[26] 周晓飞. 薪酬设计与绩效考核案例实操指南[M]. 北京:中国铁道出版社,2017.

[27] 杨大川. 管理就是用好你身边的人:激励员工的9大原则和50个对策[M]. 北京:中国

经济出版社，2018.

[28] 王林雪. 新编人力资源管理概论[M]. 西安：西安电子科技大学出版社，2016.

[29] 应勤俭，章劼. 企业战略[M]. 上海：上海财经大学出版社，2002.

[30] 管理类专业硕士联考命题研究中心. MBA面试通关指南[M]. 北京:世界图书出版公司，2015.

[31] 罗岚，姚琪，殷伟. 供应链管理[M]. 武汉：华中科技大学出版社，2016.

[32] 谢家平，迟琳娜. 供应链管理[M]. 2版. 上海：上海财经大学出版社，2012.

[33] 张锦. 物流规划原理与方法[M]. 成都：西南交通大学出版社，2009.

[34] 张运. 物流外包与第三方物流管理[M]. 成都：电子科技大学出版社，2010.

[35] 何克晶，阳义南. 大数据前沿技术与应用[M]. 广州：华南理工大学出版社，2017.

[36] 娄岩. 大数据技术应用导论[M]. 沈阳：辽宁科学技术出版社，2017.

[37] 邹安全. 现代物流信息技术与应用[M]. 武汉：华中科技大学出版社，2017.

[38] 张莹婧. 2020年全球物流发展的五大趋势[J]. 物流时代周刊，2020（4）：76-77.

[39] 孙家庆. 国际物流理论与实务[M]. 大连：大连海事大学出版社，2005.

[40] 刘颖. 合同谈判各阶段的技巧策略探究[J]. 科技经济导刊，2019，27（13）：248.

[41] 孟于群. 第三方物流法律实务及案例[M]. 北京:中国商务出版社，2010.

[42] 肖祥银. 从零开始学项目管理[M]. 北京：中国华侨出版社，2018.

[43] 霍彧. 现代职业人：创新创业篇[M]. 苏州：苏州大学出版社，2016.

[44] 刘永刚. 保险学[M]. 2版. 北京：人民邮电出版社，2016.

[45] 池小萍，刘宁. 保险学[M]. 2版. 北京：高等教育出版社，2016.

[46] 张良卫. 物流保险：实践、服务、管理[M]. 北京：中国物资出版社，2010.

[47] 戚庆余. 企业合同管理法律实务应用全书[M]. 3版. 北京：中国法制出版社，2017.

[48] 苏彩，李学强. 物流法律法规[M]. 2版. 北京：北京理工大学出版社，2017.

[49] 青岛英谷教育科技股份有限公司. 电子商务与现代仓储管理[M]. 西安：西安电子科技大学出版社，2015.

[50] 舒辉. 物流与供应链管理[M]. 上海：复旦大学出版社，2014.

[51] 汪飞虎. 企业物流管理实务[M]. 北京：北京理工大学出版社，2011.

[52] 莫仁边. 运输业务组织与实施[M]. 重庆：重庆大学出版社，2013.

[53] 徐天亮. 运输与配送[M]. 北京：中国物资出版社，2002.

[54] 李滨. 品牌管理与推广[M]. 2版. 西安：西安交通大学出版社，2017.

[55] 龚延成. 中级物流师职业资格认证考试辅导[M]. 北京：金盾出版社，2014.

[56] 夏春玉. 物流与供应链管理[M]. 4版. 大连：东北财经大学出版社，2013.

[57] 司运善. 第三方物流管理[M]. 北京：中国财富出版社，2016.

[58] 李玉民. 物流工程[M]. 重庆：重庆大学出版社，2009.

[59] 殷延海. 连锁企业物流管理[M]. 上海：复旦大学出版社，2015.

[60] 陈文标. 企业管理基础[M]. 武汉：武汉大学出版社，2013.

[61] 董秀娟. 知识型员工绩效管理研究[M]. 长春：东北师范大学出版社，2017.
[62] 李晓英. 基于营销链的物流绩效 KpL 考核法[J]. 生产力研究，2006（12）：218-219.
[63] 陈明蔚. 供应链管理[M]. 2 版. 北京：北京理工大学出版社，2018.
[64] 李遵义，洪卫东，林东龙. 精细化管理 低成本运营：案例解析大型企业采购供应链管理[M]. 北京：中国经济出版社，2015.
[65] 付旭东. 金融物流[M]. 北京：新世界出版社，2013.
[66] 郭捷. 数字时代的企业信息管理：理论与案例[M]. 北京：中央民族大学出版社，2014.
[67] 田学军. 供应链管理[M]. 北京：中国财富出版社，2013.
[68] 林榕航. 供应链管理（SCM）教程：下册[M]. 厦门：厦门大学出版社，2003.
[69] 许晓东，张显萍. 第三方物流运作[M]. 北京：经济管理出版社，2006.
[70] 崔忠付. 数字化引领物流行业智慧升级[J]. 物流技术与应用，2018，23（8）：62-63.
[71] 丁俊发. 中国供应链管理蓝皮书：2017版[M]. 北京：中国财富出版社，2017.
[72] 郑树泉，王倩，武智霞，等. 工业智能技术与应用[M]. 上海：上海科学技术出版社，2019.